浙江警察学院资助出版
◉诉讼法学文库 2012（4）
总主编　樊崇义

域外诱惑侦查理论研究

Research on Encouragement

何　雷　著

中国人民公安大学出版社
·北　京·

图书在版编目（CIP）数据

域外诱惑侦查理论研究/何雷著. —北京：中国人民公安大学出版社，2013.1

（诉讼法学文库/樊崇义主编）

ISBN 978-7-5653-1194-9

Ⅰ. ①诱… Ⅱ. ①何… Ⅲ. ①刑事侦查学—研究 Ⅳ. ①D918

中国版本图书馆 CIP 数据核字（2013）第 005358 号

诉讼法学文库

域外诱惑侦查理论研究

Research on Encouragement

何 雷 著

出版发行：中国人民公安大学出版社
地　　址：北京市西城区木樨地南里
邮政编码：100038
经　　销：新华书店
印　　刷：北京通天印刷有限责任公司

版　　次：2013 年 1 月第 1 版
印　　次：2013 年 1 月第 1 次
印　　张：13.75
开　　本：787 毫米×1092 毫米 1/16
字　　数：236 千字

书　　号：ISBN 978-7-5653-1194-9
定　　价：52.00 元

网　　址：www.cppsup.com.cn　www.porclub.com.cn
电子邮箱：zbs@cppsup.com　zbs@ppsuc.edu.cn

营销中心电话：010-83903254
读者服务部电话（门市）：010-83903257
警官读者俱乐部电话（网购、邮购）：010-83903253
法律图书分社电话：010-83905745

本社图书出现印装质量问题，由本社负责退换

“诉讼法学文库”总序

诉讼法制是现代法治的重要内容和标志之一，也是依法治国的重要保障。我国法制建设的历程已经证明，诉讼制度是否健全与完善，直接决定着实体法律的实际效力：没有相应的诉讼制度作为依托，实体权利只能是“镜中花、水中月”；没有完善的诉讼制度予以保障，实体法律将无法如其所愿地实现其追求的立法目的。更为重要的是，诉讼法制的完善程度如何，还直接反映和体现着一个国家、一个民族进步、文明、民主和法治的程度，是区分进步与落后、民主与专制、法治与人治、文明与野蛮的标志。在现代法治国家，诉讼制度作为法治的一个重要环节，受到了前所未有的重视。美国联邦最高法院法官威廉·道格拉斯曾谈道，“权利法案的大多数规定都是程序性条款，这一事实绝不是无意义的。正是程序决定了法治与恣意的人治之间的基本区别”。①

我国1999年宪法修正案正式确立了“依法治国，建设社会主义法治国家”的治国方略，为推进我国社会主义民主、法制建设，完善我国司法体制，提出了新的纲领和目标。而社会主义市场经济的初步发展则培育了公众的权利观念，并由此对司法公正提出了更高的要求。在此大背景下，通过增设新的诉讼制度以充实公民实体权利的实现途径，通过完善现行诉讼制度以保障实体法律的公正实施，从而推进依法治国，加快社会主义民主与法制建设的步伐，已经成为我国法治建设的关键所在。

诉讼制度的构建，与人们对诉讼原理的认识和把握有着密切的关系。诉讼原理是人类在长期的诉讼实践中，在大量经验教训的基础上总结出来的、对有关诉讼活动的规律性认识。诉讼原理在诉讼制度的构建及运作中发挥着高屋建瓴的作用。只有正确认识和准确把握诉讼原理，才能构建较为完善的诉讼制度，才能推动诉讼活动向良性运作的状态发展。我国在改革与完善诉讼法律制度时，对于人类经过长期理论与实践探索获得的原理性认识，不能不予以重视，也不能不认真加以借鉴、吸收。

我国诉讼的立法和实践曾十分严重地受到“左”倾思潮和法律虚无主义的影响，诉讼规律和诉讼原理长期被忽视、被冷落。由此造成的后果之一：司法

① 转引自季卫东：《法律程序的意义》，载《比较法研究》总第25期。

机关和诉讼制度的功能被狭隘化。例如，刑事司法机关和刑事诉讼法律仅仅被视为镇压敌人、惩罚犯罪并通过镇压敌人、惩罚犯罪来维护社会秩序的功能单一的工具，忽视了司法机关和诉讼法制所具有的制约国家权力使之不被滥用和保护包括犯罪嫌疑人、被告人在内的公民基本人权的作用，忽视了刑事诉讼所具有的独立品格和价值。对诉讼原理、诉讼规律认识的片面和浅陋，已经严重地制约了我国诉讼法制发展的步伐，而且直接对公正、文明地进行诉讼活动产生了非常消极的影响。要扭转这一局面，必须在宏观法律观念上作一个大的转变，同时大力借鉴、吸收法治发达国家丰富的研究成果和宝贵的实践经验，加强对诉讼原理、诉讼规律的研究。

对诉讼原理的正确认识是诉讼立法科学化的前提条件。正确把握诉讼原理，可以帮助我们全面地认识司法机关的功能，并对各种不同的诉讼模式、规则进行正确的取舍，从而在一定的诉讼原理的指导下构建更为科学和更适合“本土资源”的诉讼模式、规则。由此制定的法律，将具有更强的民主性、文明性和科学性。反之，如果不能正确把握诉讼原理，对于存在着内在价值冲突的各种可供选择的立法方案就可能难以作出正确的选择，立法活动就可能要多走许多弯路，甚至要付出沉重的代价。

对诉讼原理的正确认识对于司法活动同样具有重要的积极价值。对诉讼原理的正确把握可以在一定程度上弥补立法的不足。法律永远是抽象的。要将抽象的法律适用于具体的案件，就必须有科学的观念作为指导。对基本诉讼原理的正确认识，将有利于指导人们对司法活动中必然存在的种种法律适用问题作出科学的解释，从而使法律文本本身存在的不足得到补救。在现代社会，由于法律的稳定性与现实生活千变万化之间的落差只能通过赋予司法人员自由裁量权的途径予以调和，所以对基本诉讼原理的认识，还直接决定着司法人员在行使法律赋予的自由裁量权时，能否作出符合公正标准的决定或者裁判。

要贯彻“依法治国，建设社会主义法治国家”的治国方略，保障诉讼活动的公正进行，也必须认真研究诉讼原理，把握诉讼规律。当前，我国已有不少学者开始探索一些诉讼原理性的问题，如诉讼法律观、诉讼法哲学、诉讼目的、诉讼职能、诉讼价值、诉讼法律关系等，并已取得了一定的研究成果，这有力地推动了人们法律观念的变化，并对立法和司法活动发挥着积极的影响作用。但总的来看，我国诉讼法学界对诉讼原理问题的研究距离立法、司法实践的需求还有很大差距，还需要继续深入。尤其是现有的研究成果一般只是就诉讼的某一方面进行探讨，缺乏对一般性诉讼原理的全面和系统的探讨。因此，随着我国法治进程的推进，探讨一般性诉讼原理已经成为我国诉讼法学界必须研究的课题。

为吸引更多的诉讼法学者致力于诉讼原理的研究，同时也为了能够促使诉讼原理研究及时对立法、司法、学理研究等多个领域产生积极的影响，并对司法实践工作有所帮助，中国政法大学诉讼法学研究中心特意组织力量进行此项题为"诉讼法学文库"的大型丛书的编辑出版工作。"诉讼法学文库"是中心的一项长期出版项目，面向国内外专家、学者开放，凡以诉讼原理、诉讼规律为内容且有新意、有深度、有分量的专著、译著，以及对公安、司法工作有指导意义，对立法工作有参考价值的其他诉讼法学著作均可入选。

"诉讼法学文库"自2001年面世以来，得到了诉讼法学界专家、学者、实务工作者的热情支持，现已出版发行专著60多部，这些成果深受广大读者的青睐，已有多部著作获省部级以上的奖励，在这里特向广大读者和作者致以诚挚的谢意！由于编辑工作的需要，该文库从2006年起，每年以入选先后另行排序。特此说明。

中国政法大学诉讼法学研究中心名誉主任

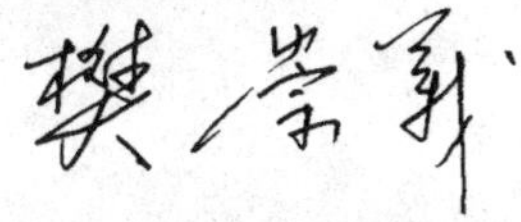

2007年元月于北京

序一

2007年秋，何雷考取了中国人民公安大学的博士研究生，在我的指导下从事侦查学理论研究工作。他给我留下的最初印象是做事认真，思维严谨，聪明精干，少年老成。何雷是娶妻生子之后在职来攻读博士学位的，这是一件非常辛苦的事情，但他能全身心地投入到学习、科研中来，甚至在很多节假日我都能看到他匆匆奔向图书馆的身影，在这充满诱惑与浮躁的社会环境中，他能这样克服各种困难，认真刻苦钻研，从而很好地完成各项学习和科研任务，实在难能可贵，不能不让人为其刻苦执着的精神而颂扬。

《域外诱惑侦查理论研究》一书是何雷博士在修改、充实其同名博士学位论文后写成的，该论文当年被评为优秀博士毕业论文，该书确实是他数年来潜心研究成果之结晶。一直以来，我国对诱惑侦查等秘密侦查措施缺乏与国外必要的交流与合作，而是将其纳入绝对保密的状态中，这不利于诱惑侦查措施的发展，是没有现代化的思维和理念所致，是一种行政至上的、无可辩驳的、无可讨论的、无可过问的强制性内容。值得庆幸的是，2012年我国刑事诉讼法修改，已经将诱惑侦查等秘密侦查措施纳入法制化轨道，此时正是理论回应并碰撞实践的良好契机，该书的出版既可回应实践需要又在理论上有所创新，希望通过理论界与实务界同人互相回应和深入探讨，从而探索出一条符合我国国情的秘密侦查措施的法制化道路。该书通过对国外诱惑侦查法律规制的重新梳理，借鉴经验，结合我国国情，提出了规范我国诱惑侦查行为的初步设想，同时提出了对我国诱惑侦查立法规制的构想和法规规制的基本原则，以及实施诱惑侦查的基本原则，并创造性地设计出诱惑侦查措施的启动程序条文；我首次看到通过分类型总结的方法来研究诱惑侦查的策略方法，而并未沿袭传统的类案研究方法，特别是能够针对现代网络犯罪，研究总结出网上诱惑侦查方法，更具侦查的实用性和创新性。该书整个推理过程都遵循着从具体到抽象，从个别到一般，从归纳到演绎，从经验到理论的模式，论证思路清晰，行文严谨，资料翔实，是目前国内较为超前的系统深入地探讨诱惑侦查措施问题的一部新作。

诚然，作序一定要说些赞美之词，但是人文科学的研究并非一种独白的个别行为，而是需要对话与沟通，需要学术批评。该书的一些论述和观点的确有待讨论，需要学术批评，因为“旁观者清”，只有参与讨论的学者才更易于发现该书的缺陷和遗漏，同人的不吝赐教，必将是该书作者莫大的荣幸，定会促使他去进一步思考、辨明、修正一些模糊和有争议的观点。

何雷博士热爱刑侦工作，喜欢理论研究，适合公安院校的教学科研工作。博士毕业后毅然离开故乡和他从事了十多年的刑侦工作，投入教书育人的神圣事业中，去实现他下一个人生追求的目标，用其自己所言：“能将事业与爱好融为一体，是人生一大幸事，必将其乐无穷!”何雷博士在仰望星空畅游梦想的同时，并没有忘记脚踏实地采取实际行动，他用自己一步一个脚印的成长历程诠释着实现梦想的方法。他不仅从事过不同性质的工作，而且有着不同的学科背景，大学第一学历为数学，第二学历是法学，自学了经济学，博士专业是诉讼法学专业侦查学方向，现在他为了加强理论研究，又在苏州大学法学院博士后流动站从事刑法学经济犯罪的理论研究工作。这些都是他一生的宝贵财富，日后定会厚积薄发，培育和激发出更为宽广的视野和思想方法。我相信也期望他能坚定而执着地向着心中的理想迈进，并以本专著为起点，不断努力钻研，取得理论研究的更大成绩。

中国人民公安大学侦查学博士生导师
王大中教授
2012 年 3 月 2 日于北京

序二

在何雷博士的专著《域外诱惑侦查理论研究》即将付梓之际，邀我作序，却之不恭，慨然应允。

侦查学产生于西方，历史只有百余年，偏重于自然科学，但是其研究对象是人，以及人与人的关系，究其根本属性是社会科学，所以它是一门包含了社会科学和自然科学双重要素的综合学科。同时，侦查学又是一门以实践性为特征的科学，对它的研究，需要以丰富的实践经验为基础，以丰富的实践来检验。何雷博士出身理学，后研究法学，可谓“文理兼修”，是一名复合型人才，同时他从事公安工作十余年，有丰富的侦查实践经验。当五年前我与他结识并得知其如此之经历和做学问之决心时，顿觉眼前一亮，注定他是侦查学研究的后起之秀，孺子可教也。

众所周知，研究“诱惑侦查”这一课题的重要性毋庸置疑，但是我国诱惑侦查几乎没有法律依据，实践情况复杂、秘密，社会大众、理论界甚至许多从事刑事司法、执法工作的实务人士也知之甚少，侦查机关讳莫如深，大众只有偶尔从付诸报端的负面新闻才知道诱惑侦查手段的频繁使用，研究对象的客观封闭无疑是研究这一课题的最大挑战，学者想深入研究难度很大。何雷博士既有公安实践经验，又有深厚的理论功底，二者相结合的优势凸显，其既能够获取足够的研究素材，又可以拿捏好该问题的尺度和针对性，可谓厚积薄发，成竹在胸，想必他成功挑战“域外诱惑侦查理论研究”这一难题的信心定来源于此。综观此书，我认为该书最大亮点就是纲举目张，观点新颖，建立了可操作性强且有针对性的理论体系和实践方法。长期以来，我国研究者在此领域的研究成果多半是脱离了中国实际，而只是对国外研究成果或审判案例进行介绍，或对国外制度进行简单移植，这对我国立法、执法实践的影响有限。侦查学理论研究必须从社会现实出发，研究犯罪特点与发展趋势，及时更新侦查手段与方法，以科学指导侦查实战为目标，实现侦查理论与侦查实践的水乳交融。《域外诱惑侦查理论研究》从题目上就可以看出是符合当今侦查学研究方法和要求的，该书从着眼于分析中国的问题来筛选国外的经验与做法，并以我国诱惑侦查实践为基础进行独创性理论分类，最终提出颇具中国法制特色的进路。我认为该书已具备了学术专著应有的实用性、科学性和前瞻性特点。

何雷博士勤于思考，勇于探索，在研究学术问题时有一种执着的精神。在专著的写作过程中，他无数次主动向我请教，每次对于我提出的意见和建议，他都能够悉心听取、努力思考，并在日后给出令人满意的答复，从而不断改进提高，我非常欣慰他能时刻遵从我的话——“好文章是修改出来的”。正是在这种探索精神的驱动下，何雷终于完成了他数年来的心血之作，也是他人生的第一本专著。该书不失为一本兼具研究价值和实践意义的学术专著，我愿意把这本书介绍给广大同人。

专著创作期间，何雷博士也完成了他人生的重大转型，实现了他为人师表的愿望，同时出于对理论研究的热爱和执着追求，他又得以在苏州大学法学院进行为期两年的博士后研究工作，真乃后生可畏。我在祝贺其专著出版的同时，也期待着他日后能有更丰硕的成果面世，与同行共享。

北京大学法学院
张玉镶教授
2012 年 3 月 7 日于北京

目　录

引　言

现代犯罪的发展趋势是越来越隐蔽且越来越具有组织性，并向高科技、高智能方向发展。这使得传统的侦查方法和方式相形见绌，捉襟见肘，几乎无法适应打击现代犯罪的需求。世界各国针对现代犯罪的特点，与时俱进，纷纷应对，摸索出不同的新型侦查方法，如监听监视、跟踪、卧底侦查、诱惑侦查等。其中，当高科技手段依赖性不强，或高科技手段难以应用时采用的诱惑侦查，凸显了取证的直接性和揭露犯罪的及时充分性，已经成为各国侦查机关，包括发达国家及发展中国家侦查机关均在频繁使用的一种特殊侦查手段。因其低成本和高效率的特点，对各国侦查机关在刑事侦查技术资源不足的情况时无疑是一种补缺，但如果运用不当，就会严重侵犯公民的合法权益，妨害司法公正，有损法律尊严及国家威信。

一、研究背景

近十几年来，诱惑侦查行为在我国法学界备受争议，换言之，就是诱惑侦查问题受关注程度相当高，成为研究热点。应当说，这种研究热点的出现不是偶然的，而是侦查学中理论回应实践的必然现象。在这一点上，我国与美国的情形大体相似。20 世纪 70 年代后期至 80 年代，美国警方出于侦查经济性及效率性的考虑，开始重视运用诱惑侦查行为打击有组织犯罪、毒品犯罪、白领犯罪和街头犯罪。由于诱惑侦查行为在打击犯罪方面的效率较高，不论联邦还是地方都把其列入刑事侦查程序当中，频繁使用；甚至在许多规模比较大的警察机关中，还设有专门机构负责此事。因而从 1981 年到 1985 年，美国的司法界及各领域的学者专家对此问题的探讨达到了高峰。

最近十几年来，由于我国犯罪形势日益严峻，不仅犯罪率逐渐升高，而且随之出现了前所未有的诸多犯罪类型及犯罪形式，如有组织犯罪、毒品犯罪、街头犯罪、网络犯罪等隐蔽性强、取证困难的严重刑事犯罪，使得传统的侦查手段在侦破这些新型的特殊案件时遇到了严峻的挑战。为适应与犯罪作斗争的需要，20 世纪 80 年代末诱惑侦查作为一种侦破某些特殊案件的有效手段应运而生，并且在实践中发挥了重要作用。例如，据广西桂林某区人民检察院统计，该院在1998年至1999年6月受理的94宗案件中就有80%的案件运用了诱惑侦查手段。[①] 然而，在这一频繁使用诱惑侦查的过程中暴露出来的问题也日渐增多，诸多方面都不尽如人意，如理念的缺失、制度的阙如、操作的失范等。由此，诱惑侦查行为引起了学界的广泛关注，理所当然地成为了学术研究的一个热点问题。

在我国，近十年来诱惑侦查的研究取得了一定的成果，但是理论研究还有盲点和不足，具体有以下几点：一是诱惑侦查理论的基本问题研究不足，现有理论并没有很系统地揭示出诱惑侦查的定义，特别是我国实施诱惑侦查行为的特点、类型等；二是对国外的立法、实务等方面的最新动态研究不够，使得我国理论和实务部门可借鉴的内容不多；三是没有探索出符合我国法制特点的诱惑侦查法律规制，以及行之有效的规制路径，诱惑侦查手段一直处于被广为质疑的灰色地带；四是对国内诱惑侦查行为的研究比较薄弱，未能真正揭示我国诱惑侦查实践中的问题与困惑，缺少为侦查部门提供指导的诱惑侦查方法，使研究在一定程度上缺乏针对性。这主要是由于侦查实务部门始终认为诱惑侦查是秘密手段，不可以公之于众，侦查实务部门的讳莫如深致使理论界无法获取我国诱惑侦查实践的真实情况，从而难以深入展开有针对性的研究，现有的研究只是停留在对国外有关理论的介绍和借鉴、套用一些法治国家的做法层面上。

理论的研究往往需要在实践的推动下向前发展。当前，诱惑侦查作为侦破某些特殊案件的有效手段，在实践中发挥了重要作用，因此越来越受到侦查机关的青睐，并逐渐推而广之。尤其是毒品、走私、假币等无被害人的犯罪案件中，几乎成为无可替代的侦查手段。诱惑侦查手段利弊凸显，侦查机关使用诱惑侦查，其目的是惩治犯罪、捉拿罪犯，但做法不当、行为过限就会适得其反，越过打击犯罪的界限，产生引诱他人犯罪等严重后果。究其原因，诱惑侦查其实是一种“以恶治恶”的行为方式，但这种侦查行为方式一诞生就有天然的缺陷，如果不进行有力的规制，必然会导致滥用、侵权等不良后果，国外对这种侦查行为很早就进行了规制，无论是判例法还是成文法都形成了有代表性的学说。而在我国，1979年刑事诉讼法制定之初，社会状况相对简单，犯罪形式也比较单一，传统的侦查方式足以应对当时的犯罪形式，所以诱惑侦查手段的使用并不多见，也就不可能规定到大法之中。在

① 马滔：《诱惑侦查之合法性分析》，载《中国刑事法杂志》2000年第5期。

1996 年我国修订刑事诉讼法之时，诱惑侦查手段已经开始大量被实践部门运用，由于当时关注的重点是诉讼制度的改造，无暇顾及一些新型的侦查措施，所以没有对诱惑侦查作出任何规定，并且公安机关和检察机关办理刑事案件程序规定中也未涉及诱惑侦查措施。一直以来立法迟钝苍白，理论上的研究也不深入，这就造成了诱惑侦查措施的滥用、实施过程失控、审判上的无所适从等一系列问题。值得庆幸的是，2012 年我国刑事诉讼法的修改已经将诱惑侦查等秘密侦查措施纳入法制化轨道，此时正是理论回应并碰撞实践的良好契机，所以无论是立法者还是实务工作者都迫切需要从理论上对有关重要问题作出明确回答，从而探索出一条符合我国法制特点的诱惑侦查措施规制路径。

二、研究方法

本书主要使用的研究方法为比较研究、系统研究和案例分析研究。

比较研究法既包括国外和国内的比较，也包括理论与实践的比较，研究国外的诱惑侦查的方法和法律规制将有助于我国借鉴。笔者大量查阅、收集国外有关资料，进行分析研究，结合我国诱惑侦查的具体情况，从着眼于分析中国的问题来筛选国外的经验与做法，并以我国诱惑侦查实践为基础，比较并矫正有关理论，最终提出具有中国法制特色的进路。案例分析方法是本书重要的研究方法之一，本书对大量的案例材料进行研究，总结特征、发现规律，通过典型案例来说明诱惑侦查研究中的具体问题，案例分析方法贯穿本书始终，特别是通过典型案例对诱惑侦查方法进行深入分析和探讨，更显其重要性。

另外，本书还立足于侦查学的基本理论，从宪法学、刑法学、刑事诉讼法学、伦理学、行为学等多学科的角度研究诱惑侦查问题，从而展开交叉研究的方法。

三、研究框架

当今世界许多国家侦查实践中都存在诱惑侦查手段，所以绝大多数国家和地区都对诱惑侦查进行了法律规制，尽管法系不同，规制的方法方式各有差异，但是有一点是共同的，即要严格控制实施过程，降低其潜在的风险。我国作为法治国家不应当也不允许这种侦查措施的“法外运行”，从程序法的角度来研究如何规范诱惑侦查行为很有必要。本书以规范诱惑侦查行为为主线，围绕诱惑侦查的法律规制和规范实施方法展开研究，共分四章。

第一章为诱惑侦查概述。通过对诱惑侦查的发展历史作一个简单的回顾来展开论述，重点分析了诱惑侦查的概念，揭示了诱惑侦查具有的六大显著特征；在目前主流观点的基础上，提出了笔者自己关于诱惑侦查的八种分类；对诱惑侦查与容易混淆的概念“控制下交付”进行了比较与辨析；力图通过对诱惑侦查基础理论的梳理和阐释来全面、系统、准确地把握这一侦查措施的本质。

第二章为诱惑侦查正当性分析。对诱惑侦查活动的正当性分析与考察，有助于矫正侦查活动中的某些偏执和蒙蔽状态，是侦查程序在保障人权与惩治犯罪之间求得平衡的需要，是侦查法治化、文明化的必然召唤。本章从道德伦理、法理、社会防卫、经济效益等多角度对诱惑侦查措施进行正当性分析，同时明确了不当诱惑侦查行为的表现和危害，并探讨了遏制不当诱惑侦查行为的对策。

第三章为国外诱惑侦查法律规制。从法理、制度与实务三个层面分析了主要法治国家美、英、德、日的诱惑侦查法律规制的发展演变，及其基本态度和做法，力图从中揭示出一些共通的理念，以对我国建构诱惑侦查法制有所借鉴。关于美国的诱惑侦查，重点讨论了美国最高法院关于圈套问题的几起重要判例，及其规制诱惑侦查行为的成文规定；关于英国的诱惑侦查，重点讨论了合法性判断标准和对“警察圈套”的制裁方式；关于德国的诱惑侦查，重点讨论了我国学者对其成文法的错误理解和对违法诱惑侦查行为的制裁方式，以及德国规制诱惑侦查的成文法；关于日本的诱惑侦查，重点介绍了其判例的发展和成文法内容。

第四章论述了诱惑侦查规制路径。明确了最新修订的刑事诉讼法第151条第1款是诱惑侦查措施的研究基点，为实现侦查机关可以合法高效地实施诱惑侦查措施，在厘清我国诱惑侦查存在突出问题的基础上，深入分析了我国诱惑侦查实施的现状，探索出适合我国国情的诱惑侦查规制路径，即应当在部门法规中增加对诱惑侦查措施的规制细则；排除利用收集的证据，形成对侦查机关实施诱惑侦查行为的动态规制；不断规范侦查机关实施诱惑侦查的策略方法，增加实施过程的录音录像，形成对诱惑侦查过程的实时规制。

第一章 诱惑侦查概述

人身自由必定是与社会安全相辅相成的。……每一社会均须有保护本身不受犯罪分子危害的手段。社会必须有权逮捕、搜查、监禁那些不法分子。只要这些权利运用适当，这些手段都是自由的保护者。

——丹宁勋爵①

现代犯罪的发展趋势是越来越隐蔽，具有组织性，并且向高科技、高智能方向发展。这使得传统的侦查方法和方式相形见绌，捉襟见肘，几乎无法适应打击现代犯罪的需求。世界各国针对现代犯罪的特点，与时俱进，纷纷应对，摸索出不同的新型侦查方法，如监听监视、跟踪、卧底侦查、诱惑侦查等。其中，对高科技手段依赖不强，或高科技手段难以应用时采用的诱惑侦查，凸显了取证的直接性和揭露犯罪的及时充分性，得到世界各国侦查机关的青睐。诱惑侦查不仅历史悠久，而且为不少国家的法律所认可。但是，在我国，实战部门在较长时间里运用这种侦查手段非常混乱，并且讳莫如深，加之我国直至2012年才在新修订的刑事诉讼法中对包括诱惑侦查在内的秘密侦查手段作了立法规定，特别是至今对诱惑侦查措施还没有相关的法律出台。立法上长时间的缺失，致使对其理论的深入研究存在诸多空白。有鉴于此，笔者认为，在诱惑侦查措施已经被纳入法制轨道之际，理论界实有必要结合立法精神深入研究其基本理论，并探讨出符合我国国情的规制路径，为我国司法实践提供充足的学理支撑和正确的操作指南。

① ［英］丹宁勋爵著：《法律的正当程序》，李克强等译，法律出版社1990年版，第109页。

第一节 历史沿革

一、我国诱惑侦查的历史发展

在我国历史上，诱惑侦查作为一种特殊的侦查方式或者作为一种特别的侦查谋略，司法文献中早有记载，第一个公开提倡“诱惑侦查”的是韩非子。他提出了领导者的七种权术，其中之一是“倒言反事”，就是故意说一个与本意相反的话，以此观察下属的反应，从中判断谁忠谁奸。这种给部下“设套”的做法在800年后分别被另外两个中国政治家采纳和拒绝，那就是隋文帝和唐太宗。

据《资治通鉴》记载，隋朝时，文帝“患令吏赃污，私使人以钱帛遗之，得犯立斩”。隋文帝规定，贪一文钱、一升粮以上者，斩。他常常派人秘密给官员行贿，一旦有谁受贿，立即处死。不过隋文帝的政治统治并不成功。

另外，秦汉时专门从事暗中侦查的“特工”人员，唐朝的“不良人”，宋朝的“皇城司逻卒”和明朝厂卫制度下的“特工”体系都可以说是现代诱惑侦查制度的前身。

值得一提的是，在我国封建社会，诱人犯罪的破案方式也为部分统治者所不取，如为了发现犯罪，唐太宗派人向守门官行贿，在守门官接受贿赂后，唐太宗准备将其处死。尚书裴矩劝阻说：“陛下诱人犯罪是不是也违反了‘道之以德，齐之以礼’的礼义呢?”唐太宗接受了裴矩的意见，收回了成命。还有一次，有人给唐太宗上书，说朝廷应该清理那些佞臣。唐太宗问：“如何辨认佞臣?”上书人说：“陛下可以假装发怒来试一下大臣们，那些不管你发怒还继续直言进谏的人就是忠臣，那些一看你发怒就见风使舵的人就是佞臣。”唐太宗说：“君王好比源头，臣下好比流水，我使用了诈术，怎么能够要求群臣耿直呢?你的想法虽然不错，但我不能采纳。”这就是唐太宗不以诈术驭下的故事。然而，唐太宗并不是一个有道德“洁癖”的人，他完全掌握了韩非那套“法术势”理论的精髓。他拒绝“诱惑侦查”，无非是考虑到搞“诱惑侦查”成本很高，风险很大；再者，他发动的“玄武门之变”，一箭就射死了他的哥哥——太子李建成，杀掉弟弟李元吉，又杀掉10个侄儿，逼父亲退位，靠宫廷政变掌权，已属“得位不正”，如再行诈术，就会“影响不好”，应该逆取顺守，宣讲仁义道德。所以，唐太宗拒绝使用“诱惑侦查”手段。

两千多年过去了，“诱惑侦查”的妙处其实很早就被中国的政治家发现了，但常认为这是一种暗中算计人的方式，怕被人不齿，所以历朝历代的政治家们一直秘而不宣、百试不爽，没有将其上升到法律层面。

在新中国成立后的相当长一段时期内，犯罪率低，犯罪形式简单，侦查机关使用诱惑侦查手段侦破案件的情形并不多见。随着时代的发展，特别是20世纪80年代以来，我国的刑事犯罪发生了巨大变化，犯罪数量持续上升，犯罪行为趋于多样化、隐蔽化、有组织化、智能化，一些具有严重危害性、高度危险性和隐蔽性的犯罪案件，如毒品、走私、假币和恐怖主义犯罪大量涌现并呈集团化和国际化趋势，严重影响了社会治安和社会稳定。在此形势下，侦查机关开始越来越青睐诱惑侦查这种特殊的侦查手段，但是时至今日，在我国诱惑侦查手段仍没有法律规制，时常有疑似诱人犯罪或乱用诱惑侦查于行政执法（“钓鱼执法”）的事件见诸报端，使得诱惑侦查手段依然处于“法外运行”的状态，执法部门均对其讳莫如深。

二、国外诱惑侦查理论形成之概览

法国是最早将诱惑侦查手段公开作为一项特殊的镇压政策的国家。大革命前，路易十四为了镇压资产阶级革命运动，就曾公开利用诱惑侦查手段来逮捕资产阶级的革命党人士。但是，诱惑侦查理论系统化得益于美国的“圈套抗辩”理论的形成过程，其中的典型案例一直以来是各国理论界参照和研究的对象。由于大陆法系的特点，以德国为代表的欧洲大陆法系国家承认诱惑侦查，并将其制度化则相对较晚。

据有关资料显示，英美法系国家的“圈套法理”源于刑事诉讼中的“圈套抗辩”，“圈套抗辩”的最早案例发生于18世纪的英国刑事诉讼中，但是英国当时对政府实施的诱惑侦查行为没有任何法律上的约束，所以多数法官拒绝接受“圈套抗辩”这一观点。在20世纪初期的美国，以索勒斯（Sorrells）、谢尔曼（Sherman）、拉塞尔（Russell）、汉普顿（Hampton）为代表的几宗典型判例的形成促进了“圈套抗辩”的发展，从而使得法官接受了“圈套法理”。①

美国联邦调查局成立于1910年，第二次世界大战时，联邦调查局起初是

① 第三章第一节“美国诱惑侦查法律规制”中对案例和“圈套法理”有详细的论述，此处不再赘述。

利用诱惑侦查手段来发现国外间谍的破坏活动，其收效颇大，于是其作为特殊的侦查手段，渐渐渗透到刑事侦查中。在此之后，该手段逐渐被扩大适用范围，开始在卖淫、同性恋、赌博、违反禁酒法、贩毒等犯罪案件的侦查中使用。由于贩毒、卖淫等犯罪案件没有传统意义上的被害人，且犯罪行为极为隐蔽，利用传统的侦查方法收效甚微，自从使用诱惑侦查方法后，这些犯罪行为被大量地揭露，诱惑侦查手段被公认为是打击贩毒等无被害人犯罪的有力侦查手段，并被频繁应用于侦缉中。据有关资料反映，在美国19世纪初的两年间，侦查机关运用诱惑侦查手段逮捕嫌疑犯2700余人，其中有1100余人被判有罪。[①] 随着英美法系国家诱惑侦查的频繁实施，势必产生侦查机关滥用诱惑侦查的后果，其可能殃及普通大众的弊病也日渐凸显，鉴于此，早在20世纪30年代，美国各州法院基于保障普通公民权益的使命，率先通过判例对诱惑侦查施加了必要的限制，这便出现了试图规制诱惑侦查，认可“圈套抗辩”（entrapment defence）的思潮，并逐步形成了所谓的“圈套法理”（Law of Entrapment）。美国联邦最高法院首次肯定这一法理是在1932年审判索勒斯（Sorrells）违反禁酒法一案时。其后40年间通过的著名的四大判例，即索勒斯（Sorrells）、谢尔曼（Sherman）、拉塞尔（Russell）、汉普顿（Hampton）判例，渐渐形成了圈套法理，并总结出相对成熟的实践和理论经验。

欧洲大陆法系国家对待诱惑侦查的态度是，从否定到有限度的认可。以德国、意大利为代表的欧洲大陆法系国家曾一度对诱惑侦查持否定态度，各国均没有把诱惑侦查规定为法定的侦查手段。但是，随着犯罪形式的多样化，特别是毒品、走私、贩卖假币、非法卖淫等犯罪的出现，对传统的侦查方法提出挑战，利用传统侦查方法难以有效打击犯罪与必须严厉打击与日俱增的严重犯罪形成尖锐的矛盾，迫使欧洲大陆法系国家不得不重新审视诱惑侦查的价值，从而有些国家通过立法在有限的范围内认可了侦查机关运用诱惑侦查的合法性。这些国家允许诱惑侦查适用于极其有限的犯罪案件，有些国家甚至只允许在与毒品有关的犯罪案件中使用诱惑侦查手段，并明确限定这些手段在性质上都属于客观地进行某种行为，而不是积极主动地进行鼓励、挑逗，并强调只应适用于其他侦查手段无能为力的极少数案件。

在亚洲大陆法系国家中，日本的诱惑侦查制度的形成具有一定的代表性。日本在第二次世界大战战败后，国内滥用兴奋剂的现象非常普遍，为了阻止

---

① ［日］河上和雄：《诱惑侦查的发展》，载《判例时报》1982年第475号。

国内兴奋剂犯罪的泛滥，日本政府接受了美占领军的建议，开始在侦缉毒品犯罪中实际运用诱惑侦查手段，而后这一侦查手段的适用范围又逐渐扩大至侦缉不法武器交易、卖淫和盗窃邮件等犯罪。但是，为了防止侦查机关滥用诱惑侦查手段，在司法过程中将诱惑侦查的适用对象限定于正在实施犯罪或有犯罪倾向的人，以保障宪法所保护的包括个人隐私权和自律权在内的人格权不受侵犯。恰如日本判例所言，“与有被害人控告、揭发的犯罪案件的侦查相比，不论是犯罪行为的发现，还是证据的获取都极为困难，所以，在一定的限度内，允许侦查机关为侦缉这类犯罪，主动接近参与这类犯罪的人，以被告人需要的毒品、枪械、娼妓为诱饵，诱其上钩，并在交易时将其逮捕，即实施所谓诱惑侦查，并不违背立法精神和社会利益”。[①]

第二节 概念厘清与界定

近些年来，随着毒品犯罪、伪造和贩卖假币犯罪、假证件犯罪等所谓“无被害人之犯罪”和多样化的网络犯罪的日益突出，我国侦查机关正越来越多地采用诱惑侦查手段，但同时其暴露出的问题也日渐增多，因此，侦查理论和实务部门对这种侦查手段的重视程度和研究热情空前。在此过程中，人们认识到诱惑侦查需要探讨的问题颇多，而首当其冲的便是诱惑侦查的概念界定。

诱惑侦查的概念可以从内涵和界说两个方面来讨论，前者的内容是诱惑侦查的定义和分类，后者的内容是诱惑侦查的特征和与其他侦查措施的关系。

一、称谓之考察

研究一种侦查行为，首先应当界定其概念，而要界定概念就要确定这种侦查行为的称谓。在我国侦查理论界对诱惑侦查的称谓见仁见智，争议颇大，所以探讨诱惑侦查的称谓是明确概念的必要前提。

首先，是在我国使用“诱惑侦查”一词来界定这种侦查手段是否妥当的问题。针对该问题，已有专家学者提出质疑，如“不应将诱惑侦查这一在语义上具有明显贬义（或违法）色彩的术语作为一个中性词对待，而应将其视为诱发犯意的非法侦查的同义语，而将设计提供犯罪机会的合法侦查称为主

---

① ［日］河上和雄：《诱惑侦查的发展》，载《刑事裁判月报》1985 年第 17 号。

动型侦查，这样是非清楚，泾渭分明，指代明确，便于进行立法和学术研究”。[①]

其次，关于我们在这里所称的“诱惑侦查”的确切内涵与外延，迄今为止，无论在法律理论界，抑或是司法实务领域均面临着见仁见智、莫衷一是的尴尬。当前，学术与实务这两个领域对诱惑侦查的称谓不下十余种，如“陷阱”[②]、“诱陷”[③]、“诱捕”、“诱饵侦查”[④]、“侦查圈套”[⑤]、“陷害教唆”[⑥]、“陷阱侦查”[⑦]、“诱导侦查”、“刺激侦查”[⑧]、“侦查陷阱”[⑨]、“诱捕侦查”[⑩] 等，五花八门，不一而足。许多实务工作者甚至将其等同于《联合国禁止非法贩运麻醉药品和精神药物公约》中规定的“控制下交付”手段。之所以呈现这一状态，主要原因就在于在对该理论的研究伊始，我国尚未建立诱惑侦查的法律制度，主要理论源自英美等国的“圈套抗辩”理论，在从国外引进该项理论的过程中，人们对它的概念的翻译理解甚至称谓等都没有统一。

综上所述，笔者认为“诱惑侦查”这一表述相对比较合适。原因为：其一，关于诱惑，从词义上理解，一是使用手段，使人认识模糊而做坏事；二是有吸引和招引之意。[⑪] 据其内涵笔者认为，用“诱惑”一词描述和定义该类侦查手段较为妥当。其二，在我国，目前关于诱惑侦查虽然尚没有科学、准确的定义和相关的法律规定，但“诱惑侦查”一词作为专业术语为大家所广泛使用，已经约定俗成。其三，究其源头，“诱惑侦查”一词直接引自日本的犯罪侦查学界，自20世纪50年代以来，日本的法学研究杂志上就频频出现有关“诱惑侦查”的论文，由于中文与日文的天然联系，我国最初的研

---

① 郝宏奎：《侦查模式若干问题思考》，载郝宏奎主编：《侦查论坛》（第一卷），中国人民公安大学出版社 2002 年版，第 7 ~ 8 页。

② 朱石炎：《未遂犯与“陷阱”问题》，载《法令月刊》2007 年第 38 卷。

③ 林贤宗：《治安机关引诱犯罪下取得证据之容许性》，载《律师通讯》2009 年第 3 期。

④ 吴宏耀：《论我国诱饵侦查制度的立法建构》，载《人民检察》2001 年第 2 期。

⑤ 何泽宏、余辉胜：《陷害教唆与侦查圈套》，载《中国人民公安大学学报》2003 年第 3 期。

⑥ 黄朝义：《诱捕侦查与诱陷抗辩理论》，载《台湾警大法学论集》（第一集），台湾警大出版社 1988 年版，第 372 页。

⑦ 谢志鸿：《陷阱侦查于刑事诉讼上之效力》，载《辅仁法学》2003 年第 20 期。

⑧ 冯勋胜：《诱惑侦查与律师辩护》，载《律师世界》2001 年第 5 期。

⑨ 李永红：《对一起贩卖毒品案件适用法律的评析》，载《人民检察》2001 年第 1 期。

⑩ 黄朝义：《诱捕侦查与诱陷抗辩理论》，载《台湾警大法学论集》（第一集），台湾警大出版社 1988 年版，第 372、394 页。

⑪ 中国社会科学院语言研究所编：《现代汉语词典》，商务印书馆 1983 年版，第 1406 页。

究多转用了该词。[①] 而日本的“诱惑侦查”一词又溯源于美国的“encouragement”（鼓动侦查或刺激侦查）一词。在美国司法界并没有“encouragement”一词，而是美国部分学者将带有引诱性质的犯罪侦查手段称为encouragement，是指执法人员假扮成“自愿”的被害人，通过自己的行为鼓动犯罪嫌疑人实施某种犯罪，并将这种鼓动信息传达给犯罪嫌疑人，从而影响到犯罪的实施。犯罪鼓动手段本身并不违法，但如果使用过度则构成圈套抗辩。[②] 由此可见，诱惑侦查的称谓在国外已被承认，而且还溯源到美国的“encouragement”一词。

二、定义解析

（一）众家观点之综述

如上所述，诱惑侦查在国外，特别是在美国，大多以案例的形式堆积，并更多地以圈套抗辩，即诱惑侦查过限为辩护理由而表现出来，很少有最直接的定义表述；而在我国当前学术界和实务界关于诱惑侦查的称谓不下十余种，自然对它的定义也就众说纷纭了。但是综观其含义，在概念把握上，主要分歧还是诱惑侦查概念是否包含违法的诱惑侦查行为的问题。

在我国，当前大部分学者都认为诱惑侦查概念应当包含违法的诱惑侦查行为，如有学者认为，关于诱惑侦查的概念，定义方式以广义为宜。这种方式可以把合法的诱惑侦查与违法的诱惑侦查均涵盖在内，避免狭义的方式所带来的先入为主的印象。[③] 持此观点的学者是受到日本和台湾地区主流学者“两分法”的影响，即认为诱惑侦查可以分为“犯意诱发型”和“机会提供型”，那么“犯意诱发型”诱惑侦查肯定是违法的诱惑侦查行为，故诱惑侦查应当包含违法的诱惑侦查行为。例如，（1）诱惑侦查指国家机关侦查人员采取一定的诱导性策略，暗示或诱使侦查对象实施某种犯罪，并在犯罪实施时或结果发生后拘捕犯罪人的一种侦查取证方法。[④]（2）诱惑侦查，又称为侦查陷阱，是指侦查部门设置圈套，引诱侦查对象实施犯罪，并将其及时（在犯罪现场或人赃并获）拘捕的一种侦查手段。[⑤]（3）诱惑侦查是一种由侦

---

① 吴丹红、孙孝福：《论诱惑侦查》，载《法商研究》2001年第4期。

② Jerold H，Kamsar，Wayne R. Lafave. Criminal Procedure and the Constitution. New York：West Publication，2000. 215.

③ 杨志刚著：《诱惑侦查研究》，中国法制出版社2008年版，第42页。

④ 杨志刚著：《诱惑侦查研究》，中国法制出版社2008年版，第42页。

⑤ 马滔：《诱惑侦查之合法性分析》，载《中国刑事法杂志》2000年第5期。

查部门设置陷阱而诱使侦查对象实施犯罪行为并将其抓获的特殊侦查方法。[①]（4）诱饵侦查（又称诱惑侦查、侦查陷阱），泛指国家侦查人员或者受雇于国家追诉机关的人员特意设计某种诱发犯罪的情境或者为实施犯罪提供条件或机会，鼓动、诱使他人实施犯罪并进而侦破案件、拘捕犯罪人的侦查手段。[②]（5）诱惑侦查是警察设置圈套，以实施某种行为有利可图为诱饵，暗示或诱使侦查对象暴露其犯罪意图并实施犯罪行为，待犯罪行为实施时或结果发生后，拘捕被诱惑者。[③]（6）“警察圈套”是指拥有法定侦查权限的国家司法机关，为了获得对某人提起刑事诉讼的证据，在法定或特定的情况下，以实施某种行为有利可图为诱饵，暗示或诱使侦查对象暴露其犯罪意图，并实施犯罪行为，待犯罪行为实施时或危害结果发生后，拘捕被诱惑者的一种特殊的刑事侦查方法。[④]（7）诱惑侦查是指侦查人员或其协助者，为了侦破某些极具隐蔽性的特殊案件，特意设计某种诱发犯罪的情境，或者根据犯罪活动的倾向性提供其实施的条件和机会，待犯罪嫌疑人进行犯罪或自我暴露时当场将其拘捕的一种特殊侦查手段。[⑤]

另外，有少部分学者认为诱惑侦查概念不应当包含违法的诱惑侦查行为，并把“两分法”中的“机会提供”型诱惑侦查定义为合法的诱惑侦查行为，同时概念中去除了“犯意诱发”型的非法诱惑侦查行为。（1）所谓诱惑侦查，是指对重大复杂的隐蔽性犯罪案件，在有证据证明犯罪嫌疑人有犯罪意图或犯罪倾向的条件下，侦查人员严格根据法律的规定，为犯罪嫌疑人提供犯罪机会和条件，待其进行犯罪或自我暴露时将其人赃俱获的一种特殊侦查手段。[⑥]（2）诱惑侦查是指在侦破特殊种类的刑事案件过程中，侦查人员或其他公民在侦查人员的主持下，根据犯罪活动的倾向性向侦查对象提供一定的条件或机会，诱使侦查对象暴露其犯罪意图并实施作案行为，待作案行为实施时或结果发生时，当场拘留作案人并搜集诉讼证据的一种特殊手段。[⑦]（3）诱惑侦查是指侦查部门为了破获某些极具隐蔽性且无被害人的犯罪，在掌握了一定的线索但又没有足够证据时，通过实施某种行为或设计某种情境，

① 戴中祥：《试论对诱惑侦查的法律限制》，载《人民检察》2002 年第 4 期。

② 吴宏耀：《论我国诱饵侦查制度的立法建构》，载《人民检察》2001 年第 2 期。

③ 龙宗智：《诱惑侦查合法性问题探析》，载《人民司法》2000 年第 5 期。

④ 高庆国：《“警察圈套”的规范化》，载《中州大学学报》2003 年第 2 期。

⑤ 马跃：《美、日有关诱惑侦查的法理及论争之概观》，载《法学》1998 年第 11 期。

⑥ 陈学权：《程序法视野中的诱惑侦查》，载《中国刑事法杂志》2004 年第 2 期。

⑦ 袁经义：《解读诱惑侦查》，载《河南公安高等专科学校学报》2004 年第 1 期。

使犯罪嫌疑人误认为犯罪时机已经成熟，待其犯罪行为实施时或结果发生后将其拘捕的特殊侦查手段。[①]

在美国，所谓“警察圈套”（entrapment），是一种为法律所禁止、谴责的执法手段，美国最高法院在确立圈套抗辩的经典判例中明确将“警察圈套”行为定性为：“执法人员起意、策划并鼓动公民实施犯罪活动，而如果不是执法人员使用诡计、劝说或欺骗手段，该公民根本不会实施该犯罪。”而诱惑侦查是一种合法的侦查行为，美国学者指出：“诱惑侦查是指执法人员假扮成‘自愿’的被害人，通过自己的行为鼓动犯罪嫌疑人实施某种犯罪，并将这种鼓动信息传达给犯罪嫌疑人，从而影响到犯罪的实施。犯罪鼓动手段本身并不违法，但如果使用过度则构成圈套抗辩。”[②] 所以，诱惑侦查这个概念是从侦查的运用、打击犯罪的角度提出来的，是合法的侦查措施。再看某些国内学者对诱惑侦查概念的理解，认为诱惑侦查概念应当包含违法的诱惑侦查行为，其对诱惑侦查概念原意的理解有失偏颇甚至是片面、错误的，其将“提供机会”型诱惑侦查与“犯意诱发”型诱惑侦查合一而不加区分，甚至与“侦查陷阱”、“诱饵侦查”、“警察圈套”等概念混为一谈，这样不利于人们正确理解“诱惑侦查”这一概念，更不利于实战部门具体操作，需要指出的是，2008 年 12 月 22 日最高人民法院印发的《全国部分法院审理毒品犯罪案件工作座谈会纪要》中也体现出当前我国法院系统在面临这一问题时存在模糊不清的情况，[③] 因此有必要尽快给予其科学的圈定。认为诱惑侦查概念不应当包含违法的诱惑侦查行为的，基本上能够体现关于诱惑性侦查手段的原意，理解“诱惑侦查”这一概念作为侦查措施其本质应当是合法的诱惑侦查行为，但是该种观点认为“机会提供”型诱惑侦查就是合法的诱惑侦查行为，笔者认为不妥，因为过分提供机会，促使被诱惑者犯罪也是违法的诱惑侦查行为，应归为“警察圈套”，所以不是所有的“机会提供”型诱惑侦查都是合法的。

---

① 李红：《关于诱惑侦查理论问题的思考》，载《江西社会科学》2003 年第 10 期。

② Jerold H, Kamsar, Wayne R. Lafave. Criminal Procedure and the Constitution. New York: West Publication, 2000. 215.

③ 2008 年 12 月 22 日最高人民法院印发的《全国部分法院审理毒品犯罪案件工作座谈会纪要》明确规定：“对特情介入侦破的毒品案件，要区别不同情形予以分别处理。对已持有毒品待售或者有证据证明已准备实施大宗毒品犯罪者，采取特情贴靠、接洽而破获的案件，不存在犯罪引诱，应当依法处理。行为人本没有实施毒品犯罪的主观意图，而是在特情诱惑和促成下形成犯意，进而实施毒品犯罪的，属于‘犯意引诱’。对因‘犯意引诱’实施毒品犯罪的被告人，根据罪刑相适应原则，应当依法从轻处罚，无论涉案毒品数量多大，都不应判处死刑立即执行。”

（二）概念之内涵

综合分析各学者关于诱惑侦查的概念，并结合我国2012年修订的刑事诉讼法关于诱惑侦查的立法精神，笔者认为诱惑侦查所有性质产生的前提即它首先是一种侦查措施，所以对其定义应侧重于侦查学角度，基于这种考虑，诱惑侦查的概念为：所谓诱惑侦查是指侦查机关为了准确有效地直接获取案犯作案的证据或将其拘捕，酌情设计，诱使案犯不知不觉地暴露作案事实或现身某地的特殊侦查措施。①

如上分析，诱惑侦查措施是一个合法的概念，但是由于各方面的因素可能会导致实施诱惑侦查的行为出现违法，诱惑侦查行为违法就构成“警察圈套”。可见这一概念有着很强的弹性特征，所以对诱惑侦查这一概念应结合以下内容综合理解：

第一，实施诱惑侦查的主体是国家侦查机关。根据我国刑事诉讼法第3条第1款规定：“对刑事案件的侦查、拘留、执行逮捕、预审，由公安机关负责。检察、批准逮捕、检察机关直接受理的案件的侦查、提起公诉，由人民检察院负责。审判由人民法院负责。除法律特别规定的以外，其他任何机关、团体和个人都无权行使这些权力。”第106条第1项规定：“‘侦查’是指公安机关、人民检察院在办理案件过程中，依照法律进行的专门调查工作和有关的强制性措施。”此外，根据刑事诉讼法第4条、第290条规定：“国家安全机关依照法律规定，办理危害国家安全的刑事案件，行使与公安机关相同的职权。”“军队保卫部门对军队内部发生的刑事案件行使侦查权。对罪犯在监狱内犯罪的案件由监狱进行侦查。军队保卫部门、监狱办理刑事案件，适用本法的有关规定。”除此以外，其他任何机关、组织和个人都没有该项权力，私人侦探在我国也没有被法律所承认。由此可见，在我国，刑事诉讼中的侦查主体只包括公安机关、检察机关、国家安全机关、军队保卫部门和监狱，它们是侦查权行使的法定主体，而诱惑侦查就是刑事侦查手段的一种，这就决定了使用这一手段者只能是国家侦查机关的公职人员。但这并不等于诱惑侦查的实施过程全部只能由国家侦查机关的公职人员参与，有的实施行为还可以授权代理人或者利用民间合作者进行协助，如秘密力量等，这也就是新修订的刑事诉讼法第151条第1款规定的“为了查明案情，在必要的时候，经公安机关负责人决定，可以由有关人员隐匿其身份实施侦查”中的“有关人员”不一定只是侦查人员，也包括协助人员。但是，设置诱饵者、

① 何雷：《诱惑侦查特征研究》，载《湖北警官学院学报》2009年第6期。

行动指挥者必须是国家侦查机关的公职人员，在此协助者（或称代理人，即侦查人员指挥下的其他人员）的行为可以视为公职人员行为的延伸，这也正是诱惑侦查成立的基本前提所在。

具体而言，实施诱惑侦查的主体只能是侦查人员以及侦查机关的代理人（即侦查人员指挥下的其他人员）。一般而言，普通公民在特定情形下可以成为诱惑侦查的行为实施者。这些人参与诱惑侦查具有侦查人员不可替代的作用，同时这些人员的出现正是表明了同犯罪行为作斗争是每个公民应尽的社会义务，每个公民都应当具备这种协助侦查机关打击犯罪行为，维护社会稳定的良好社会责任感，所以在侦查机关需要特定的人员协助侦破案件，并征得该当事人的同意时，这些人也就成为侦查机关的代理人。这里有一个问题值得注意，就是普通公民能否成为诱惑侦查的行动计划者。关于该问题在西方有不同的观点：一种观点认为普通公民可以成为诱惑侦查的计划者，但该公民本身不得参与犯罪或给犯罪提供帮助，否则将承担共同犯罪的责任；另一种观点认为普通公民不是司法人员也不是侦探，不能成为诱惑侦查的计划者。① 笔者认为，普通公民个人不能成为诱惑侦查的计划者，如果没有侦查人员的安排、授意则无权实施诱惑侦查。对出于陷害他人的目的而教唆他人犯罪，将被教唆人实施的犯罪行为报告给侦查人员，并将其抓获的行为，不是诱惑侦查，而是陷害教唆。有的国家，如希腊、波兰等均明文规定对实施陷害教唆者要追究刑事责任。

所以我们必须明确，非侦查机关的其他人员参与侦查活动，只能在侦查人员的主持下，并在侦查机关的绝对掌控中行事，不得在侦查机关的侦查活动之外实施侦查行为。一旦僭越了雷池，都是违法行为，都将难逃法律的制裁。有鉴于此，“侦查机关的代理人”这一概念就没有必要在诱惑侦查的定义中单独提示出来了。

第二，实施诱惑侦查的目的是侦查犯罪，获取对犯罪嫌疑人提起刑事指控的证据。而实施诱惑侦查的价值也正在于它的取证意义。因为某一犯罪现象的存在已经给社会造成了严重的危害性，但由于缺少证据，犯罪行为人难以确定，为了侦破案件，获取犯罪证据而实施诱惑侦查。这样一来，侦查机关就能够有效地利用侦查资源，及时侦破犯罪案件，节约侦查成本，提高侦查效率。但任何事物都具有两面性，诱惑侦查作为一种秘密侦查手段同样不例外。当它被非法利用，歪曲为某些徇私枉法者的工具时，则会危害国家的

---

① 储槐植著：《美国刑法》，北京大学出版社1996年版，第159页。

权威和公正，损害国家机关的形象，侵害公民的合法权益。由此，必须特别强调诱惑侦查的合法目的，即“侦查机关为了准确有效直接获取案犯作案的证据或将其拘捕”。

第三，诱惑侦查的客体是特定的犯罪案件或特定的犯罪嫌疑人。因具体犯罪案件不同，诱惑侦查的客体一般可以理解为两类，一类是特定的犯罪案件，即侦查的对象是事先并不能确定甚至是不可知的潜藏的犯罪嫌疑人；另一类就是某些案件中较为明确的特定犯罪嫌疑人。就第一种情形而言，首要前提即有明确而具体的案件存在。在这类情形中，犯罪案件事实上已客观存在，只是因为某些条件尚未具备，还无法确定具体的犯罪嫌疑人（如系列强奸、抢劫案等就属此类），为了使案犯尽快暴露，并尽量避免案犯可能继续实施犯罪行为给社会带来更为严重的后果而采取的诱惑侦查手段。在这类情形中，必须注意的是，诱惑侦查的适用对象应当是有相当的证据证明案件确实存在，被诱惑的犯罪嫌疑人浮出水面具有现实可能性。这一性质是诱惑侦查与针对不特定的多数人实施“考验型”诱惑之间的分水岭。“考验型”诱惑，诸如在贪污贿赂案件中，为了考察官员的廉政性，任意对不特定的官员提供可能实施贪污贿赂的客观条件，这种手段没有存在的理由。对于第二种情形而言，诱惑侦查适用的对象必须是明确且具体的犯罪嫌疑人。通常情况下，这类案件的犯罪嫌疑人本身已经暴露或犯罪意图已充分暴露，只是侦查机关因某些客观条件的限制，难以通过其他侦查方法收集到足以证明犯罪嫌疑人有罪的证据，为了控制这些犯罪行为可能给社会带来的危害后果，并将这种可能发生的后果的危害程度降至最低，不得已而采取的促使犯罪嫌疑人暴露其犯罪行为进而获取对其指控证据的侦查手段，如对毒品犯罪、贪污贿赂犯罪等案件的侦查就属此情形。

第四，诱惑侦查的适用范围是那些隐蔽性强、取证困难的严重犯罪案件，使用诱惑侦查是侦查机关已无其他特别有效的侦查手段侦破某具体案件，而不得不为之的手段，这也就是刑事诉讼法第 151 条第 1 款规定中的“为了查明案情，在必要的时候……”才可以启动诱惑侦查措施，而不可以随意启动，应当符合比例原则的精神。诱惑侦查是一种不易把握、有风险性的秘密侦查方法，所以它的使用必须受到严格限制，一般的刑事案件是不能使用的。从另一个角度看，有的学者将诱惑侦查的客体局限于“无被害人案件”，对此笔者认为值得商榷。当然，值得肯定的是，这种观点主要出于避免大量采用诱惑侦查这种特殊手段的考虑，这在避免给社会带来不必要的损害，避免侵害社会公众的合法权益方面确存益处，但究竟为何从这个角度就将“有被害人案件”排除在外，国内外无论从理论还是实践中实难找出理由，国外的诱惑侦查也并不仅仅局限于“无被害人案件”。迄今为止，还无法断言诱惑侦查在“无被害人案件”的侦查中滥用的危险系数低，而在“有被害人案件”的侦查中滥用危险系数就高。诸多实践证明，在有被害人的案件中恰当使用诱惑侦查，同样能够取得很好的效果。但是无论如何，诱惑侦查作为一种特殊的侦查手段，应当防止其滥用，必须限制在严重犯罪案件的侦查中使用。

通过以上总结归纳与分析定性，诱惑侦查概念的基本轮廓大致清晰。明确了诱惑侦查的定义、构成要件，为比较准确地区别诱惑侦查和与其相近或相邻概念的差异提供了便利和依据。

第三节　诱惑侦查理论分类

诱惑侦查作为一项重要的侦查措施，仅仅通过一个简明扼要的定义难以将其内涵穷尽，只能是在科学定义的基础上，根据不同的行为标准进行分类讨论，才能从多方面、多角度更加透彻地解析诱惑侦查概念的内涵，由此可见，从不同的视角，根据不同的标准对诱惑侦查进行分类具有重要的理论价值和实践意义。第一，有利于加强对侦查谋略的研究，选择合适的诱惑侦查类型，提高案件的侦破率；第二，有利于加强对诱惑侦查合法性的研究，禁止违法诱惑侦查类型的运用，限制对公民的人权可能有较大侵害的诱惑侦查类型的运用；第三，有利于加强对诱惑侦查进行规范和制约的研究，规定运用不同类型的诱惑侦查所应当具备的条件和适用的程序；第四，有利于加强对被诱惑者刑事责任的研究，确定在不同类型的诱惑侦查下，被诱惑者应当承担的刑事责任，保障司法公正。①

笔者根据八种不同的标准对诱惑侦查行为进行分类，试图多方面、多角度立体地揭示其行为内涵。在阐述本书分类之前，有必要全面剖析当前普遍流行的也是较为传统的“两分法”，即“机会提供型”诱惑侦查和“犯意诱发型”诱惑侦查，从而清楚地认识到“两分法”的弊端和不足，进一步明确对诱惑侦查重新进行科学分类的必要性。

---

① 杭正亚：《诱惑侦查的存与废及价值取向浅析》，载《江西公安专科学校学报》2001 年第 7 期。

一、剖析“两分法”

关于诱惑侦查的分类，目前最为流行的方法是将其划分为“机会提供型”诱惑侦查与“犯意诱发型”诱惑侦查。所谓“机会提供型”诱惑侦查，是指如果被诱惑者已有犯罪意图或倾向甚至已实施犯罪，诱惑侦查行为只是强化其固有的犯罪意图或倾向，或者只是让其暴露出来，促使其在侦查人员的控制内实施具体的犯罪行为；“犯意诱发型”诱惑侦查，是指如果被诱惑者原本无犯罪意图或倾向，诱惑侦查行为引诱其形成犯罪意图或倾向，并促使其付诸实施。在传统的理论中，前者为合法的诱惑侦查行为，后者为违法的诱惑侦查行为。应当说这种分类对帮助我们认识诱惑侦查行为的合法与违法状态具有一定的标识作用，然而应当明确的是，这种“两分法”对判断诱惑侦查行为的合法性来说并不准确。很明显，过分的机会提供也可能构成违法的诱惑侦查行为，所以不可以草率地认为“机会提供型”诱惑侦查就是合法的诱惑侦查行为。

有学者对这种简单分类所导致的武断提出了批评，认为：“上述两种分类，乃日本实务仿自美国最高法院判决而来，美国联邦最高法院于1932年的索勒斯案中认为，侦查机关为逮捕他人，引诱无辜的民众犯罪，此时所取得的证据当然不具证据能力，反之，若行为人本身即具有犯罪倾向，则侦查机关的诱发不过是提供一个机会，故因此所取得的证据并不需要被排除，此被称为主观法则，而此法则传至日本即形成上述的两分法分类。关于上述分类不仅为日本通说，且也为台湾地区学者普遍接受，考其原因不外为其简明，且似乎于实际案例之运用极为方便，更可为诱捕侦查所可能带来的不法解套。唯此种分类过于简约，且机会提供型的场合，侦查机关的引诱行为难道就不会破坏公权的廉洁性吗？即便此种分类有理，但于实际案例，如何证明行为人本来是否具有犯罪倾向？所以此种分类明显过于粗糙与武断。”①

还有学者认为，“事实上‘诱惑侦查’这个词是近年来从国外翻译而来的，在实践中并没有如此之称谓，自然就没有哪种具体的侦查手段与之相对应。而在理论研究上，对其的界定也模糊不清，如果按照美国刑事辩护中的‘警察圈套’予以界定，显然诱惑侦查不是一种侦查手段，而仅仅是一种辩

---

① 吴景钦：《卧底侦查所取得证据之证据能力探讨》，载何家弘主编：《证据学论坛》（第10卷），中国检察出版社2005年版，第121页。

护理由。如果按照日本学者的观点，诱惑侦查应属于一种特殊侦查措施”。[①]

通过以上论述不难看出，在美国并没有所谓犯意诱发型和机会提供型的理论分类，此“两分法”实际上是美国主观法则的翻版，最早是由日本学者提出来的，但是需要补充的一点是，从时间上看，“两分法”在日本是在20世纪60年代提出的，而客观法则出现于70年代，此分类未反映客观法则的内容，故无法反映诱惑侦查的全部内涵。

在美国，只有合法的诱惑侦查行为和违法的“警察圈套”的对比，而且这种对比是在法官的司法裁判过程中通过一系列的判例一步步发展起来的，其本身的内涵远比“犯意诱发型”和“机会提供型”简单的理论二分法丰富。这种强烈依赖司法判断来建立诱惑侦查行为和“警察圈套”对比关系的实践努力本身也说明，对诱惑侦查行为违法状态的判断应当结合个案的具体情况进行判定，而不能简单地套用其结果描述的理论分类来进行，因为所谓“犯意诱发型”的理论分类并不能完全涵盖“警察圈套”的内涵，即使是过分的“机会提供型”也可能构成“警察圈套”。

二、实体型诱惑侦查和虚拟型诱惑侦查[②]

以利用不同侦查资源为标准，可以将诱惑侦查分为实体型诱惑侦查和虚拟型诱惑侦查。利用实体性资源所展开的诱惑侦查是实体型诱惑侦查，利用虚拟资源所展开的诱惑侦查是虚拟型诱惑侦查。

为了便于理解实体型诱惑侦查和虚拟型诱惑侦查，首先介绍一下虚拟与实体的关系以及实体侦查和虚拟侦查的概念与关系。

关于实体不作赘述，而虚拟是与实体相对而言的，如果说实体世界是人们可以感知的实物世界的话，虚拟世界则是一个既游离于实体世界又与实体世界密切相关的特殊世界。虚拟世界在一定意义上讲是由数字信号所构成的世界。具体来讲，虚拟世界通常是以电子数据和数据库、计算机技术、通信技术、网络技术为基本载体，以数据信号（包括以数据信号形式呈现的语言、文字、图像、数字等）的生成、收集、储存、传递、利用为主要内容。

同样，虚拟侦查是与实体侦查相对而言的。从人类社会步入信息化时代之时起，侦查活动就由单一的实体侦查分化为实体侦查和虚拟侦查两个领域。

---

① 赵爱华：《卧底侦查研究》，四川大学法学院2004年硕士研究生论文。

② 何雷：《侦查行为视角下的诱惑侦查分类》，载郝宏奎主编：《侦查论坛》（第八卷），中国人民公安大学出版社2009年版，第149页。

实体侦查，是指利用实体性资源所展开的侦查，通过对形态痕迹、实物证据、目击证人及知情人人证等实体性资源的收集、分析和利用，获取侦查线索和犯罪证据，揭露和证实犯罪的活动。其特点是侦查主体必须直接与实体性侦查资源进行实地接触，方能推进侦查。虚拟侦查，是指利用虚拟资源所展开的侦查，通过对数据信号的收集、分析和利用，获取侦查线索和犯罪证据，揭露和证实犯罪的活动。其特点是侦查主体不必直接实地面对实体性侦查资源，而是借助于数据信号和相应的数据信号传输途径推进侦查。①

笔者借助实体侦查和虚拟侦查的概念把诱惑侦查分为实体型诱惑侦查和虚拟型诱惑侦查，这样分类的意义在于，传统的诱惑侦查活动是不具有任何虚拟侦查成分的典型的实体侦查，随着信息化时代的到来，侦查机关在网络上使用诱惑侦查的方法越来越多，并且与现实世界所运用的诱惑侦查的方法区别很大，应当研究的方法策略以及规制并不相同，所以要分类研究。

另外，虚拟侦查对实体侦查具有一定的依赖性，通常情况下，虚拟侦查需要以一定程度的实体侦查为基础和前提，侦查过程中需要有实体侦查活动紧密配合，其侦查成果的价值又需要借助于一定的实体侦查活动才能充分实现。② 同样，虚拟型诱惑侦查也要依赖实体侦查，并且要以实体侦查为支撑。例如，通过虚拟型诱惑侦查方法在网络上联系到贩卖毒品的犯罪嫌疑人，但是与犯罪嫌疑人接头、交易有可能就要使用实体型诱惑侦查方法或其他实体侦查方法。

三、犯罪参与型诱惑侦查和非犯罪参与型诱惑侦查

以诱惑侦查行为实施方式是否参与到犯罪中为标准，可以将诱惑侦查分为犯罪参与型诱惑侦查和非犯罪参与型诱惑侦查。区分二者的方法是：假设该行为实施不是侦查机关的诱惑侦查行为，那么判断这个实施行为是否为共同犯罪行为，③ 如果是共同犯罪行为，即为犯罪参与型诱惑侦查，如果不是共同犯罪行为，即为非犯罪参与型诱惑侦查。

---

① 郝宏奎：《论虚拟侦查》，载《中国人民公安大学学报》2008 年第 1 期。

② 郝宏奎：《论虚拟侦查》，载《中国人民公安大学学报》2008 年第 1 期。

③ 这里的共同犯罪是指刑法理论中的广义的共同犯罪，包括任意的共犯与必要的共犯。任意的共犯，是指一人可以实行的犯罪，由二人以上共同实行的情况。这种任意的共犯及其处罚原则规定于刑法总则，是刑法总论所要研究的内容。必要的共犯，是指刑法分则所规定的，必须由二人以上共同实行的犯罪。在我国，必要的共犯包括三种情形：对向犯、聚众共同犯罪、集团共同犯罪。

（一）犯罪参与型诱惑侦查

犯罪参与型诱惑侦查又可以分为对向犯参与型诱惑侦查和共犯参与型诱惑侦查。

1. 对向犯参与型诱惑侦查

绝大多数需要实施犯罪参与型诱惑侦查的案件都是无被害人的交易型刑事案件，如贩毒、贩卖假币、非法武器交易、行贿受贿等，由于该类案件隐蔽性极强、取证困难、犯罪嫌疑人反侦查能力强，所以侦查机关的侦查员或者秘密力量就要装成买主或者卖主参与到犯罪中，成为犯罪活动中的一方，在犯罪交易中抓获犯罪嫌疑人，或者通过成功的犯罪交易，取得犯罪集团的信任，顺藤摸瓜打掉整个犯罪集团。

从刑法理论上讲，该诱惑侦查行为实施方式是共同犯罪中的必要共犯，具体来说是必要共犯中的第一种情形，即对向犯（对立的犯罪），是指以存在二人以上相互对向的行为为要件的犯罪。

对向犯分三种情况：一是双方的罪名与法定刑相同，如非法买卖枪支、弹药罪，出售、购买假币罪；二是双方的罪名与法定刑都不同，如贿赂罪中的行贿罪与受贿罪；三是只处罚一方的行为（片面的对向犯），如贩卖淫秽物品牟利罪，只处罚贩卖者，不处罚购买者；贩卖毒品罪，购买者所购买的毒品不足非法持有毒品罪的最低限时，只处罚贩卖者，不处罚购买者。①

通过对刑法理论中的对向犯的分析，不难看出该犯罪参与型诱惑侦查行为实施方式都是对向犯中的一方行为方式，所以不妨将之称为对向犯参与型诱惑侦查。

2. 共犯参与型诱惑侦查

侦查机关在侦破某些团伙犯罪案件时运用诱惑侦查措施也很常见，如侦查人员为走私犯提供账号，运输，或者提供其他方便，以获得走私犯罪集团的证据，并实施打击；侦查机关设立某虚假公司为制造毒品者提供工具、原材料、场所，获得证据后，实施打击；再如侦查人员装扮成银行工作人员，为预谋抢劫银行的犯罪集团提供假的银行内部信息，诱惑犯罪集团实施犯罪，获得证据，并实施打击。

从刑法理论上讲，该诱惑侦查行为实施方式是共同犯罪中的任意的共犯

---

① 第三种情况并不是共同犯罪，称为对向“犯”似乎不合适，但这种犯罪以存在购买方的行为为要件，故刑法理论仍然称之为对向犯。事实上，前两种对向犯也不必然构成共同犯罪，但人们均认为它们是对向犯。参见［日］大塚仁著：《刑法概说（总论）》，冯军译，有斐阁 1997 年版，第 260 页。

行为，德国、日本等国刑法将任意的共犯分为共同正犯、教唆犯与帮助犯三种形态，共同正犯、教唆犯与帮助犯一起被称为广义的共犯；狭义的共犯是指教唆犯与帮助犯。侦查机关实施的诱惑侦查行为只能是部分帮助的行为，不能是正犯和教唆犯的行为，笔者借助狭义的共犯概念把这种诱惑侦查行为称为共犯参与型诱惑侦查。

综上所述，诱惑侦查的行为实施方式如果是参与到犯罪活动中，在犯罪活动中起到一定作用，有的甚至是必不可少的因素，那么该行为实施方式必定是共同犯罪，当然属于广义上的共同犯罪。然而，将其称为犯罪参与型诱惑侦查是否妥当？一般而言，“犯罪”、“诱惑”和“侦查”三个词同时出现，会给人该侦查行为不正当的感觉，但是笔者认为，这样定义虽然直接、刺眼，让人有些难以接受，但是相对来说客观、确切，并且具有警示作用，能提醒执行诱惑侦查的侦查人员时刻不要忘记自己是在参与犯罪，所以工作要有标准、有原则，掌握分寸，不能引诱无辜人犯罪。

（二）非犯罪参与型诱惑侦查

实施该诱惑侦查行为的侦查人员并不参与到犯罪活动中，也不与犯罪嫌疑人直接接触，而是在犯罪嫌疑人可能犯罪的空间设置其可能侵害的对象，或者设置某种环境诱惑犯罪嫌疑人进入该环境犯罪，当犯罪嫌疑人着手犯罪时，即时取得证据，实施打击犯罪行动。

在犯罪嫌疑人可能犯罪的空间设置其可能侵害的对象，这种方法主要用于实体的诱惑侦查，如有些系列性犯罪案件，诸如系列性抢劫、强奸、盗窃等案件，在前期侦查中尚未发现犯罪嫌疑人，但这些案件的发案时间、发案地点或者侵害的被害人等方面有较强的规律性，且依据犯罪心理学，可以判断犯罪嫌疑人再次作案的可能性较大。在这种情况下，可根据案情特点采用诱惑侦查行为进行侦破。这种诱惑侦查行为类似于警方的守候伏击行动，只是单纯的警方守候伏击行动不会部署诱饵，而这种诱惑侦查尚需设置相应的诱饵。

设置某种环境诱惑犯罪嫌疑人进入该环境犯罪，这种方法在实体诱惑侦查和虚拟诱惑侦查中均可运用，在实体诱惑侦查中设置的环境是真实环境，在虚拟诱惑侦查中设置的环境就是虚拟环境。例如，虚拟诱惑侦查中的“蜜罐技术”，蜜罐是一种在互联网上运行的计算机系统，它是专门为吸引并“诱骗”那些试图非法闯入他人计算机系统的人（如电脑黑客）或破解高手等而设计的虚拟环境。蜜罐系统是一个包含漏洞的诱骗系统，它通过模拟一个或多个易受攻击的主机，给攻击者提供一个容易攻击的目标。由于蜜罐并没有向外界提供真正有价值的服务，因此所有链接的尝试都将被视为是可疑的。蜜罐的另一个用途是拖延攻击者对真正目标的攻击，让攻击者在蜜罐上浪费时间。这样，最初的攻击目标得到了保护，真正有价值的内容不会受到侵犯。此外，蜜罐也可以为追踪攻击者提供有用的线索，为起诉攻击者搜集有力的证据。从这个意义上说，蜜罐就是“诱捕”攻击者的一个陷阱。①

四、对象特定型诱惑侦查和对象潜在型诱惑侦查

根据诱惑侦查对象的身份是否已经明确，可以将诱惑侦查分为对象特定型诱惑侦查和对象潜在型诱惑侦查。

（一）对象特定型诱惑侦查

它是指对已经发现的特定犯罪嫌疑对象实施的诱惑侦查。例如，1996 年 8 月，公安机关获悉福建某市林某要寻找有 3 公斤海洛因的贩毒者，便派出两名侦查员假扮贩毒者到其住地与其联系，林某找到刘甲，刘甲找刘乙，刘乙要看样品，林某随即打电话给侦查人员，侦查人员便向福建省公安厅申请，从公安厅提取 1 公斤冰毒及其少量样品，刘乙携款与侦查人员谈妥价格进行“交易”，侦查人员在交付冰毒时当场亮明身份。② 在这一侦查中，立案前已经明确了具体的被侦查对象（犯罪嫌疑人），对其进行诱惑侦查就是对象特定型诱惑侦查。

（二）对象潜在型诱惑侦查

它是指在尚未发现具体的犯罪嫌疑人的情况下，为了诱使其从潜在状态暴露出来，以便揭露和证实其犯罪而实施的诱惑侦查，如侦破系列性的强奸案件，尽管犯罪嫌疑人身份尚不明确，但判断其有可能继续作案，侦查人员或由其指挥其他人员化装成易受侵害的女性单独出行，诱使其再次作案从而抓现行。再如，20 世纪 70 年代初期，美国纽约市警察局成立了一个街头犯罪侦缉队，专门打击那些多发性犯罪活动，如抢劫出租车司机的犯罪活动、袭击下夜班女工的性犯罪活动等，在侦破过程中，该侦缉队派人化装成出租车司机和下夜班的女护士作为诱饵，然后在歹徒袭击“诱饵”时对其实施抓捕。由上述例子可以看出，对象潜在型诱惑侦查是针对特定的案件中尚未明确的犯罪嫌疑人实施的诱惑侦查。

---

① 熊华、郭世泽、吕慧勤编著：《网络安全——取证与蜜罐》，人民邮电出版社 2003 年版，第 97 页。

② 何建安、李树峰：《一起“控制下交付”的贩毒案辩护词》，载《律师与法制》1998 年增刊。

五、直接型诱惑侦查、代理人型诱惑侦查和逆用型诱惑侦查

从实施诱惑行为的主体来看，根据“诱惑者”身份的不同，可以将诱惑侦查分为三类：直接型诱惑侦查、代理人型诱惑侦查和逆用型诱惑侦查。

（一）侦查人员直接实施的诱惑侦查

这是最传统、最常见的诱惑侦查方式，直接由诱惑侦查的权威主体——真正具有直接刑事侦查权力的侦查人员进行。在整个诱惑侦查实施过程中，没有也无须借助其他人员的协同帮助，以侦查人员一己之力即可完成侦查任务。

（二）指挥侦查代理人实施的诱惑侦查

在侦查实践中，因为侦查某犯罪案件的现实需要，侦查人员需要得到秘密力量的协助，才能达到更好的侦查效果。因为同犯罪行为作斗争是每个公民的社会义务，所以在被侦查机关严格甄选确定的协助者同意的情况下，他们便理所当然地成为侦查人员的主体延伸，在完全依附于侦查机关的侦查活动基础之上，听从侦查人员的指挥调度，协助侦查机关进行诱惑侦查的侦查任务。这也是必要且实用的现代诱惑方式之一。

（三）逆用案件中的犯罪嫌疑人进行的诱惑侦查

这是比较灵活且容易收到实际效果的“敌”为我用式的诱惑侦查方式。黄朝义在分析我国台湾地区诱惑侦查实际运行情况时曾说过，“侦查人员一旦查缉到某犯人之行为（如持有毒品），侦查人员便会立即将该犯者作为其诱饵，进而利用该犯者之关系，引诱他人贩毒或从事非法交易”。[①] 可见，逆用案件中的犯罪嫌疑人也是诱惑侦查中一种常见的方法。

六、主体多重型诱惑侦查和主体单一型诱惑侦查

根据诱惑侦查行为主体的组成成分，可以将诱惑侦查分为主体多重型和主体单一型两类。顾名思义，这一分类方法的标准显而易见，主要参照实施诱惑行为的主体成分。

（一）主体多重型诱惑侦查

在侦查实践中，有的诱惑侦查需要侦查人员、侦查代理人、逆用的犯罪嫌疑人等诸类人员通力协作，才能为顺利完成侦查任务铺就坚实的基础，当然也可以是其中的两类成员参与诱惑侦查活动，总之除了侦查人员之外，还

① 黄朝义：《诱惑侦查之相关法律问题》，载《台湾本土法学》2000年第13期。

有其他人员参与其中。具体案件具体对待，通常在比较复杂棘手的犯罪案件的诱惑侦查中，为了更顺利地推动诱惑侦查的向前发展，动用各类人员参与是必然选择。但是，必须明确的是，无论参与的主体成分包含哪几类人员，都必须是在侦查人员的完全掌控和指挥下进行诱惑侦查，任何非侦查人员实施的侦查机关掌控之外的行为都是违法的，而侦查人员因超越职权范围等原因实施的非法行为同样是不受法律保护的，而且实施违法行为的人还应承担相应的法律责任，受到法律的惩治。

（二）主体单一型诱惑侦查

与上述“主体多重型”诱惑侦查相对应，如果某项诱惑侦查的实施只需侦查人员、侦查代理人、逆用的犯罪嫌疑人中的一类人员即足以满足侦查需要，显然主体就是单一的，对于比较简单的犯罪案件的侦查，运用这一方法即可。

七、被动型诱惑侦查和主动型诱惑侦查

根据诱惑侦查的启动方式的不同，以及诱惑侦查的目的不同，可将诱惑侦查分为被动型诱惑侦查和主动型诱惑侦查。

（一）被动型诱惑侦查

被动型诱惑侦查，是指已经有证据证实犯罪的发生，包括犯罪已经发生、犯罪正在进行或处于犯罪预备阶段，也就是说已经达到法定证据证实犯罪的标准，可以立案侦查，诱惑侦查的目的主要是配合其他侦查措施，以确定侦查方向，抓捕犯罪嫌疑人，并获取更多必要的证据。例如，在毒品犯罪中，已经有证据证实某犯罪嫌疑人已经多次贩卖毒品，侦查人员假扮买主只是为了抓捕该贩毒人员而已；又如在团伙盗窃犯罪中，侦查人员已经在销赃地抓获该团伙的一名犯罪嫌疑人，通过该名犯罪嫌疑人诱惑其他团伙成员在某地点再次组织起来去盗窃，侦查人员在该地点将其他团伙成员一起抓获。再如，某大学发生爆炸案，犯罪嫌疑人在网络上承认自己是作案者，并在网上聊天炫耀自己的“高明方法”，侦查人员实施网上诱惑侦查，指挥雇用的“网虫”用“网络语言”诱惑其聊天传授犯罪方法，拖延时间，以确定其上网地址，在其正聊得“热火朝天”的时候，警察在网吧将其抓获。有的被动型诱惑侦查不用取证，当犯罪嫌疑人出现时应当立刻抓捕，防止犯罪嫌疑人脱逃，或者对“诱惑者”实行侵害，这一点在人身侵害的案件中尤其要注意，央视《今日说法》2004 年 7 月 16 日报道一起案件——“为抓嫌犯设计二次强奸，警方让受害人再受辱”就是一则反面案例：

2003年6月6日晚，湖北省鄂州市鄂城区杨叶镇村民张某到派出所报案，称一蒙面持刀男子于6月4日和5日晚两次入室对其实施强奸，其中6月4日未遂，当晚可能还要作案。接到报案后，该所值班民警设计了荒唐的抓捕取证方案，让受害人被再次侵害时不要反抗。当晚，派出所组织人员到张某家守候。一直到次日零时许，作案人再次持刀入室对张某实施强奸后，守候多时的派出所民警才作出反应。由于派出所人员反应迟钝，处置不当，致使作案人从后门脱逃。

（二）主动型诱惑侦查

主动型诱惑侦查不是犯罪已经发生之后才启动侦查，也不是传统意义上的立案侦查，而是有合理怀疑犯罪正在进行或处于犯罪预备阶段的情况下启动诱惑侦查，诱惑侦查启动之时并没有达到法定的立案标准，其证据标准只是达到了初查或者“立线”侦查的标准。① 侦查过程与犯罪过程同步进行，甚至犯罪在某种程度上是因侦查人员的行为诱导而发生的。

例如，A市刑警队从一秘密力量处得知消息，说甲有三四公斤毒品存放在一秘密地点，正欲出手以解决其近期急需大笔现金的燃眉之急，而且秘密力量称曾看见甲向别人贩卖过几十克毒品。于是刑警队派几位侦查员化装成毒品大买主，设法与甲接近，甲果真说其有几公斤毒品藏于一秘密地点。侦查员成功取得甲的信任，与甲去某处取毒品，侦查员假装将大笔现金交给甲，甲将毒品交给侦查员，正得意之际，侦查员当场将甲拘捕。

由该案例还可以看出，主动型诱惑侦查的目的不只是抓捕犯罪嫌疑人，更重要的是必须取得犯罪证据，同时注意不能诱人犯罪。主动型诱惑侦查具有积极反应、主动出击的特点，多用于交易型犯罪侦查中。

将诱惑侦查分为被动型诱惑侦查和主动型诱惑侦查，有助于区分由于诱惑侦查承担不同的侦查目的所带来的法律调控程度的不同。对于主动型诱惑侦查一般具有两个以上的侦查目的，因此对其法律调控的严厉程度应较高，而对于被动型诱惑侦查主要以控制犯罪嫌疑人为目的，对其法律调控的严厉程度应相应降低。

八、犯意固有型诱惑侦查和犯意强化型诱惑侦查

根据被诱惑者犯意的存在及变化情况，可以将诱惑侦查行为分为犯意固

---

① 我国侦查实践中，立案标准过高，为打击特殊类型的犯罪，各省公安厅已经出台立线侦查标准，以便在立案前启动部分侦查措施，为主动侦查提供了依据，主动型诱惑侦查也包括在内。

有型诱惑侦查和犯意强化型诱惑侦查两类。

（一）犯意固有型诱惑侦查

犯意固有型诱惑侦查，是指侦查对象本来就具有某种犯意，而诱惑侦查行为对其犯意之产生基本不具有影响。这一类型中侦查对象的犯罪意图是本身固有的，而且自身具有不可阻挡的犯罪积极主动性，诱饵的出现仅仅是让其犯罪行为发生在了侦查机关的掌控之中，有利于防止侵害其他无辜者。

（二）犯意强化型诱惑侦查

这一类型包含两种情况：其一指侦查对象的犯罪意图尚未固定下来，还处于可有可无，徘徊不定的犯罪意识状态，通常情况下，如果遇到犯罪机会而且能在轻而易举的努力下就得逞，可能就会实施犯罪行为；其二指对象虽有犯意，但一般倾向于犯较轻罪行，却在强势引诱之下而犯了较重罪行，并相应遭到更为严厉的刑事处罚。比较典型的是毒品犯罪侦查中的“数量引诱”，即行为人本来只有实施数量较小的毒品犯罪的故意，在侦查机关引诱下实施了数量较大甚至达到可判处死刑数量的毒品犯罪。本书所指的诱惑侦查措施是合法的诱惑侦查行为，所以此处侦查机关实施的诱惑行为合法是前提，只是由于侦查的方法上出现缺陷，从而强化了犯罪嫌疑人的犯意，是不当的诱惑侦查行为，对于这种“犯意强化型”诱惑侦查的犯罪嫌疑人量刑，应当在其基于自身自由意志而实施的违法行为内承担法律责任，应适当从轻或减轻处罚，轻微的可以免除处罚。

九、“顺势而为型”诱惑侦查和“投其所好型”诱惑侦查

根据侦查人员主观能动性发挥的程度之不同，可以将诱惑侦查行为分为“顺势而为”型诱惑侦查和“投其所好型”诱惑侦查。

（一）“顺势而为型”诱惑侦查

“顺势而为型”诱惑侦查，是指侦查机关被动实施诱惑行为的侦查方式，具体是指应诱惑对象所求，“被动”提供某种机会或利于其实施犯罪行为的客观环境，亦可称为“因势利导型”诱惑侦查或“顺水推舟型”诱惑侦查。例如，毒贩不知侦查人员或其代理人的真实身份，主动联系贩毒事宜，侦查机关顺势而为，假意与之交易，在交易现场将其人赃俱获。这种情形在我国实践中被侦查人员形象地称为“遇红线”。

（二）“投其所好型”诱惑侦查

“投其所好型”诱惑侦查是诱惑侦查的标准类型，是指在诱惑侦查的实施过程中，侦查人员在设置诱饵之前，犯罪嫌疑人已经具备犯罪意图，且正

积极寻找犯罪机会，针对并利用犯罪嫌疑人的此种欲念，“主动”为其提供一个有利可图的假象，即实施犯罪行为的机会或客观环境，犯罪嫌疑人信以为真实施了犯罪行为，侦查人员的这种主动正是对犯罪嫌疑人的投其所好，因此亦可称为“应其所好型”诱惑侦查。例如，警方获悉一犯罪团伙欲在某银行运钞途中实施抢劫，遂把做了记号的大量现金用运钞车招摇过市地运往银行，暗中布置大量警力严阵以待，在犯罪嫌疑人果然实施抢劫之时将其一网打尽。在这个案例中，犯罪嫌疑人自身早已产生明确的犯罪意图，警察的行为只是提供了其实施犯罪的有利环境，目的在于获取犯罪证据，抓获犯罪嫌疑人。

如上所述，笔者本着多方位、多视角的原则，竭己之力，根据多个标准对诱惑侦查行为进行了多种分类，试图立体展现诱惑侦查这一重要且复杂的侦查措施。然而每种分类都只是从不同的角度窥探了诱惑侦查行为之“冰山一角”，要想从真正意义上研究这一复杂的侦查行为，还是应该多视角、全方位地综合探究。

第四节 诱惑侦查特征研究

诱惑侦查的本质为其诱惑性，正是这种诱惑性使得诱惑侦查措施与其他侦查措施相比，具有某些重要的特征，正是这些本质特征使得诱惑侦查的使用具有其他侦查措施并不具备的特有功效。也正是这些特有的功效，使得诱惑侦查受到了各国立法者与实务工作者的推崇，成为对抗特殊犯罪类型的一把利剑。要想对这样一个复杂的概念进行准确界定和把握，还要深入理解诱惑侦查的内涵。笔者归纳了诱惑侦查的六大特征，主要是从侦查行为的层面考虑，从侦查行为角度充分认识了诱惑侦查行为较之于其他侦查行为所具有的特征，这样就可以合理制定实施诱惑侦查的方法策略，使之可以更全面、更准确地对诱惑侦查行为实施调控。

一、有限的诱惑性①

诱惑侦查最为突出的特点就在于它的“诱惑性”。从日本学者的研究成果中追溯，可以发现诱惑侦查具有两个相互关联的来源：其一，源于设下陷阱（trap）引诱他人实施犯罪行为而加以逮捕的侦查方法，即诱捕侦查；其

① 何雷：《诱惑侦查特征研究》，载《湖北警官学院学报》2009 年第 6 期。

二，源于“招鸟”，这意味着引诱他人掉入陷阱所采取的手段。不论“陷阱”抑或“招鸟”，两者均指捕获野兽与鸟类的手段，都不约而同地表现出诱惑侦查具有的“诱惑性”。诱惑侦查所采取的基本方法不外乎“示之以利”或“诱之以利”。具体言之，即根据被侦查对象的心理、生理或精神、物质的需要，由侦查人员借助设置某一符合对方需要的诱饵，迷惑被侦查者并对其进行刺激、引诱。诱惑侦查除了采取“诱之以利”的方法，有时还“动之以情”，即设置情感圈套，如前文所提及的发生于1932年美国禁酒法时期，创立“设圈套诱人犯罪”这一概念的索勒斯案（Sorrells v. US），侦查人员正是借着第一次世界大战服役时的友情，三次纠缠索勒斯为其提供威士忌酒。还有假称疾病以博得对方同情的，诱使其实施某种犯罪行为以“帮助”自己解除“痛苦”，从而获得某种“心理上的利益”等。无论是以哪种方式进行的诱惑侦查，都无一例外地在表面上符合或迎合了对象的某种利益需要，又或者为其此种需要提供了机会，从而给对象制造某种“合意性”的假象。而无论其强度如何，总是会对对象的犯罪决意的滋生、强化，以及犯罪行为的实施施加一定的影响，这可能使潜在的犯罪人暴露真实的犯罪意图，实施预料中的犯罪行为，有利于有效取证和及时抓捕，但也有可能触动人性中的某种弱点，以致强化、坚定本来的犯意，甚至是诱发原本没有的犯意，使人临时起意，导致陷人入罪的不良后果，正是由于诱惑可以产生的这些不良后果，才应该对诱惑进行必要的限制，正如笔者界定诱惑侦查为合法的侦查措施一样，侦查机关所实施的“诱惑”也必须是合法的、有限制的“诱惑”，不可以无限制地“诱惑”公民犯罪，对这一判定标准和行为界限的把握在实践中着实需要慎重。这就是笔者提出的有限的诱惑性的意义之所在。

在诱惑侦查中，有限的诱惑性是诱惑侦查的本质特征，是诱惑侦查的一种行为方式，也是构成诱惑侦查的一个不可或缺的主观要素，更是成立诱惑侦查的前提，缺少这一要素，该侦查手段显然就不属于诱惑侦查。一言以蔽之，一种侦查手段之所以被称为诱惑侦查，就是因为该种侦查手段中含有对侦查对象主观上迷惑和吸引的内容，但是这种诱惑是在一定限度内的、合法的，即有限的诱惑性。

有限的诱惑性是诱惑侦查的本质性特征，也是它与其他侦查手段最根本的区别。这一本质性特征的形成需要以下几个重要构成要件：

（一）设置诱饵是诱惑性的基础要件

何谓诱饵？《现代汉语词典》里的解释是：“捕捉动物时用来引诱它的食物。”在犯罪侦查活动中，所谓诱饵，是指“以一定的实物、人员或情境等为表现形式，能对侦查对象产生诱惑作用，从而使之暴露犯罪意图和犯罪证据的某种客观存在。”① 诱惑侦查的诱惑工具就是为侦查所用的，由侦查人员设置的诱饵。没有诱饵，诱惑侦查就只能是无本之木，无源之水。从一定意义上看，在诱惑侦查中设置诱饵就是针对侦查对象的某种需要，佯装为其提供能够予以满足的机会或条件，使其被迷惑或引诱而“上钩”。当然，前文中笔者也提到，诱惑侦查中的诱惑是有限制的、合法的，那么诱饵的设定自然也是有限制的、合法的，所以这种诱饵对侦查对象起到了哪一层次的诱惑作用，是犯意诱发还是提供合理机会，这一分水岭要严格把关，谨慎对待。所以应该明确，针对侦查对象的需要设置诱饵，并非通过诱饵激发本无犯罪意图的人产生犯罪意图进而演变成犯罪行为的实施，而是为了使已经产生犯罪意图，并正在为追求需要的满足而伺机作案的侦查对象暴露其既有的犯罪意图。

按照不同的划分标准和考虑角度，诱饵的分类也不一。按照诱饵的表现形态，可以分为实物诱饵和非实物诱饵，前者是指以某种实物为表现形式的诱饵，如在常有盗车案件发生的地段摆放一些盗车犯可能“感兴趣”的汽车；后者则是指以一定的人员或者某种环境等为表现形态的诱饵。如前所述，虚拟诱惑侦查中的蜜罐技术中的虚拟环境。按照诱饵对侦查对象的诱惑性，可分为物质利益诱饵和非物质利益诱饵，前者是指针对犯罪嫌疑人对物质利益的追求而设置的诱饵，如盗窃、抢劫等；而后者是指针对犯罪嫌疑人对物质利益以外的其他需要的追求而设置的诱饵，如强奸案件的犯罪嫌疑人作案，就是为了满足其非法的性欲望。另外，根据诱饵所针对的对象不同又有特定对象诱饵和不特定对象诱饵之分。一般而言，对贩毒、非法武器交易、制贩假币等交易型犯罪案件的诱惑侦查，以及对预谋犯罪案件的诱惑侦查，其对象特定；而在其他一些尚未发现犯罪嫌疑人的案件中，诱惑侦查的对象不特定。

（二）设置合法的诱饵是吸引被侦查者上钩的效益要件

诱惑侦查中的诱饵是针对侦查对象的心理、生理需要，为满足对方对某一精神或物质的追求而设置的一种行为假象。只要达到上述要求，该假象必然会使对方产生兴趣，而且随着设置者运用假象的行为和技巧的不断深入，侦查对象对此的兴趣会逐渐浓厚，直至成为真正意义上的受诱人。而受诱人由于受到迷惑，以假当真，对侵害目标产生错误认识，但是在诱惑侦查中，

① 王国民著：《诱惑侦查研究》，中国人民公安大学出版社2003年版，第101页。

受诱人的行为从一开始就注定了他追求的结果不能达成，从受诱人的行为和结果上看，他具有不能犯的特点。这也正是诱惑侦查的预期效果所在。受诱人的行为是整个诱惑侦查过程中最重要的内容，如果要将诱惑侦查行为分为手段行为和结果行为，则设诱人的诱惑行为就是手段行为，而受诱人的被诱行为就当属结果行为。由此可见，这是检验诱饵设置是否准确、恰当的试金石，也是将诱饵区别于诱惑侦查中使用的必要工具（如枪支、警械、车辆等）的最佳判断标准。

（三）侦查对象的受诱惑行为是设置诱饵的因果要件

该诱惑只能由侦查机关通过直接主动地设置诱饵而产生，换言之，就是由侦查机关的诱惑行为而导致侦查对象犯罪行为的实施。如果该诱惑不是来自侦查机关设置的诱饵，即没有事先设置诱饵，就不存在迷惑，即使侦查对象受到引诱开始着手或就范也不能称其为接受诱惑。例如，侦查实践中的布控、蹲坑型的埋伏行为等就不存在诱惑，其间可能出现犯罪行为人追求的精神或物质目标，但这些目标的出现并非侦查机关设置的，而是自然的、非人为的，这种侦查当中就不存在诱惑，这种情形当然也就不属于诱惑侦查，这正是诱惑侦查和其他侦查措施的实质性区别。

有限的诱惑性虽非诱惑侦查的唯一特征，但实为其本质特征。因为这就是诱惑侦查措施和其他侦查措施的实质性区别，另外诱惑侦查所面临的主要法律争议点，如诱人犯罪等，关键在于对诱惑性是否作出了限制。

二、无限的兼容性

传统的侦查措施在实施过程当中具有排他性，即在实施某一侦查行为时，排斥另一侦查行为的使用，如在实施搜查时排斥侦查讯问的使用。秘密侦查措施在运用过程中具有兼容性特点，即在运用某一秘密侦查行为时，并不排斥另一秘密侦查行为的使用，如在实施卧底侦查等进行内线侦查时，常辅以跟踪监视和监听从外线加以配合。但是对于秘密侦查中的诱惑侦查措施的兼容性是任何其他侦查措施所无法比拟的，它具有强大的兼容性，可以作为诱惑侦查的一个特征，笔者称之为无限的兼容性。

所谓无限的兼容性，是指侦查机关在侦查某一案件过程中运用诱惑侦查的同时，可以启动任何其他的侦查措施，诱惑侦查不排斥任何其他的侦查措施，诱惑侦查既可以是主要的侦查措施，也可以配合其他的侦查措施，甚至有的可以包含其他的侦查措施，或者被其他侦查措施包含。诱惑侦查的无限兼容性具体体现为如下三种情况：

(一) 诱惑侦查可以与其他侦查措施同时使用

诱惑侦查可以与一种秘密侦查措施或者常规侦查措施同时使用，也可以与多种侦查措施同时使用。例如，侦破一起贩卖毒品案件时，依据贩卖毒品者习惯将贩毒地点和藏毒地点分开的特点，侦查机关可以在实施诱惑侦查中，利用已掌握的犯罪嫌疑人的一些信息，如姓名、通信工具号码、车牌号、网络聊天号等，配合使用秘密侦查中的秘密辨认、跟踪盯梢、守候监视、秘密监听、秘密侦查藏毒地点等中的一项或几项，并采用密录密拍手段获取证据，在交易地点抓获犯罪嫌疑人，同时实施公开搜查藏毒地点获取毒品。不难看出，在整个侦查贩毒案件的过程中，就同时使用了诱惑侦查和其他多种侦查措施。

(二) 某种诱惑侦查措施本身包含另外一种侦查措施

当对一起时间、地点或被侵害对象特点有规律的性侵害刑事案件实施诱惑侦查时，就包含另外一种侦查措施——“蹲点守候”，许多情况下都是侦查人员虽然在实施诱惑侦查，但是犯罪嫌疑人并没有选择“诱饵”，而是选择了其他侵害对象，正值侦查员在“蹲点守候”将犯罪嫌疑人抓获，由此诱惑侦查转换为蹲点守候，这表明诱惑侦查措施包含了蹲点守候措施。

(三) 某种诱惑侦查包含于某一侦查措施之中

例如，基础性侦查措施中的阵地控制，又称“侦查阵地”，是指侦查机关同刑事犯罪经常进行斗争的地方，即侦查机关进行侦查活动所占据的地点、场所和行业。阵地的范围十分广泛，有寄卖行、典当行、旧货市场、黑市、宾馆、旅店等。侦查人员在阵地上发现可疑物品，如怀疑是赃物，就可控制卖货人，倒查赃物来源。如果有一批特殊物品被盗，侦查机关的阵地按照该批货物的特点对外高价收购，以引诱盗窃者来销赃，就是一种诱惑侦查。但必须明确，这种诱惑侦查就包含在阵地控制侦查措施之中。

笔者列举以上例子，并从理论上区分诱惑侦查和其他侦查措施的关系，目的是说明诱惑侦查的无限兼容性，实务工作中完全没有必要过细地区分它们的关系，怎样使用有效果就怎样灵活使用，可以充分发挥诱惑侦查的无限兼容性。但是，从侦查法治的角度而言，诱惑侦查的无限兼容性特征很可能使诱惑侦查措施沦为一种“网状”调查工具，侦查机关通过启动诱惑侦查措施，从而连带地使用其他侦查措施。因此，不可轻易启动诱惑侦查措施，法律上应该尽量明确诱惑侦查的适用条件、适用范围和适用程序，以防止随意启动诱惑侦查措施对人权造成侵犯。

三、与侦查对象的互动性

与侦查对象的互动性，是指在诱惑侦查过程中，侦查人员需要与犯罪嫌疑人展开对抗性的互动行为，包括语言上的、身体上的、网络上的、程序上的、明示的、暗示的（如争取信任、反复试探、讨价还价、肢体语言、设计不同的蜜罐、网络聊天、侦查与反侦查）等，以便引导犯罪嫌疑人渐渐步入侦查机关掌控的侦查态势中来。侦查员实施诱惑侦查一定要与犯罪嫌疑人紧密互动，根据犯罪嫌疑人的不同反应来调整自身的行为，从而调整整体的侦查行动。如果说传统侦查行为的进行是一幕“我演你看”的戏剧，那么诱惑侦查行为就像一场“双方参与”的竞技比赛，这也是区别于其他侦查行为的主要特征。

传统侦查行为都是案件发生后，侦查人员对案件现场或者与案件有关人员进行的单纯指向的调查行为，如讯问犯罪嫌疑人、询问证人、现场勘查、搜查等，其调查的方式以“我问你答”或者“侦查员主导”的形式进行。在这一过程中，涉案人员或者涉案现场只是侦查人员单纯调查的客体，始终处于侦查人员主导控制之下，由于涉案人员或者涉案现场已明确，因此侦查人员只需借助一定的仪器或一定的问答来确认就可以，无须与调查对象进行互动，只需以相同的动作展开，这种侦查行为具有即时性，而诱惑侦查行为的实施需要侦查主体一系列不同的互动动作来支撑，这种侦查行为具有过程性。正是诱惑侦查行为本身涵盖了一系列不同的互动动作，因此它是一种动态的侦查行为。它没有固定的表现形式与实施方式，是随着具体犯罪案件的不同情形而呈现出不同的形态。而传统的侦查行为多表现为静态形式，常有固定程序可循。

上述对诱惑侦查行为的互动性的阐述有助于我们全面、准确地运用法律对诱惑侦查行为进行调控。由于诱惑侦查行为具有互动性，从而产生不同动作衔接的过程性和实施形态的复杂性，在实施诱惑侦查行为时，侦查人员客观上需要较多的自由裁量空间，因此除了利用立法对诱惑侦查行为进行一般的规范外，并不适宜通过静止的法条和理论分类直接规定诱惑侦查行为的违法状态。对诱惑侦查行为违法状态的判定，更适宜通过个案的司法判断进行。正如美国法官理查森所说：“在真空下判断警察行为，相当于从事了一项无效果、没有意义的语义学上的锻炼活动。”①

① 徐昀：《美国诱捕技术探讨》，载台湾《刑事科学》2009 年第 5 期。

四、证据取得的实况性

证据取得的实况性，是指诱惑侦查往往直接针对犯罪嫌疑人犯罪的实际情况全过程真实地搜集证据，证据之间自动关联，不需要证明证据的真实性，而且大部分是直接证据，即全程直接真实地收集证据。诱惑侦查证据取得的实况性与其实施方式密不可分，侦查人员或者其代理人通过改变身份，直接与犯罪嫌疑人为伍或者作为犯罪组织的一员开展相关侦查活动，可以亲身接触到犯罪嫌疑人日常交往等私人空间，直接掌握犯罪嫌疑人实施犯罪行为的来龙去脉，再通过近敌作战，侦查人员能够在犯罪发生之时当场目睹犯罪行为的实施，控制整个犯罪行为的进程并适时抓获犯罪嫌疑人。

五、风险的及时规避性

实施诱惑侦查所带来的风险极大，大致为两点：一是极易引起不知警方真实意图的意志薄弱者误会而产生犯意诱发，导致本无犯罪意图的公民犯罪；二是侦查人员或者侦查机关指派的人为诱饵时，人身甚至生命安全容易受到威胁。这两点风险，侦查机关实施诱惑侦查时必须随时都要警惕，如果行动中出现风险，必须作出风险评估，及时设法躲开风险，如果风险因素过大，必要时应当终止行动，确保不违法，确保行动人员的安全。这是诱惑侦查风险的及时规避性特征。

诚然，侦查机关使用诱惑侦查是为了侦破大案要案，其目的是惩罚犯罪，维护社会秩序，但是一旦实施诱惑侦查超出法律允许范围，转变成为“警察圈套”，使本无意犯罪之人犯罪，产生了制造犯罪，引人入罪的恶果，对被诱惑者来说，如果因此而被追究刑事责任，那么就是对他人权利的侵犯，对其一生影响巨大。由此可见，诱惑侦查的风险之大，必须即时规避。而其中的侦查机关乃至政府充当了诱人犯罪的极不光彩的角色，这就完全违背了打击犯罪的初衷。必须明确的是，“国家只能打击犯罪而不能制造犯罪，这是国家行为的基本界限，也是任何公民行为的界限”。①

诱惑侦查在实施过程中容易受到一些客观因素的影响，如犯罪嫌疑人的反侦查能力较强，实施诱惑侦查的计划不周详，一些突发事件和偶然因素的介入，使侦查人员自身控制力量薄弱，风险因素增大等，导致侦查部门有可能陷入被动的局面，甚至行动人员可能遭遇人身危险，在此情况下，行动指

① 龙宗智著：《上帝怎样审判》，中国法制出版社2000年版，第63~64页。

挥者必须迅速评估风险，适时改变计划来躲避风险。笔者曾参与一起贩毒案件的诱惑侦查，贩毒者几易交货地点，最后定在高速公路上交易，刑侦大队经过风险评估，认为高速公路危险性极大，不好控制局势，最后取消了该行动。

现代侦查程序在强调实体真实的目的时，更注重对公民人权的保障。按照狭义理解，此处的公民人权保障不仅仅是指犯罪嫌疑人，还包括对侦查人员的人权保障。而对侦查人员的生命安全加以保障是对其人权最重要的保障。在诱惑侦查这种高风险的侦查措施实施时，行动人员的生命危险随时存在，如果这种风险不断加大，威胁到行动人员的生命安全，指挥者应当即时规避风险，无论如何以人的生命换取个案的实体真实，这样的刑事侦查程序和侦查行为都不人道。

六、低成本高效率性

对现代秘密侦查手段的发展作出极大贡献的法国人维克多就曾经一针见血地指出："以贼捉贼"的方法是最为有效的侦探策略，"只有犯罪才是最好的侦探"。这一平实但不乏深邃的论断，充分地揭示了诱惑侦查有效性的本质在于深入犯罪环境、"与狼为伍"，另外也表明了诱惑侦查实现有效性的一种必然代价，即执法人员必须实施一些犯罪行为或者犯罪帮助行为才能赢得侦查对象的信任，进而获取相应的证据。诱惑侦查的低成本高效率性主要体现在以下三个方面：

（一）有效抑制反侦查提高侦查效率

由于诱惑侦查行为的隐蔽性及其与犯罪行为的同步进行，只要诱惑侦查措施运用适当合法，就可以有效抑制反侦查，降低侦查成本，提高侦查效率。任何犯罪嫌疑人对于针对其进行的侦查行为，出于自我保护的人性本能，都有进行反侦查活动的倾向。这种反侦查活动既可能是在犯罪行为实施之前的准备阶段，或犯罪实施之时就已经开始，也可以是犯罪之后，在侦查活动进行过程中发生，无论何时采取反侦查活动，都是对诱惑侦查活动设置了一定的障碍，增加案件侦破难度和侦查成本。在犯罪嫌疑人知悉侦查活动正在进行或者即将进行的情况下，犯罪嫌疑人将会变本加厉甚至不惜一切代价，采取各种反侦查伎俩，对抗侦查活动。尽管从正常对抗与保护辩方防御权的角度来看，应当容许犯罪嫌疑人一定限度内的反侦查活动，但从有效侦查的角度看，反侦查活动无疑是一种消极因素。诱惑侦查的采用具有去除反侦查因素的重要功效，因为诱惑侦查的进行是在犯罪嫌疑人不知情，而且产生错误判断的情况下，以为与其接触的人员是自己的同伙或者同类人，从而放松警惕，实际上通过这些诱惑行为，侦查机关在犯罪嫌疑人自认为“情况良好”而“尽情表演”实施犯罪时，同步取证，并在其毫无防备的情况下就被“瓮中捉鳖”了。在没有犯罪嫌疑人反侦查行为阻挠的情况下，就好像只需要进攻、不需要防守的球类比赛一样，从一开始对方就输定了。

（二）可当场取证适时抓捕

运用常规侦查措施侦破一起案件需要大量的开支，如调查取证、秘密跟踪、秘密监控、寻找线索、调查犯罪嫌疑人藏身之地、异地抓捕等，需要一笔巨额开支，而且破案周期可能很长，甚至可能长时间破不了案。而诱惑侦查的犯罪嫌疑人是“自投罗网”，侦查人员只需“引蛇出洞”，之后“瓮中捉鳖”，可以现场直接取得证据并适时抓捕犯罪嫌疑人，当场破案，相比之下，节约了很多不必要的开支，从而降低了侦查成本，提高了侦查效率。

在20世纪70年代后期至80年代，美国警方出于侦查经济性及效率性的考虑，开始重视运用诱惑侦查行为来打击有组织犯罪、毒品犯罪、白领犯罪和街头犯罪。以美国联邦调查局来说，其所编列为诱捕用途的经费，从1978年至1981年增加了近五倍，从100万美元增加至480万美元。而据联邦调查局1980年至1981年的统计显示，经由这种活动获致的成果是：逮捕近2000人，使1000多人被起诉并起获1.09亿美元的赃款。由于诱惑侦查行为在打击犯罪方面的效率高，一般情况下，不论联邦或地方都把诱捕列入刑事侦查的程序中，同时使用的次数也较以往增加许多。甚至在许多规模比较大的警察机关中，都设有专门的部门专司其事，如反制犯罪诱捕小组（Anticrime decoy squad）、科技小组、特种小组均属之。①

（三）能消除未来必然发生的刑事案件隐患

诱惑侦查消灭了未来必然发生的刑事案件的隐患，从而防止犯罪危害社会所带来的巨大损失，也节省了如果发生该案所带来的必要的侦查成本。例如，侦查机关获得情报，有一犯罪团伙要抢劫某银行的运钞车，对此侦查机关可以有两种选择，一种是选择继续查找犯罪嫌疑人的线索和准备犯罪的地点，但是很快发案了，运钞车被抢，然后侦查机关运用常规侦查手段去破案。另一种是侦查机关立刻实施诱惑侦查，伪装运钞车，在车内布置警力，佯装运钞车内有大量现金，并故意暴露出保护有漏洞，诱使犯罪团伙出现并在其开始作案时当场将其抓获。对比以上两种选择，诱惑侦查的低成本高效率性

---

① 徐昀：《美国诱捕技术探讨》，载台湾《刑事科学》2009年第2期。

就不言自明了。

分析了诱惑侦查的六大特征，基本上诠释了诱惑侦查的内涵，为诱惑侦查实务工作更加准确、高效、顺利地开展带来一定的积极作用。

第五节 诱惑侦查与“控制下交付”之辨析

与诱惑侦查最为相近且易混淆的侦查措施是“控制下交付”，将两者进行辨析，有利于对诱惑侦查概念的深入理解，也利于侦查机关根据不同的侦查措施来规范自己的侦查行为。对诱惑侦查和“控制下交付”两种侦查措施进行辨析，就要简要介绍一下“控制下交付”的发展历程和概念，以及我国运用“控制下交付”的现实状况。

一、“控制下交付”的发展历程和我国的现实状况

1982 年，联合国麻药委员会于第七次特别会议期间首次将所谓“控制下交付”的侦查方法正式列为讨论对象。为达成共识，该委员会在其会议决议里指出，在采用“控制下交付”时，有关法律上的众多问题应向各国政府及国际机构先行征询意见。嗣后，各国政府及相关的国际机构分别向联合国麻药委员会提出了报告书，系统地总结了有关“控制下交付”的优缺点。经过麻药委员会的审议以及 1983 年联合国专家会议的讨论，认为“控制下交付”这种侦查方法，在掌握犯罪组织运输毒品的过程中，具有相当显著的效率。再者，由各有关国家所组成的关税协议委员会及国际刑警组织等都对“控制下交付”这种侦查方法大加肯定，联合国麻药委员会遂决定继续讨论。

1985 年，联合国麻药委员会向各国外相提出了一份有关“推广个别的及集体的对策以防止药物滥用”的报告书，该报告书明确表示“控制下交付”具有如下内涵，即“控制下交付”系指在有关侦查当局的严密监视下，容许药物运输途经他国。在提出本报告书之时，一些国家，如美、英、德、法、瑞典、菲律宾等均已经根据本国的毒品犯罪形势和侦查实际需要，将“控制下交付”作为打击毒品犯罪组织的重要侦查手段，并广为实施。

“控制下交付”这一概念最早见于联合国 1988 年颁布的《联合国禁止非法贩运麻醉药品和精神药物公约》（以下简称公约），① 而“控制下交付”在

---

① 国家禁毒委员会办公室、公安部禁毒局编：《禁毒法律法规政策、业务工作规范汇编》，中国人民公安大学出版社 2002 年版，第 533 页。

本来意义上就是指根据此公约的规定而实施的一种国际间打击毒品犯罪的侦查方法。按照1988年的公约，其第1条定义G项明确规定，“控制下交付”系指一种技术，即在一国或多国的主管当局知情或监督下，允许货物中非法或可疑的麻醉药品、精神药物、本公约表一和表二所列物质或它们的替代物质运出、通过或运入其领土，以期查明涉及本公约第3条第1款确定的犯罪的人。①

之后于2000年通过的《联合国打击跨国有组织犯罪公约》也对这一概念作了清晰的阐述：“控制下交付系指在主管当局知情并由其进行监测的情况下允许非法或可疑货物运出、通过或运入一国或多国的领土的一种做法，其目的在于侦查某项犯罪并辨认参与该项犯罪的人员。”② 也有译者称之为“监控下移动”（Controlled Delivery），如日本学者就认为“监控下移动”是指“侦查机关即使发现了违禁毒品，可以不当场抓获，而是对其加以充分的监控，让其在监控下继续搬运，当违禁品送达有关嫌疑犯时，再将其捕获的手段”。③

“控制下交付”虽规定于国际条约中，但并非仅限于国际层面的运用，在一国内部也可使用，此时的性质变为国内侦查协作之一种。

二、二者之辨析

目前对诱惑侦查和“控制下交付”两种侦查措施的关系学说，大致可以分为三种：

第一种学说认为，“控制下交付”作为一种侦查方法不过是侦查毒品案件中诱惑侦查的一种典型形式，它只能从属于诱惑侦查。④ 对此，有学者分

---

① 公约在第3条第1款中要求，各缔约国应采取可能必要的措施，将违反《1961年麻醉品单一公约》、《修正的1961年麻醉品单一公约》、《1971年精神药物公约》和1988年公约的各项规定，有关的11种故意行为确定为国内法中的刑事犯罪。11种故意行为，即我国刑法确定的走私、贩卖、运输、制造毒品罪，非法持有毒品罪，包庇毒品犯罪分子罪，窝藏、转移、隐瞒毒品、毒赃罪，走私制毒物品罪，非法买卖制毒物品罪，非法种植毒品原植物罪，非法买卖、运输、携带、持有毒品原植物种子、幼苗罪，引诱、教唆、欺骗他人吸毒罪，强迫他人吸毒罪，容留他人吸毒罪和非法提供麻醉药品、精神药品罪。通俗地说，实施控制下交付的先决条件是有关国家当局对查获的毒品或者线索来源，必须是符合11种故意行为之一的，足以立案侦查和追究刑事责任的行为。

② 陈光中主编：《21世纪域外刑事诉讼立法最新发展》，中国政法大学出版社2004年版，第2页。

③［日］井田良：《毒品犯罪的对策》，载［日］西原春夫主编：《日本刑事法的重要问题》（第2卷），法律出版社2000年版，第136页。

④ 王国民著：《诱惑侦查研究》，中国人民公安大学出版社2003年版，第5页。

别从两者的法律依据、定义、适用的范围、适用的前提条件、适用的地域五个方面总结出区别，认为诱惑侦查与“控制下交付”实属两种不同的秘密侦查行为。①

值得注意的是，还有不少实务工作者以及理论研究者混用诱惑侦查和“控制下交付”的概念。例如，在禁毒实务工作中，经常出现的案例是经举报或者其他侦查活动查获吸毒者，经讯问得知该吸毒者与贩毒者即将进行毒品交易，侦查机关则让该吸毒者与贩毒者继续交易，交易之时抓获贩毒者，这种侦查手段的实施为诱惑侦查，但实践中多被称为“控制下交付”，② 在某些研究中，论者索性将“诱惑侦查”与“控制下交付”直接画等号。有论者认为，诱惑侦查在我国毒品犯罪案件侦查中被称为“控制下交易”，俗称“做笼子”。③ 有论者认为，“在国际刑事侦查中，诱惑侦查仅限于毒品犯罪案件”，并将1988年公约规定的“控制下交付”作为例证。④ 有论者认为，“现在一个有争议的侦查手段……有人称之为诱惑侦查，有人称之为‘警察圈套’，公约则称之为控制下交付，其实它们是一回事，只是侧重点不同而已”。⑤ 从目前国内对“控制下交付”的理解来看，已将其泛化理解为一种针对毒品犯罪的广义的侦查方法。笔者认为这种理解并不恰当。尽管在诱惑侦查过程中也存在交付行为，而且正是在交付行为进行时对相关犯罪嫌疑人进行了抓捕，因此诱惑侦查可以从外观上被描述为，在侦查机关的控制下进行毒品交易，从而抓获有关犯罪嫌疑人。但是诱惑侦查中的“交付”行为与“控制下交付”中的毒品流转是存在差异的不同概念，并非任何在警方控制下进行的违禁品流转、交付行为都是“控制下交付”。诱惑侦查进行中的毒品交付、交易行为尽管同样处于控制之下，但与“控制下交付”在启用条件与行为特征方面存在着本质的区别。“控制下交付”手段所监控的违禁品交付行为是按照有关犯罪组织与犯罪组织所事先确定的流转途径进行的，在侦查机关介入前，已经存在了既定的交付对象和交付途径，侦查机关发现违禁品后，为不干扰违禁品沿着既定路线继续流转，才采用“控制下交付”手

① 邓立军:《秘密侦查法治化研究》，四川大学法学院2004年硕士学位论文。

② 崔敏、陈存仪:《毒品犯罪证据运用典型案例评析》，中国人民公安大学出版社2004年版，第241、290、301页。

③ 刘芳、干朝端:《对毒品犯罪案件中诱惑侦查问题的探讨》，载《人民司法》1999年第7期。

④ 艾明:《论我国诱惑侦查制度的法治化》，载《湖南公安高等专科学校学报》2003年第2期。

⑤ 杭正亚:《论诱惑侦查中被诱惑者之罪责》，载《福建公安高等专科学校学报》2002年第1期。

段，但侦查人员不介入当前的违禁品流转过程，而是从旁侧暗中观察，发现既定的收货人以及送货人乃至整个犯罪组织。相比较而言，诱惑侦查使用之时，毒品等违禁品的流转方向尚未确定，而是通过线人或者侦查人员的引诱行为才能确定毒品交易相对方，侦查人员在诱惑侦查的实施过程中，必然要通过某种引诱行为介入毒品犯罪交易当中，这种介入必然对相对方是否实施犯罪行为以及如何实施犯罪行为产生或浅或深的影响。正是这种通过欺骗的介入和影响，使得诱惑侦查与被动的“背对背”式的“控制下交付”存在本质上的差异。从侦查行为的对象来看，虽然侦查机关对交付行为进行了监控，但控制的对象是非法交易，而非物品流转。“需要澄清的是适当进行的控制下交付手段并不含有任何引诱或陷害教唆的因素。控制下交付手段启用的前提条件是某些毒品犯罪行为已经开始实施，相关法律已经被违反，犯罪正在进行之中。”① 也就是说，控制下交付无须使用任何引诱行为，因为相关违禁品的流转途径早已由有关犯罪组织或犯罪人事先确定，控制下交付手段的使用仅仅是在既有的犯罪流转环节上进行监控，彻底发现所有涉嫌犯罪的人员乃至犯罪策划者、犯罪组织。在法国甚至明确规定，检察官在批准控制下交付手段时必须禁止批准含有引诱犯罪因素的控制下交付的实施。与之不同，诱惑侦查的使用是通过侦查机关的行为参与到犯罪中，该犯罪行为的起始点就是侦查机关的诱惑行为，而不是由于犯罪分子之间的自行组织、联络与起意。此外，从侦查人员的角色来看，在“控制下交付”使用过程中，警方并未参与犯罪活动，毒品的买卖双方均为毒品犯罪分子；在诱惑侦查中，警方派员假扮成买毒者或卖毒者而成为毒品交易中的一方，在一定程度上参与了犯罪过程。②

第二种学说认为，在少数情况下“控制下交付”会涉及诱惑侦查问题，即在抓获第一环节贩毒分子并严密封锁消息的情况下，由侦查机关派员伪装或“逆用”抓获的贩毒分子继续运送，以期扩大战果，属于机会提供型的诱惑侦查。③

笔者基本同意这种看法，因为诱惑侦查和控制下交付的实施形态较为复杂，再加上诱惑侦查的无限兼容性，使得在某些情况下，二者存在共同实施

---

① P. D. Cutting, The Technique of Controlled Delivery As A Weapon in Dealing with Illicit Traffic in Narcotic Drugs and Psychotropic Substances. Bulletin on Narcotics ,1983(5):34.

② 朱晓莉：《毒品犯罪侦查中的控制下交付与诱惑侦查》，载《山东警察学院学报》2006 年第 6 期。

③ 任克勤、艾明：《论毒品犯罪侦查中的控制下交付手段》，载《政法学刊》2003 年第 2 期。

的情形，或者也可以理解为“控制下交付”包含诱惑侦查的情形。例如，1998年11月6日，美国海关发现在机场换机前往韩国汉城的哥伦比亚人A携带的旅行箱内隐藏有古柯碱，即将A予以逮捕，后经认罪协商，取得A协助办案的承诺。美国海关即与韩国合作实施控制下交付，同月7日美国海关与韩国司法当局取得实施控制下交付之协议后，美国海关人员即会同A并携带装有古柯碱的旅行箱前往汉城，并与居住在汉城的哥伦比亚人B取得联系。至同月10日，A又获得居住在日本的C的指示，要求其携带古柯碱前往日本名古屋。美国海关即通过美国驻日本大使馆与日本法务部及警察厅协议实施控制下交付，经日本方面同意后，同月13日美国海关人员会同A并携带装有古柯碱代替物的旅行箱前往名古屋，A取得日本之入境许可，并由日本爱知县警察负责监视。至同月14日，在A与C交易后，C即被日本警方逮捕。[①] 由于控制下交付的实施不是在对货物的常规检查中或是通过情报线索发现毒品而引起的，而是以先期抓获的国际运毒分子为诱饵，通过由侦查机关派员伪装或利用抓获的运毒分子继续运送毒品，并在此过程中实施控制下交付，这种情况就是融诱惑侦查于控制下交付中，只是控制下交付实施形态的一种。

第三种学说认为，因为侦查人员或者逆用的贩毒分子继续运送的行为并非为犯罪分子提供犯罪机会，犯罪机会自毒品开始运送之时就已存在，对于作为侦查对象的犯罪分子而言，犯罪机会乃至整个犯罪计划都是其自己预谋创造的，犯罪已经开始实施，因此并不存在创造犯罪机会的问题。侦查机关组织的继续运送行为对于侦查对象实施犯罪行为而言，并没有创造任何犯罪机会，只不过是侦查机关没有阻止犯罪行为的继续进行，没有破坏侦查对象的犯罪计划而已。

笔者认为，这种观点值得商榷，从侦查措施的实施方式上看，“控制下交付”只是在外线监控，主要特点是通过一种“背对背”的方式秘密监控侦查对象的对外联系、活动以及其掌握、控制的某些物品，侦查人员与侦查对象并没有直接接触，从而也没有通过积极的行为影响侦查对象的行为，侦查对象完全按照既定的犯罪计划实施有关犯罪行为，侦查人员在侦查对象不知情的前提下秘密观察其行为。而诱惑侦查是内线贴靠，主要是控制犯罪进程，利用“诱饵”诱惑犯罪嫌疑人实施犯罪，取得证据，抓捕犯罪嫌疑人。侦查机关一旦控制货物和逆用贩运者，那么他们就成为“诱饵”，侦查机关取得犯罪团伙“内

① 吴天云:《日本麻药特别法》，载台湾《刑事法杂志》2000年第2期。

部的信息”远远大于“控制下交付”，并且通过“诱饵”可以控制犯罪进程，通过积极的行为影响侦查对象的行为，甚至可以将毒品调换为替代品，所以“控制下交付”已经从外线侦查变成内外线侦查同步进行，从而和诱惑侦查兼容了。从贩毒者是否被迷惑而言，笔者认为贩毒者已经被迷惑，因为贩毒者已经产生错误的认识，认为毒品还是在他们的控制之中，但是实际控制毒品的是侦查机关，毒品甚至已被替代，所以这时的内外线侦查就是诱惑侦查兼容在“控制下交付”之中了。

第二章　诱惑侦查正当性分析

统治者或者执法者使用“诱惑侦查”的情况自古有之，之所以屡试不爽，但秘而不宣，并不上升到法律层面，究其原因就是认为该手段已经超出了道德的底线，是不正当的执法手段，让人无法接受，就连统治者也视其为“臭豆腐”，认为它难登“大雅之堂”。随着现代犯罪形式多样化的出现，诱惑侦查手段已经成为执法者对付特殊类型犯罪不得已而为之的侦查措施，世界各法治国家都在努力对其进行规制，并倡导要慎用诱惑侦查手段。之所以要慎用，不仅因为诱惑侦查有侵犯人权的风险，还有一个原因是诱惑侦查手段是一种“以恶制恶”的方法，执法者是在以降低自身的道德标准的方式来提高打击犯罪的效率，如果执法者过度运用诱惑侦查手段，整个社会的道德底线就要受到挑战。诱惑侦查这种“以恶制恶”的侦查手段是否具有正当性；如果诱惑侦查手段具有正当性，那么不正当的诱惑侦查行为表现如何，有何危害;如何遏制不正当的诱惑侦查行为等问题；确实值得我们去深入探讨。

第一节　诱惑侦查正当性内涵

一、何谓正当性

所谓正当性，我们并不陌生，因它在各学术领域中被广泛提及，如法学、哲学、政治学及社会学用语中均较常见。然而，因各学科涉猎方向不同，研究和阐释的方法也不同，使得对正当性的理解和赋予的含义也不尽相同。但是，对任何用语的科学定义应遵循的原则是相同的，即首先要“从日常用语中吸取这些话语，然后进一步发展它们，使之具有技术的含义”。① 因此，要厘清正当性的科学内涵，首先要理解“正当”一词的基本含义。在古汉语中，据学者考证，“正”有不高、不下、不斜、不歪、公平合理、合理合法等多种含义。“当”有相当、对等、适宜、应该、公正等诸多义项。二字并列构成的“正当”一词，表示相当相称，正确适宜，正派正常等意思。② 翻开现代汉语大词典，对“正”和“当”的定义为：正，合乎法度、端正、正直；当，合宜、合适。不难看出在现代汉语中仍然保留着古汉语中“正”和“当”的含义。而对“正当”的定义则突出强调了合理合法的，如“提出正当的要求”，“采取正当的手段达到目的”；（人品）端正，如“他不是个正当的商人”；正确恰当，如“人应该有正当的主见”。在我国，虽有学者早在20世纪90年代就极力呼吁应加强对“正当”的研究，③ 然而至今我们仍未看到学术界关于“正当”的系统研究与统一应用。但在实际应用上，我们不难概括出对“正当”的使用主要集中在如下三种意义，即正确、合道德规范、合理合法。其中，“正当”的正确意义表现在如“剥削的历史正当性”中的“正当”，指符合事实的必然性、规律性。④“正当”在合道德规范意义上的使用，主要表现在伦理学领域的应用。有学者认为，“正当”是表达个人地位和权益合乎社会一般要求的范畴；它既指为一定道德所容许的行为，也指为一定道德所肯定的权益。⑤ 因此可以这样理解：符合道德规范的行为，则是正常、正派的行为；不合道德的行为，则是不正常、不正派的行为。法学界也有学者持与之相似的观点，认为对“正当”的评价是从道德之心出发的认识，评价者从仁爱之心出发，对他们的谋利要求表示同意。⑥ 对于正当的第三种意义：合理合法，主要是指既要合道理或者事理，又要符合实在法。

如果说我们把前述的正确与合道德规范归结为合理，那么“正当”的上述三种用法就可以归结为一种用法，即合理合法。前述的第一种具有正确意

---

① 这是科殷博士阐述法律语言时的观点，他指出：“法律语言需要一些话语用于各种抽象的、高于一切个别现象的概念；它首先从日常用语中吸取这些话语，然后进一步发展它们，使之具有技术的含义。这样就从一般语言中分离出来，如对于法学家来说，牲畜就落在动产的概念之下。”［德］H. 科殷著：《法哲学》，林荣远译，华夏出版社2002年版，第176页。

② 高鸿钧著：《现代法治的出路》，清华大学出版社2003年版，第127页。

③ 谭鑫田：《应加强关于“正当”的研究和教育》，载《黄淮学刊》（哲学社会科学版）1996年第1期。

④ 段忠桥：《论恩格斯的剥削的历史正当性观点》，载《学术界》2001年第6期。

⑤ 罗国杰主编：《中国伦理学百科全书》，吉林人民出版社1993年版，第422页。

⑥ 周世中：《论法的正当性》，载《学术论坛》2001年第4期。

义的“正当”，是强调合事理的规律意义上的合理；第二种具有合道德规范意义上的“正当”，是强调合道理、合规矩意义上的合理。由此，可将“正当”释义为合理或合法，或既合理又合法。相应地，如果对事物的观念、看法、行为、制度具有合理性或合法性，则其就是正当的，具有正当性。因此，对事物与规律、规范、道德标准相联系进行性质论证的判断如果合规律规范，则是正当的或具有正当性。反之，则不是正当的，或不具有正当性。孙国华教授就有关于行为正当性及其判断标准的论述，他认为，法律是判断标准，与法律一致的行为，具有正当性；与法律不一致的行为不具有正当性。[①] 总之，正当性就是对事物的判断，其判断标准就是规律与规范。如果说实践是沟通事实与价值的物质活动，[②] 那么能否说正当性判断是连接事实与价值的思维活动？回答是肯定的。因为对事物是否合规律的判断，属事实判断；对事物是否合规范的判断，则属价值判断。所以，正当性判断既是一个事实判断，也是一个价值判断，因此正当性判断是连接事实与价值的思维活动。

只有人的认识、行为及其作为认识、行为结果的事物，如法治、德治理念，科学原理，决定，买卖，捐赠，盗窃，战争，政治统治与政治制度，立法程序与司法制度等人的思维和物质活动及其活动的结果，才可能与规律、道德和法律规范之间产生实际的联系，才是正当性判断的对象。[③]

如前所述，正当性判断是在对事物客观规律和道德、法律等规范的预设基础之上所作出的判断，而判断某事物是否具有正当性，总是与其依据的判断标准的不同而结果不同，判断标准分为客观上的和道德上的：以规律为判断标准作出的正当性判断是合规律性的判断，可以说某事物具有或不具有客观上的正当性；而以道德规范所作的正当性判断是合道德性判断，具有或不具有道德上的正当性。如前所述的“剥削历史正当性”中的正当性，就是指客观上的正当或正当性；而“惩罚……不是既为正义所需且又具有正当性的暴力行为”[④] 中的正当性则指法律上的正当性。尽管两种正当性的判断意义不同，但都是以有规律、规范作为标准或前提的。在出现一个新事物时，可能会出现与该新事物相应的规律、规范尚未被认识或形成的情况，此时要么按原有的规律、规范判断与该新事物有关的认识、行为、制度等是否具有正当性，要么不能作出确切判断。只有认识到或形成相应的规律、规范后，才

---

① 孙国华著：《法的形成与运作原理》，法律出版社2003年版，第11页。

② 李连科著：《价值哲学引论》，商务印书馆1999年版，第115～119页。

③ 尹伟中著：《侦查策略的正当性研究》，中国人民公安大学出版社2005年版，第51页。

④ 慈继伟著：《正义的两面》，生活·读书·新知三联书店2001年版，第230页。

能按新发现的规律、新形成的规范作出正当性判断。当甲型 H1N1 流感刚出现的时候，人们还未认识其防治规律，故认为按一般流感的防治措施具有正当性。当认识到它的严重传染性后，才发现一般防治措施不具有正当性，转而采取了对患者及潜在患者隔离的防治措施。在法律对隔离措施作出规定以前，隔离措施虽然具有客观上的正当性和道德上的正当性，但关于其是否有法律上的正当性却引起了争议。[①] 从患者本人来说，在认识到该病的传染性前后，希望亲人探视、照料的愿望，道德上的正当性是不同的：知道前，其愿望具有道德上的正当性；知道后，则不具有道德上的正当性。

讨论正当性不可避免地要涉及“合法性”一词。本土意义上的“合法性”一词一般在符合实在法的含义上使用。《现代汉语大词典》将“合法”释义为符合法律，[②] 并无符合自然法或道德法的义项。随着西方哲学、政治学和社会学等学科理论的输入，该词常用来翻译英文中的 legitimacy[③]，德语中的 legitimität[④] 和法语中的 légitimité[⑤]。这些词的古拉丁语原形是 legitimus，意指合于法律。但中世纪及其以后的发展使这些词的含义超出了符合法律的意义，而与上文所论及的正当性基本同义。[⑥] 既然现代西方语境中的“合法性”不只是合法律性，而与正当性含义基本相同，那么为避免引起概念的混乱和用语的重复，建议以正当性对应西方语境中的“合法性”。“法律的合法性”、“理论合法性”等表达方式就不如“法律的正当性”、“理论正当性”的表达方式，更符合中文的用语习惯。如果仍保留“合法性”的概念，则将符合法律的含义以“合法律性”的概念来表达。

综上论述，我们不难看出正当性涵盖三方面意义，即合规律性、合法律性、合道德性。而正当性的判断的基本对象是人的认识和行为。在法律领域，对行为的正当性判断才有意义。理性取向行为的正当性是三位一体的正当性，即须同时具备客观上的、道德上的和法律上的正当性。由此我们得出诱惑侦查的正当性内涵。

---

① 吴铭：《隔离：游动在合法性和正当性之间》，载《21 世纪经济报道》2003 年 5 月 12 日。

② 《现代汉语大词典》，商务印书馆 2000 年版，第 1147 页。

③ ［美］罗尔斯著：《作为公平的正义：正义新论》，姚大志译，上海三联书店 2002 年版，第 417 页。

④ ［德］哈贝马斯著：《在事实与规范之间：关于法律与民主法治国的商谈理论》，童世骏译，生活·读书·新知三联书店 2003 年版，第 761 页。

⑤ ［法］夸克著：《合法性与政治》，佟心平、王远飞译，中央编译出版社 2002 年版，第 25 页。

⑥ 高鸿钧著：《现代法治的出路》，清华大学出版社 2003 年版，第 129 页。

二、诱惑侦查的正当性内涵

笔者认为诱惑侦查的正当性内涵包含两个层面：

第一，诱惑侦查措施应具有正当性，即诱惑侦查措施应具有客观上、道德上和法理上的正当性。虽然诱惑侦查措施已经被各国承认，大多数国家是立法授权并做到必要的规制，但也有少数国家，如我国，是事实上承认该侦查手段，即使没有立法，侦查机关也一直在使用诱惑侦查手段。但是对于诱惑侦查措施是否具有正当性却是各国专家学者争论的热点，所以并不能简单地认为诱惑侦查措施合法化就具有正当性，而应该对其正当性进行论证。

第二，实施诱惑侦查的行为应具有正当性，即实施诱惑侦查的行为应具有合规律性、合法律性、合道德性。一种行为是否具有正当性，主要考察实施该行为主体的行为方法和过程是否具有正当性，对于诱惑侦查行为而言，应当考察实施诱惑侦查行为的侦查机关制定的实施策略方法和实施过程是否具有正当性，即诱惑侦查这种侦查措施的运用应具有合规律性、合法律性、合道德性，要做到侦查策略方法的制定与实施既遵循真理又尊重价值，是客观规律性与主观创造性、合规律性与合目的性、保障权利与行使权力的多重统一。只有合规律性的侦查策略方法才具有客观上的正当性，体现了侦查主体对事实和真理的尊重，是诱惑侦查合目的性的前提。违背规律实施侦查策略方法的行为，除了歪打正着外，实现预期目的仍会遥遥无期。合规范性的侦查策略方法才具有道德上的和法律上的正当性，体现了侦查主体对道德和法律范围的尊重，是侦查策略方法有效维护自由、公正等价值和法律尊严的前提。违背道德和法律规范的侦查策略方法虽然可能达到破案的目的，但也可能对价值和法律造成较大的损害。只有合规律性与合规范性统一的侦查策略方法，才能既达到预期目的，又不给自由、公正等价值和法律尊严造成不必要的损害，才具有客观上的、道德上的和法律上的正当性。

三、诱惑侦查正当性的研究意义

探究诱惑侦查的正当性，具有重要的理论和实践意义：其一，研究诱惑侦查正当性原理有利于丰富侦查学、刑事诉讼法学的理论体系。其二，关于诱惑侦查正当性原理的研究可以树立正确的侦查价值观，使诱惑侦查程序的设置能够坚持正确的价值导向。其三，研究诱惑侦查正当性原理有助于采取有效的措施，尽量避免诱惑侦查的负面影响，提高该侦查手段的社会效益，维护社会正常秩序和保障公民合法权，遏制不正当策略方法。其四，研究诱惑侦查正当性原理可以为我国现行侦查法制的完善提供论证话语。其五，研究诱惑侦查正当性原理可以为刑事司法实务中评判有争议的侦查策略方法提供一般方法论。

总之，对诱惑侦查进行正当性研究是诱惑侦查法治化、规范化的理性基础。它既是一套评价标准，又是一个规范体系，对侦查主体运筹侦查措施、侦查行为起规范和指导作用。[①] 纵观中外刑事诉讼的历史，已经反复证明：错误的侦查是造成错误审判之恶果的根本病因。因此，究其根源，对诱惑侦查活动的正当性进行分析与考察，有助于矫正侦查活动中的某些偏执和蒙蔽状态，是侦查程序在保障人权与惩治犯罪之间求得平衡的需要，是侦查法治化、文明化的必然召唤。

第二节 诱惑侦查措施正当性分析

对于诱惑侦查措施是否具有正当性的探讨，一直以来都是国内外理论界争论的焦点，也是本书不可回避的问题。一种侦查手段只有具有正当性，才有继续探讨对其运用和立法授权及规制的必要，否则就不应当作为侦查措施被运用，而必须禁止使用这种侦查手段。笔者认为，诱惑侦查措施是具有正当性的，具体分析如下：

一、诱惑侦查措施具有道德伦理正当性

（一）诱惑侦查措施引发的道德伦理争议

在西方国家，曾因诱惑侦查手段的使用而引发过强烈的道德争议与社会质疑。引发争议和质疑的原因在于诱惑侦查的手段中存在着欺骗，而且存在对欺骗手段强烈的依赖。西方国家之所以接受不了这种欺骗手段，主要缘于其社会文化与传统。在西方国家普通的文化与社会传统中，诚实被作为一种高贵的美德所宣扬，而撒谎则被视为极为不道德的品质，而诱惑侦查中的行为方式存在着对欺骗的依赖，这种行为方式本身就自然被视为一种撒谎行为，这是西方国家所摒弃的，因而在道德上引发了极大的质疑。他们认为，诚实是人类社会人与人之间维系信赖关系的基础，而欺骗极有可能损害整个社会的这种信赖关系，人与人之间没有了信任，合作交往的社会成本就会增大，社会的发展进程与速度就会降低。所以，诱惑侦查手段的欺骗行为使人类社

---

① 蒋开复：《侦查策略正当性原理》，西南政法大学法学院2009年博士学位论文。

会的信任关系受到破坏与威胁。

在实施诱惑侦查过程中，经常会使用犯罪引诱的手法，以获取侦查对象犯罪的证据，这些引诱的手法包括：为侦查对象提供各种犯罪机会，直接或间接地参与犯罪的组织与实施。对现代秘密侦查的发展作出极大贡献的法国人维克多就曾经一针见血地指出："以贼捉贼"的方法是最为有效的侦探策略，"只有犯罪才是最好的侦探"。这一平实但不乏深邃的论断，一方面充分地揭示了"与狼为伍"，深入犯罪环境是保证秘密侦查有效性的前提保障；同时也表明了执法人员只有参与实施一些犯罪行为或帮助犯罪，以取得犯罪对象的信任后，才能获取相应证据，从而实现秘密侦查的有效性。而这种通过执法人员实施犯罪活动进行案件侦查的执法手段，往往是通过实施犯罪行为来追诉犯罪分子，因而容易出现"执法犯法"、"警匪不分"的不良影响而受到社会指责。尽管大多数国家都赋予侦查人员为追诉犯罪而实施一些轻微、次要的犯罪活动的刑事责任豁免权，但这种法律责任的豁免并不能改变侦查人员确实已经实施了犯罪行为的事实，更回避不了"执法犯法"、"警匪不分"的社会舆论与道德的指责。政府既不应当参加犯罪活动，或者作为犯罪的一方介入犯罪，更不应当为了执法而违法。① 政府的这种为了执法而违法的行为与其本身所应当具有的社会地位不符，因为在现代社会，国家存在的根据在于民主的支持，国家理所应当通过自身公平、公正与正直的行为方式，为公众与社会的运作树立一种高尚的道德风范，诱惑侦查手段的使用使政府执法人员以一种欺骗的方式行事，严重损害了政府在民众中的高尚形象与应有预期，此种政府行为对社会公众心理以及社会运行的影响是十分深远的，突出体现在国家将很难再继续倡导健康、向上的社会风气，社会道德风尚逐步沦丧，公众有可能模仿政府的行为方式，怀疑、不信任、缺少相互尊重与协作将伴随着政府方的欺骗行为同步增长。②

（二）道德伦理学角度的人类谎言及其正当化

要厘清上述问题，还需要探讨伦理学上对人类谎言的态度。就伦理学而言，在社会关系的网络之中，诚实应是一个必须维护的基本价值。如果缺乏诚实，人类行为就不会有连续性可言。而由于谎言有损于人的诚实品格，会破坏人与人之间的信任关系，通常被认为是一种不道德的行为。由于诚实在社会交往中具有如此高的价值，因此保守的伦理学观点即认为，人应当绝对

① Marx G. T. Undercover：Police Surveillance in America . Berkeley：University of California ,1998. 97.

② Marx G. T. Undercover：Police Surveillance in America . Berkeley：University of California ,1998. 97.

禁止一切谎言，这种保守的伦理学观点主要集中于宗教领域。例如，《圣经》就教导说，不要诱惑人，不要试探人，不要“考验人”，因为人人都有弱点，经受不起；只有撒旦才存心喜欢“试探”人，诱惑人，陷人于堕落。而西方宗教神学家奥古斯丁也宣称，上帝禁止所有的谎言，说谎者危害不朽的灵魂。

但是在人类的社会生活实践中，有时出于善意的理由，如自卫、挽救他人生命等，人们也可能说谎，如果依照前述保守的观点，这类谎言就不能正当化。为此，伦理学上又出现了较为宽松的社会学派观点，该派将人类的谎言视为由相互竞争的机会与利益所决定的一种选择，对某些人类谎言提供了正当化的解释。例如，另一位西方宗教神学家托马斯·阿奎那虽然也同意奥古斯丁“所有的谎言都是罪恶”的观点，但是，他将谎言的一类称为非正式的谎言（有益的谎言），如医生安慰身患绝症的病人，以及玩笑似的谎言。他认为，非正式的谎言或玩笑般的谎言不像恶意的谎言那样罪恶深重。其后，格老秀斯也对谎言进行了正当化的解释，他认为，当与别人沟通时，本来就应该能够运用他们自己的能力适当地加以判断。在判断的时候，如果与之沟通的人有邪恶意图时，那么对之保留若干事实真相是不相矛盾的一致行为。

总之，在社会学派看来，在某些情况下可以对谎言加以正当化，一般可限制在下列范围之内：第一，如果无辜一方的性命危在旦夕，只有撒谎能够将急迫的危害予以解除时；第二，如果撒谎行为有助于实现更高的道德价值，如为了维护国家安全，为了帮助病人康复，为了维持重要的家庭关系等。可见，即使在伦理学内部，也存在对谎言正当化的解释，这就为诱惑侦查中欺骗性的行为提供了伦理学上的基础。

（三）从刑事司法伦理角度的解释

刑事司法制度是研究在人类社会中如何实现正义的一种制度，而所谓正义长期以来属于价值论或伦理学研究的范畴，因此在本质上，刑事司法制度具有一种道德功能，承担刑事司法职权的机关和人员相应地必须在一种道德价值与伦理准则的环境中运作。概括而言，所谓刑事司法伦理，是指在刑事司法体系中，刑事司法人员在角色扮演及职权行使时应掌握的“界限”，以及应遵守的道德行为规范。

从总体倾向上而言，在诱惑侦查的现代发展史中，司法伦理和司法实践对诱惑侦查中的欺骗和引诱行为是持支持态度的，这种支持态度通常表现为如下的正当化解释：

第一种解释方法：因为对象是犯罪嫌疑人，因此执法人员可以降低道德水平与之交往。这种观点基本上是前述格老秀斯观点的现代翻版。例如，美国刑事法专家弗雷德·英博就认为，面对犯罪嫌疑人时，侦查人员“必须站在较低的道德水平上，不能像遵守道德和法律的公民在处理日常事务时所期待的那样”。[①] 在我国，也有学者主张，对犯罪分子和犯罪嫌疑人采用适度的、未超越被普遍认可的国家机关的道德责任界限和法律底线的带有欺诈性质的侦查行为应当被允许。[②]

第二种解释方法：犯罪嫌疑人自身基于“错误信任”，其信赖利益不受保护。

对欺骗方法的合法性问题，美国成文法没有明确规定，但美国联邦最高法院在一些判例中实际予以认可。在诱惑侦查中，侦查机关主要是以取得犯罪嫌疑人信任的方式展开侦查的，针对被告人提出侦查人员是通过欺骗的方法获得证据的抗辩，美国法院的法官大多数认为，被告人自身基于“错误信任”，其信赖利益不受保护。例如，在李维斯诉美国（Lewis v. US）一案中，一名联邦缉毒局的代理人告诉被告人他想买毒品，随后当毒品交易发生在被告人家时，被告人被逮捕。美国联邦最高法院认为该案没有违反宪法第四修正案，因为是被告人“邀请秘密代理人去他家，以实现买卖毒品之特别目的”的；况且，秘密代理人也没“看见、听见或者有意拿出某种东西，秘密代理人的请求意图事实上是违法交易的一个必需部分”。法院认为被告人在他自己的家里放弃了宪法第四修正案的权利，因为他将自己的家转变成了“交易中心”。再如，在洛佩斯诉美国（Lopez v. US）一案中，上诉人洛佩斯涉嫌向一名国家税务员戴维斯行贿，戴维斯假意同意后，用随身携带的录音机记下了最后一次会谈所涉及的交易内容。在该案的判决意见上，美国联邦最高法院的大法官写道：“在人类社会中，被窃听者无意听到被秘密侦查员背叛或者被信任者欺骗的风险与生俱来、无处不在。当我们张口之时，必须充分意识到此种风险的存在。”

当然，警察的这种欺骗应有一定的限度，如超出合理的限度，则仍然被认为违法。例如，美国、加拿大等国即以不能使社会和法庭“受到良心上的冲击”，或者“使社会震惊”、“使社会不能接受”等标准为其限度。

第三种解释方法：借用前述伦理社会学派的看法，如果撒谎行为有助于实现更高的道德价值，那么就具有了正当性。伦理学上的这种表述应用于诱

---

① ［美］弗雷德·英博著：《审讯与供述》，何家弘等译，群众出版社 1992 年版，第 6 页。

② 王国民：《试论犯罪侦查中的诚信与欺骗》，载管光承主编：《现代侦查》（第 1 卷），群众出版社 2005 年版，第 11 页。

惑侦查行为的正当化解释时，就正如有学者所言：“对犯罪嫌疑人，尤其是严重犯罪的嫌疑人，使用具有一定欺骗性的侦查手段尚未逾越被普遍认可的国家机关的道德责任界限，因此具有一定的法律容许性。这是由犯罪行为对社会的危害性与使用欺骗性侦查手段的负面影响两者之间相权衡而作出的价值和政策选择。”①

基本上，这种“两害相权取其轻”的思考方法是一种伦理功利主义的思考方法。这种方法在诱惑侦查的司法实践与理论中有相当的反映，如在英国，基于“公平”必须兼顾被告人、被害人以及公众三方利益的观念，尽管以欺骗性侦查犯罪嫌疑人的方式没能鼓励或规劝警察遵守法律和合乎道德地开展侦查，但如果警察的取证行为是辩方主张“不公平”的唯一根据，那么排除权不能仅用于表示不同意执法人员的取证方式。②

（四）从警察执法伦理的具体内涵角度思考

警察伦理是一个系统，从大的方面来讲，其可分为组织伦理和执法伦理两个子系统，在警察组织伦理中，警察个体应通过遵守诚实规范，促进人际关系，自不待言。至于在警察执法伦理中，是否须一体遵守诚实规范，应进一步分为两个层面来加以对待。美国纽约市立大学刑事司法学院的学者威廉·C. 赫弗南（William C. Heffernan）认为，警察执法伦理应该有两个研究的范畴，第一个范畴是有关忠诚（诚实），这包括收受贿赂、做伪证、以非法手段对待嫌疑犯等。这些违法及不当的执法事件，无须加以伦理上的分析与探讨，只需规定如何做才是正确的即可，因为它的是非与对错是显而易见的。至于第二个范畴警察执法伦理的问题，是有关警察执法时难以抉择的问题（Hard Choices in Law Enforcement），所以必须加以伦理的状况分析，以帮助我们对此是非对错的模糊窘境做一个最佳的判断与抉择的参考。第二个范畴包括以伪装手段执行犯罪侦查，人民的隐私权与警察的跟踪监视，使用枪械的时机等，而卧底警察的合法性与可行性上的争议是这种难以抉择的执法伦理的最佳范例。对第一个范畴的执法伦理，可以警察伦理信条的方式加以规定（如关于诚实价值的规定与提倡），因为对此类警察伦理，大家均无异议。但对于第二个范畴的执法伦理，则不宜完全以信条规范之，因为它必须视状况之不同而加以分析与研判，所以用个案分析的方式，为最切合实际的

① 龙宗智：《试论欺骗与刑事司法行为的道德界限》，载《法学研究》2002 年第 4 期。

② ［英］西比尔·夏普：《秘密监视和使用耳目》，载［英］杰弗里·威尔逊主编：《英国刑事司法程序》，姚永吉译，法律出版社 2003 年版，第 63 页。

做法。[①] 实践中，这种方法的合理化也是逐渐通过判例的形式，通过法官以司法判断的方式发展起来的。

可见，诱惑侦查措施的运用问题应归于警察执法时难以抉择的问题，其不应当适用于以信条方式规定的呆板的执法伦理，而应在警察执法时的个案环境中加以分析和判断。这种看法与前述伦理学社会学派的观点将人类谎言视为由相互竞争的机会与利益所决定的一种选择的看法不谋而合。从这个观点出发，警察运用诱惑侦查措施的行为并不必然违反警察伦理。

（五）从道德伦理角度诠释“最后手段原则”

尽管从伦理学、司法的理论与实践、警察伦理等角度进行的讨论表明，诱惑侦查措施具有正当性，但这并不意味着侦查机关可以不加节制地任意使用该侦查措施。就伦理学的角度而言，尽管承认谎言具有正当化的空间，但某人如欲合理化谎言，在撒谎时，还应当考虑下列因素：

第一，当面临撒谎是一个可能的选择状况时，任何一个人首先必须考虑说实话。

第二，如果谎言与实话都能达到相同的目的或结果，此时不应该撒谎。

第三，撒谎应该被列为最后的诉求。此时才能去思考谎言在道德上被正当化的可能性。

第四，道德上可正当化的谎言必须有助于更高道德价值的具体实践。[②]

作为国家刑事司法机关的警察机关本身对于维护社会道德规范负有重大责任，其行为必须合乎社会公认的道德准则，联合国于1976年6月21日至7月2日召开的犯罪预防与控制会议上通过了《警察守则草案》，其中第7条就写道，警察机关一如所有刑事司法体系，必须代表社会整体，能回应社会整体需求，并能担负社会整体所赋予的使命。由此，警察机关的执法行为代表和反映着国家的形象，具有一种社会示范作用，如果警察机关在执法中不加节制地放任使用欺骗型的秘侦行为，无疑会损害国民的道德观念，严重的会破坏司法权威，使国民难以对国家的刑事司法制度产生认同感。[③]

为此，有学者深刻指出，“刑事司法从业人员与社会大众的关系中，最基本的特质就是信任。这主要基于，在功能上，刑事司法从业人员作为道德

---

① 陈明传：《警政哲学与警察伦理》，载台湾《警学丛刊》2001年第30卷第6期。

② ［美］山姆斯·索耶：《刑事司法制度中的谎言与欺骗》，载台湾《新知译粹》2002年第15卷第2期。

③ 司法权威既需要权力支持也需要道德形象支持，很难想象一个只拥有权力而放弃道德形象的人会具有某种权威。

与政治秩序代表的中心点所在。有关犯罪与刑罚方面的事务，一个人被警察、检察官或法官所欺骗，其伤害性当然远超这个人被邻居、同事或陌生人所欺骗的后果。对一个社会来说，最重要的莫过于一件纠纷或冲突能以公平、诚实、高贵的方式加以解决。因此，刑事司法工作者不但必须了解而且必须谨记的是，欺骗或谎言是没有价值且是罪恶的选择；任何一个伦理机关，不能够也不应该容忍这种行为。被认为是‘必须保护社会免受欺骗’的刑事司法人员不能以‘欺骗对待社会’作为合理化的理由。任何一个与此相反的辩解，必然是无知的产物，是一个不正当的合理化，也是一个彻底的伪善主义”。①

因此，各国对于诱惑侦查措施的运用都规定了最后手段原则予以限制。例如，德国刑事诉讼法规定必须“是无法以其他方法侦查或极其困难用其他方法侦查时”，方可使用秘密侦查人员。日本有学说也认为，可以使用诱惑侦查的要件应当包括两个方面：一是使用这种侦查方法的必要性；二是没有其他有效的侦查方法可以替代。

二、诱惑侦查措施具有法理正当性

诱惑侦查措施包含的侵权行为、执法者轻微的违法行为、引诱行为可以用以下法理进行解释。

（一）公民权利的相对性和公共利益在一定条件下的优先性

虽然公民基本权利是受到宪法保护的，但是没有绝对的权利，公民需要让渡一部分个人权利，为维护公共秩序和避免紧急危难，政府可以对公民权利进行合理的限制，这符合大多数人的利益。就合理的诱惑侦查行为也可能侵犯公民的权利而言，“为了重大国家刑事追诉的利益（排除高度的社会危害以建立法秩序），对于嫌犯的个人利益的破坏，应可以被容许”。②

（二）刑法学上的正当化事由理论

在实施诱惑侦查措施中，侦查人员也不可避免地会采取如劝说、诱骗，甚或一定程度地帮助、参与犯罪行动，这些行为通常可视为共同犯罪行为。但如果对这些行为一律追究刑事责任，就会妨碍正常的犯罪侦查，这些行为需要被许容。可以借用刑法学上的正当化事由理论对此加以解释。所谓正当

① ［美］山姆斯·索耶：《刑事司法制度中的谎言与欺骗》，载台湾《新知译粹》2002 年第 15 卷第 2 期。

② 林东茂：《卧底警探的法律问题》，载台湾《刑事法杂志》2002 年第 40 卷第 4 期。

化事由，是指在具体事件中，两个法益发生了只能保护其中一个的情况下通过牺牲较小的法益而保护较大的法益的情况，如各国公认的正当化事由为紧急避险、正当防卫等，但正当化事由绝不止于这两种，“刑法中正当化事由的范围是极其广泛甚至是‘无边无际’的”。[①] 实施诱惑侦查措施打击某些严重犯罪、保护重大法益，是基于“两利相权取其重，两害相权取其轻”的迫不得已的选择，具有“法益的均衡性”。美国权威刑法学者斯科特（Scott）和拉费弗（LaFave）亦持此观点，认为执法人员实施诱惑侦查之正当化职责，关联到邪恶情事之选择（the choice of evils），当环境压力使某人为邪恶情事选择时，对其所带来较低程度之恶害，系为避免较高程度之恶害之代价时，法律以之为优先。此一刑事责任之例外，可由自我防卫与防范他人辩护（self－defense and defense of others）作为支持，此一原则提供执法正当化之支撑基础。[②] 所以，在实施诱惑侦查措施中，尽管侦查人员实施的某些行为与犯罪存在形式上的相似性，但因为这些行为也可以构成正当化事由从而具备合法化性质，需要在定罪的过程中予以排除。这样，侦查人员在追求执法目的正当性时就可以避免因此而获罪。

（三）警察的职责和侦查权的本质

对尚未真正实施犯罪的对象采取主动性的诱惑侦查可以从警察的职责和侦查权的本质得到解释。侦查权在本质上属于行政权范畴。西方国家将现代行政划分为六类。其中所谓的“监管行政”，是指“以防止公共安全与秩序危害为主之行政（譬如警察行政），又称危害防止行政”。[③] 侦查活动属于监管行政的一种。德国学者认为，“今天我们所谓‘警察’一词的一般意义是指那些目的在于维护公共安全和秩序，防御危及它的危险并清除已经出现的障碍的国家活动。就其本质而言，警察就是防止危险。”[④] 既然传统侦查方法对于某些具有严重危害的犯罪难以奏效，那么诱惑侦查作为一种主动型的预防性抗制手段，着眼于预防犯罪、防止危害，将侦查提前到“前嫌疑”阶段，正是由警察职责和侦查权的本质推导出的必然逻辑结论，也是符合社会公益的。[⑤]

---

① 李海东著：《刑法原理入门（犯罪论基础）》，法律出版社1998年版，第77页。

② 郭纬中：《论诱捕侦查与诱捕抗辩》，台湾“中国”文化大学1998年硕士论文。

③ 李震山：《行政法导论》，三民书局股份有限公司1999年版，第5页。

④ ［德］卡尔·海因里希·福里奥夫：《警察和秩序法的基础》，载《外国法译评》1984年第2期。

⑤ 杨志刚著：《诱惑侦查研究》，中国法制出版社2008年版，第42页。

总之，适当运用诱惑侦查手段侦破某些特殊犯罪，是人们面对新的犯罪形势的冲击，在控制犯罪与保障人权、秩序与自由之间，在犯罪的社会危害性与使用这种侦查手段的负面影响之间进行权衡而作出的理性选择及其在政策上的体现，具有法理正当性。

三、诱惑侦查措施具有社会防卫正当性

诱惑侦查措施具有防卫正当性，主要表现在预防犯罪、维护社会秩序和保护合法权益不受非法行为的侵害。之所以将诱惑侦查措施对社会利益的保护称为“社会防卫”而不叫做“社会保卫”，是有别于传统侦查而言的，笔者认为，传统意义上的侦查对社会的价值体现在两方面：一是通过查明犯罪，意在为惩罚犯罪者提供依据，使犯罪者受到刑罚处罚；二是通过对犯罪嫌疑人的逮捕、拘留等强制性侦查措施的运用，对其他不稳定的、存有犯罪意图可能实施犯罪的人形成威慑，从而使其不敢以身试法，不敢犯罪，达到预防犯罪的效果。不难看出，传统的侦查手段的运用总是在犯罪行为发生后再采取行动，其“保卫”价值多于“防卫”，其在防卫犯罪嫌疑人犯罪之价值上有所欠缺，是一种被动型的侦查，而诱惑侦查措施则具有其独立的防卫价值。

（一）具有社会防卫价值

社会防卫不但是整个刑事诉讼，同时也是刑事侦查的基本目标之一，是法律正义的实现途径。在此意义上，同传统侦查手段相比，诱惑侦查措施同样在遏制犯罪，维护社会秩序，保护社会成员合法权益免受不法侵害等方面表现出其社会防卫价值。特别是在通过查明罪犯犯罪意图，及时遏制犯罪分子于犯罪预备状态，从而达到更有效预防犯罪的作用方面有着传统侦查所不及的优势。与传统侦查的被动消极防卫相比，诱惑侦查因其侦查活动的隐秘性和智能性，使其对那些具有犯罪意图而尚未决定实施的“潜在的犯罪分子”产生更大的威慑力，是一种更为主动积极的防卫，可以达到更好地维护社会秩序的社会防卫效果。例如，美国纽约的街头犯罪侦缉队采取诱惑侦查手段，在成立后的次年就逮捕了4423名罪犯，其中90%被法院判定有罪，同时，抢劫案和重大街头盗窃案的报案率也下降了7%和5.9%，[①] 从而使可能受到犯罪侵害的公民的权利避免被侵害，起到了很好的威慑作用，从而使犯罪率降低，也使公民权利得到了有力的保护。

在新式犯罪形态中，毒品与枪支合二为一的犯罪现象也已越来越普遍，

---

① 马跃：《美、日有关诱惑侦查的法理及论争之概观》，载《法学》1998年第11期。

此种结合象征着此类犯罪集团绝非以传统犯罪学的观点就能加以解释的。事实上，此类犯罪并不是一种杀人、放火等有着道德评价之因素，作为支持法律潜在且无形的效力，而是纯粹以实证法的关系，采用法律规范来强行禁止此类贩毒或使用枪支行为；因而亦难凭借道德或社会正义的力量来鼓励大众或司法警察同心协力遏制此类犯罪，更何况如所谓的组织性犯罪或恐怖活动等重大犯罪行为，一旦发生即可能对国家、社会产生不小的影响，对法益造成重大侵害。因此实有必要使用诱惑侦查方式，主动出击以达到维护国家与社会安全的目的。

（二）具有犯罪防卫价值

这点与传统侦查有明显区别，传统侦查是一种事后防卫，即在犯罪分子已经实施了犯罪，犯罪结果已经产生，通过对犯罪事实的揭露与证实为惩罚犯罪者提供依据，满足社会的报应情感，遏制潜在犯罪人的犯罪欲念，从而预防社会利益的进一步损失，其防卫价值十分有限。而诱惑侦查措施中，遵循的是事前防卫原则。[①] 侦查对象正在预谋、预备、实施犯罪行为，或者预谋实施新的犯罪行为，如果任其发展则必然会造成或扩大被害人以及其他社会利益的损害，有鉴于此，侦查人员在得知犯罪嫌疑人的犯罪意图后，通过诱惑行为，诱其暴露并实施犯罪行为，将其绳之以法，从而在犯罪行为并未造成实际损害前将其消灭在萌芽状态，使犯罪分子的社会危害降到最低限度，从而达到犯罪防卫的目的。

（三）具有犯罪人防卫价值

传统侦查通常只能在犯罪人实施犯罪之后，侦查取证从而将其捕获，此时犯罪嫌疑人通常都已经犯罪既遂。而通过诱惑侦查措施，犯罪行为则多在萌芽状态，即其未造成实际社会损害时即被消灭，因此对犯罪嫌疑人的定罪量刑上也会多加考虑，在客观上减轻了犯罪嫌疑人的罪责，从而更有利于对犯罪人的保护。

综上所述，传统型侦查手段是一种被动型侦查，它以犯罪的发生为前提，侦查活动全部围绕着揭露和证实犯罪的主题展开，即使存在着附属的防卫价值，也只是针对有罪者的特殊防范，即制止其进一步危害社会。而诱惑侦查措施的社会防卫正当性旨在制止犯罪、控制侦控对象、消除犯罪条件，以保全社会利益的完整性。从此意义上说，传统型侦查是一种被动的消极防卫，而诱惑侦查措施则是一种主动的积极防卫，更符合社会整体利益的内在要求。

---

① 马静华：《诱惑侦查价值分析》，载《河北法学》2002 年第 4 期。

对诱惑侦查而言，防卫正当性具有显著的独立性，这种独立性决定了诱惑侦查程序价值在一定程度上可以跳出刑事诉讼程序结构进行考察的某些独特之处，与侦查犯罪不存在直接联系。在诱惑侦查进行过程中，当有充分的理由说明侦控对象正在预谋犯罪、预备实施犯罪、正在实施犯罪，但罪行尚未完成时，诱惑侦查措施的防卫正当性就能独立表现出来。通过及时揭露侦控对象的犯罪预谋，制止其正在预备或实行中的犯罪，或者控制侦查对象的行为，以避免其很可能实施的犯罪。在这方面，诱惑侦查措施起到了保护社会利益的作用。

四、诱惑侦查措施具有经济效益正当性

效益原为经济学上的名词，是指有效产出减去实际投入后的结果，即反映投入与产出的关系。随着社会的发展，“效益”一词广泛用于社会学领域，法学也不例外。法律活动强调效益原则的现象是西方经济学对法学渗透的结果。今天，司法程序的效益原则正被日益强调。有论者认为，诉讼程序实际上也是一种交易清结过程，[①] 一个裁决只是一种被专有术语和概念掩饰起来的交易结果的表达。[②] 以波斯纳为代表的法律经济分析学派更是极度倡导经济效益原理在法律领域的普遍化，主张将法律制度解释为促进有效益地分配权利资源的努力，认为法律权利（义务）作为一种资源，是不同利益集团在“法律市场”上进行交易的结果，并对主要法律部门（包括程序法）的众多法律关系领域进行了经济学分析和验证。[③]

在追究犯罪嫌疑人刑事责任的过程中，侦查人员同样需要追求效益，因为国家投入侦查活动的司法资源十分有限，如果在侦查活动中不提高效益，侦查机关就不能顺利履行其职能，大量的刑事案件可能会因为来不及侦查而积压。另外，犯罪分子在实施犯罪后，会毁灭、伪造证据，而且由于自然原因，证据会逐渐灭失，如果不及时进行侦查，收集、固定和保全证据，可能导致无法及时破案，严重影响侦查机关在人们心目中的地位和威信。此外，侦查期限的拖延会严重损害犯罪嫌疑人、被害人、证人的利益。犯罪嫌疑人在法院作出生效判决之前，其自由、财产乃至生命等实体权利处于待判定的状态，他本人也处于犯罪嫌疑人的地位，其名誉和信誉，以及与别人的交往

① 肖建国主编：《民事诉讼程序价值论》，中国人民大学出版社 2000 年版，第 207 页。

② 顾培东著：《法学与经济学的探索》，中国人民公安大学出版社 1994 年版，第 10 页。

③ 波斯纳法官的法律经济分析代表性著作有：《法律的经济分析》（上、下卷），蒋兆康译，中国大百科全书出版社 1997 年版；《正义/司法的经济学》，苏力译，中国政法大学出版社 2002 年版。

也都受到影响。对于那些被羁押的犯罪嫌疑人而言，侦查期限的延长还意味着其人身自由被限制的期限延长。同时由于侦查机关的多次调查询问，被害人、证人受到诉讼的牵连，正常的工作和生活也都将受到影响。因此，我国刑事诉讼法规定，侦查程序应遵循迅速及时原则。

侦查程序经济效益，是指取得的经济利益与投入的各种物质资源之差。取得的经济利益通常为挽回的经济损失，如侦查过程中发现的赃款、赃物；投入的各种物质资源包括人力、物力、财力等。侦查的经济效益一般为负数。

侦查是一种法律活动，并且是刑事诉讼的一道重要程序。对侦查程序无论从何种角度加以理解，都无可否认效益原则对侦查程序的要求。在直观层面上，侦查程序的运行无不反映出成本投入状况。第一，负责追诉的国家侦查机关在开展调查案件事实、收集证据、查获犯罪嫌疑人过程中，势必要投入相应的人力、物力、财力和时间资源；第二，社会相关部门和人员在协助侦查机关破获案件过程中也常常需要付出一定的人力、物力、财力和时间；第三，犯罪嫌疑人因涉嫌犯罪而被采取强制措施、聘请律师等必然需要一定的成本投入和付出；第四，被害人在侦查程序阶段常常需要一定的诉讼投入。既然侦查程序的运行是一个成本投入过程，那么这个成本投入过程是否要追求一定的程序效益呢？回答是肯定的。对于侦查程序效益的全部方面和具体内涵，概括言之，侦查程序的效益目标是以最小的成本投入实现查明犯罪事实、收集证据、查获犯罪嫌疑人的结果，并实现有效控制犯罪的社会效益。

由于由犯罪组织、白领等实施的犯罪行为系属能见度低、隐秘性高的犯罪，警方所使用的一般性、例行性勤务方式无法有效地打击、压制此种犯罪；也因为犯罪组织中之首脑人物通常退居幕后掌控整个犯罪的进行而不直接经手与犯罪有关的财物、证物，所以此时若不运用诱惑侦查之方式，实难达到预期效果。而且在毒品犯罪中，使用诱惑行为亦可使侦查机关由最下游的使用者层层向上追出最上游的制造者与贩卖者，彻底铲除其源头，以达到维护社会秩序与公民健康的目的。为此，诱惑侦查措施在效率性与经济性上具有正当性。具体而言：

诱惑侦查是一种被引诱者只要表现出其犯意与犯罪行为，就能即刻加以逮捕的活动。这远比报案人向警方报案后才启动追踪侦查行为更能省却大量宝贵时间，而且亦可在人力、物力的运用方面起到事半功倍的效果。事实上，在一般刑事案件发生后，警方不只投入大量人力、物力，而且也要花费不可预测的时间，何况这些花费未必能得到相应的侦查功效。根据美国联邦调查局于1980～1981年的统计显示：联邦调查局仅以1%的人力资源及750万美元的经费从事诱捕活动，但经由此活动所获致的成果却是：逮捕近2000人，使1000多人被起诉并起获10900万美元的赃款。换言之，成果相当辉煌而投资报酬率也很高。[①]

诱惑侦查措施的恰当运用，实现了以相对较少的司法资源的投入或耗费降低到最低程度，同时使大量刑事案件得到及时处理的结果。有效地打击了诸如贩毒、伪造和买卖货币、卖淫嫖娼、行贿受贿、网络犯罪等无明显被害人的犯罪。然而，在实际侦查中也有侦查人员一味迷恋惩罚犯罪，急功近利，则可能变成一项“收效甚微乃至负值的司法资源耗费活动，因为诱惑侦查获得证据的途径不当会导致被告人被无罪释放，无功而返，那些本来能够而且应该用来降低国家高犯罪率的资源就可能被白白浪费掉”，[②] 从而使诱惑侦查失去它的经济效益价值。

五、诱惑侦查之法律诉讼正当性分析

犯罪无论是加害人，还是被害人，或多或少有着利益相冲突的情形，[③]而从事司法侦查者在面对传统型犯罪形态时，均是依靠被害者或被害者亲属，甚至其他具有正义感的见证者，在提供具有直接或间接关键性的各项信息后，一来可以查获相关的人证、物证；二来也能迅速地将犯罪嫌疑人逮捕归案，避免犯罪者逍遥法外。然而，对于所谓“无被害人的犯罪”之犯罪形态，通常没有特定的被害人或该犯罪行为的相对人并无被害感觉，而无人向侦查机关揭露犯罪事实，以至于这类案件有较高的犯罪黑数存在，或即使知道犯罪事实也因其隐匿性而难以追寻犯罪证据，致使侦查机关不论在行为人举发还是证据搜集上，都产生极大的困扰，所以需要诱惑侦查这种特殊侦查方式。诱惑侦查在侦查和打击诸如毒品犯罪、伪造和贩卖假币犯罪、假证件犯罪等所谓“无被害人之犯罪”和卖淫嫖娼、行贿受贿、多样化的网络犯罪案件中，有着传统侦查手段所无可比拟的优势，其法律诉讼方面具有的正当性主要体现在如下方面：

（一）具有公诉和审判的基础价值

我国刑事诉讼法将刑事诉讼的基本运行过程规定为立案、侦查、公诉、审判、执行等基本程序阶段，侦查程序在形式上只是刑事诉讼的第二个阶段，

---

① 梁世华：《诱捕侦查之研究——以刑事程序法为中心》，“国立”台北大学出版社2008年版，第17页。

② 许文山、翁佳黎：《诱惑侦查适用新探》，载《福建公安高等专科学校学报》2005年第6期。

③ 陈仟万：《教唆与陷害教唆》，载《警专学报》1994年第7期。

但是立案程序的独立性并不明显，甚至只是侦查程序的一个组成部分。一方面，立案程序的进行是由担负侦查职责的侦查机关负责的；另一方面，部分侦查措施还常常需要在立案前采取。立案更多地表现为履行一定的登记手续作为侦查程序的一个内在组成部分，而不是一个独立的诉讼阶段。因此，侦查程序实质上是刑事诉讼的第一个阶段。审查起诉程序更多只是对侦查程序中的案件事实问题进行实质审查，以及对侦查活动的程序性问题进行形式审查，以决定是不是应提起诉讼的一个程序阶段。审判程序的进行，也更多围绕侦查程序对案件事实的调查和证据的收集情况进行审理，法官并不在审判程序阶段主动调查犯罪事实和收集证据。据此不难看出，侦查程序阶段对案件事实的查明程序和证据收集程序决定了提起公诉的条件是否具备，也在很大程度上影响着审判程序的进行和结果。美国有警察学者指出："警察是刑事司法体系的守门人。就绝大部分而言，刑事诉讼所处理的是警察查明的案件。"① 因此，侦查是公诉和审判的基础，侦查程序决定公诉提起之可行性和审判进行之质量乃至结果的基础性价值。②

而作为侦查的一个分支，诱惑侦查具有侦查的一切特性，因此也同样在刑事诉讼过程中具有公诉和审判的基础价值。

（二）具有目标明确和权利保障价值

诱惑侦查因其具有明确的目的性和周密的计划性，因此在诱惑侦查中，通过诱惑行为可以在最短的时间内逮捕犯罪嫌疑人，从而适应现代刑事案件对侦查的需要。在诱惑侦查中侦查人员可以通过在先前的诱惑侦查行为中已经掌握的证据来及时而准确地确定犯罪嫌疑人，或根据已确定的证据线索判断犯罪嫌疑人，从而锁定侦控对象，侦查活动按既定计划展开，使得侦控对象处于侦查机关的控制之中，因此侦查人员能够目标明确，掌控案件发展全局，实现迅速确定和追捕犯罪嫌疑人的目的。同时，对经诱惑侦查发现不具有犯罪意图的清白人员，侦查机关可以及时排除其犯罪嫌疑，以适时调整侦查方向，从而有效确保无辜者不受刑事追究，被害人权益得到维护。应当明确的是，侦查程序的权利保障任务不限于确保无辜者不受刑事追究一个方面，它还包括对犯罪嫌疑人、辩护人、证人、被害人及其他诉讼参与人之诉讼权利（侦查程序阶段）的保障方面，以及采取必要的强制性侦查措施以防止对

① ［美］罗伯特·兰沃西、劳伦斯·特拉维斯著：《什么是警察——美国的经验》，尤小文译，群众出版社2004年版，第20～21页。

② 韩德明著：《侦查原理论》，中国人民公安大学出版社2003年版，第214～215页。

侦查行为相对人造成不必要的合法权益的侵犯。通过诱惑侦查程序的运行，保证无辜者不被错误地追究刑事责任甚至处以刑罚，并尽快从侦查程序中解脱出来以免程序之累。在一些国家，侦查程序还是直接实现刑事实体性权利的重要场合，如在美国，刑事诉讼中有80%～90%的刑事案件是通过辩诉交易解决的，其中在侦查阶段进行辩诉交易的占一半以上。① 另外，维护被害人权益也是诱惑侦查权力保障价值的一个重要组成部分，侦查程序实现这一价值，既是通过对被害人的有关权利进行直接保护而进行的，也是通过对犯罪嫌疑人的追诉活动而从反面间接地进行的，因为追诉犯罪本身也意味着被害人权利和利益实现的一种方式，因此被害人是将本应属于自己的犯罪追诉权让渡给了国家追诉机关，并通过后者的刑事追诉活动以保护自己的权利，维护自己的利益。

（三）提供取证便利

由于诱惑侦查行为往往是伴随着犯罪行为的进行而开展的，其实时性是使诱惑侦查成为具有其他一般的侦查手段所不能替代的获取第一手证据的最有效方法。借助监听、监控摄像等侦查手段，获取侦查人员与侦控对象的言行互动，及时了解犯罪意图和犯罪动向，使得侦查机关能在第一时间直接获得充分的证据，为立案提供直接证据，通常能达到人赃俱获的最佳效果。即使不能获得直接证明犯罪嫌疑人犯罪的最佳证据，也能通过监听和监控摄像的实时记录，掌握相关线索事实，从而为后续的取证工作奠定了坚实的基础，为整个案件的取证工作提供了便利。据此，诱惑侦查因其强大的取证功能，是其他侦查行为所不具备的，因此被越来越多地应用于司法实践中。

（四）防止非法取证

目前，刑事犯罪分子大多作案快、逃跑快、销赃快、挥霍快，因此刑侦部门在办案取证时必须分秒必争，以快制快，在有限的时间内拿到证据。然而，传统“回应型”侦查手段遵循的是有犯罪行为在先，而后展开侦查的顺序，在这段时间里，不仅可能使一些重要证据丢失而无法取证，或者使其证明力减弱，② 而且更使一些狡猾的犯罪分子有可乘之机，使得他们对侦查人员的调查取证活动有足够的时间和空间去应对，从而造成审讯难度极大，取证困难。而因为取证困难所带来的直接后果则是侦查人员过分依赖口供，又常出现取证者以“执法者”、“办案人”的身份，居高临下，采取训人、压

① 程味秋主编：《外国刑事诉讼法概念》，中国政法大学出版社1994年版，第187页。

② 马静华：《诱惑侦查价值分析》，载《河北法学》2002年第4期。

人、“我问你答”的方法，使证人感到思想压抑、人格受辱。取证双方地位不平等，导致证人与取证者思想对立，不予配合，甚至使取证者“先入为主”地“有罪推定”，导致刑讯逼供、诱供等非法取得口供的手段出现，如此形成恶性循环，更有甚者造成冤假错案的发生。与之形成鲜明对比的诱惑侦查的出现，正如前述，因其特有的秘密性、主动性，使侦查人员在对犯罪分子审讯之前已经了解了其个人信息和社会背景，获得了足够多的可以证明其犯罪事实的直接证据，从而从根本上消除了刑讯逼供行为的发生原因，使得再狡猾的犯罪嫌疑人在当场取证下也无法抵赖，使犯罪嫌疑人往往在犯罪行为还来不及完全实施时就被侦查人员所揭露，致使没有足够的接受审讯的心理准备，从而难以辩驳。这样，侦查人员便可从过分依赖口供的困境中解脱，可以更有效地确认犯罪嫌疑人的罪行，有效地防止逼供、诱供等非法取证手段的使用和冤假错案的发生。

第三节 不当诱惑侦查行为分析

实施诱惑侦查的行为具有正当性是正当诱惑侦查行为，反之为不当诱惑侦查行为。如何区分诱惑侦查行为的正当与否，笔者认为，应当穷尽不当诱惑侦查行为，以明确正当诱惑侦查行为。另外，研究不当的诱惑侦查行为，可以使侦查实务工作人员引以为戒，并明确正当的诱惑侦查行为，使其所实施的诱惑侦查行为合规律性、合法律性、合道德性，同时也能站在较高的角度审视和运用诱惑侦查措施。

一、不当诱惑侦查行为的表现

实施的诱惑侦查行为如果是正当的，那么该行为应当合规律性、合法律性、合道德性，有一项不符合，就是不当的。这就说明诱惑侦查行为的正当性标准应该远高于合法性标准，事实上有很多诱惑侦查行为合法但是并不正当，如果侦查实务工作者能够在实施诱惑侦查时，时刻以正当性来要求自己，那么其所实施的诱惑侦查行为就合规律性、合法律性、合道德性，是最为理想的行为方式。笔者认为，不当诱惑侦查行为表现为，第一，违法的诱惑侦查行为，通过合法性标准判定诱惑侦查行为违法，表现为诱使本来没有犯罪意图的人实施犯罪，该行为不合法律性，自然就是不当诱惑侦查行为；第二，不适当的诱惑侦查行为，即不合规律性或不合道德性，表现为诱使本来只有犯较轻罪行意图的人犯较重的罪行，或诱使本来可能止于犯罪中止的犯罪最终得以完成，如被告人本来只有犯轻罪的意图，但是警方实施诱惑侦查行为强度过大，使得犯罪嫌疑人实施了重罪的犯罪行为。另外，还有违反相关的实施步骤程序及注意事项，造成重大失误的，即不合规律性，也是不当诱惑侦查行为。

二、不当诱惑侦查行为的危害

不当诱惑侦查行为的危害是多方面的：

首先是对被告人的伤害，违法的诱惑侦查行为使无辜的人受到不应当有的惩罚，对其精神和生活的影响巨大。有的不适当的诱惑侦查行为对被告人造成极其恶劣的影响，如第四章中的出租车司机谢某被杀案，未严密控制诱惑侦查实施过程，导致更为严重的抢劫杀人案的发生，几个年轻人也被判处死刑和重刑，损失是无法弥补的。

其次是冲击社会信用体系，加剧诚信危机。以诚信为纽带构建的社会信用体系，是现代社会经济得以正常运行的基石。没有诚信就没有秩序，也就谈不上公民生活的安宁。不当的诱惑侦查对于社会诚信体系的危害主要体现在三个方面：一是可能损害公民对于法律和执法机构的信任与尊重。二是可能对公民产生不良的示范效应。三是可能危及政治机能，如美国“ABSCAM”事件。1980年，美国联邦调查局为了侦缉国家机关内的渎职犯罪，以虚设的Abdul有限公司作掩护，由侦查人员扮成阿拉伯商人，借谋求赌场营业证、在留鉴证、产业报资等为名，向国会议员及政府官员行贿，致使包括国会议员、联邦政府官员在内的22名政治家涉案被捕，并被判有罪。[①] 在此案件中，因不当的诱惑侦查行为而损害了政权的形象和稳定性，形成了政治恐慌。正如美国一位学者所言：“我们国家的正直品行最近几年正在走下坡路，我们真的不需要联邦调查局使用ABSCAM去油污我们的社会刹车装置。”

再次是导致一系列错误成本，浪费了国家有限的执法资源。错误成本包括：对无辜被告人进行定罪付出的错误成本，既包括被诱惑者受到制裁所付出的成本，也包括社会实施这种制裁所付出的成本，侦查机关的诱惑侦查行动需付出的成本。当警察在制造这起犯罪时，就不可能同时充分履行拘捕真正的犯罪者的责任。

最后是影响执法机关的形象。警察的执法行为代表和反映着国家的形象，具有一种社会示范作用，如果警察在执法中使用不当的诱惑侦查行为，长此

---

① 刘作凌、刘少坤：《诱惑侦查的法律思考》，载《佳木斯大学社会科学学报》2005年第4期。

以往，无疑会损害国民的道德观念，严重的会破坏司法权威，使国民难以对国家的刑事司法制度产生认同感。司法权威既需要权力支持也需要道德形象支持，很难想象一个只拥有权力而放弃道德形象的人会具有某种权威。历史已经证明，恶劣、败坏的警察执法方法将播种下无视法律的恶果，动摇守法公民对司法管理的信心，削弱整个民族与国家的道德风尚。①

三、遏制不当诱惑侦查行为的对策

不当诱惑侦查行为的危害是巨大的，如何遏制不当诱惑侦查已成为摆在我们侦查理论及实践面前的一个重大课题。笔者认为，至少应当从以下三个方面对诱惑侦查行为进行规范：

第一，立法规制。明确从立法层面对诱惑侦查措施进行控制，从而控制违法的诱惑侦查行为的出现。第二，法规规制。可制定相关的单行法规，如可以在《公安机关办理刑事案件程序规定》、《人民检察院刑事诉讼规则》等法规中，结合诱惑侦查实际问题，增加有关诱惑侦查实施原则，规范诱惑侦查行为方式，并要详细规定对实施不当诱惑侦查行为的执法人员处以相应的惩罚措施。第三，规范侦查机关实施诱惑侦查的行为。如果侦查实务部门在具体实施诱惑侦查时方法不规范，而是各自摸索着来，在失败中总结方法，这样很危险，如本书第四章中的出租车司机谢某被杀案，因为侦查机关运用诱惑侦查方法的错误而导致无辜百姓被杀害，所以不能等到出现严重后果时再总结失败经验。防止出现控制诱惑侦查过程不严格的现象出现，就应当结合案例总结出诱惑侦查实施的正确方法，对侦查人员进行必要的指导，培养一支实施诱惑侦查的专业化队伍，从源头上杜绝不当的诱惑侦查行为。

---

① Marx G. T. Undercover : Police Surveillance in America . Berkeley: University of California , 1998. 129.

第三章　国外诱惑侦查法律规制

世界各国的犯罪正在日益朝着智能化、隐蔽化、集团化方向发展，各国侦查部门无论是发现犯罪行为还是收集证据都越来越困难，传统的侦查手段愈显捉襟见肘。诱惑侦查作为一种可以有效打击某些特殊犯罪的侦查手段，在实践中被各国大量运用，但其利弊凸显，各国为了寻求打击犯罪和人权保障的最佳平衡点，在肯定诱惑侦查手段的同时，都进行了法律规制。由于世界各国历史文化背景、道德标准、社会现实状况、法治状况以及法制所追求的价值目标都有所不同，对诱惑侦查所采用的规制方法自然各具特色，并不千篇一律，即使是同一法系的国家也差异颇大。本章主要介绍美、英、德、日四个法治化程度较高的国家对诱惑侦查进行法律规制的方法和特点，以求为我国诱惑侦查的法制化提供有益的借鉴。

第一节　美国诱惑侦查法律规制

在美国，将诱惑侦查手段运用于刑事侦查中具有悠久的历史。为了对抗不当的诱惑侦查，19 世纪以来实务界与学术界对于圈套抗辩（entrapment defense）[①] 法理进行了长期的探索，历经一百多年的判例积累，逐步形成了一套比较完备的诱惑侦查法理，并对许多国家产生过重要影响。考察美国诱惑侦查法理的历史发展进程，大致可以划分为三个阶段：第一阶段是早期的实践摸索阶段；第二阶段是圈套抗辩法理的初步探索阶段；第三阶段是现代诱惑侦查法理的形成与发展阶段。本部分主要通过综合考察美国诱惑侦查现代法理的形成，从而挖掘出美国对诱惑侦查进行法律规制的大体方法、思路和内容。

① 将 entrapment 译为“警察圈套”，entrapment defense 译为“圈套抗辩”，可以参见我国国内较早的介绍抗辩的著作，储槐植著：《美国刑法》，北京大学出版社 1987 年版，第 171 页。

其他阶段的有关内容在美国诱惑侦查历史部分已有介绍，此处不再赘述。

一、美国规制诱惑侦查之法理综述

在美国的诱惑侦查法理中，确立合法诱惑侦查行为的基本过程是：首先借助法官对个案的司法判断进而形成的一系列判例，从而区分合法的诱惑侦查行为和违法的诱惑侦查行为——“警察圈套”。然后法官在进行司法判断的过程中，通常运用反面论证的形式，即先确立“警察圈套”的构成标准，进而赋予除此之外的诱惑侦查行为的合法性。在确立“警察圈套”构成标准的过程中，形成诱惑侦查的重要法理内容——圈套抗辩及其判断标准，即主观标准（subjective test）与客观标准（objective test），其中主观标准在美国法院系统占主导地位。①

（一）何谓圈套抗辩

圈套抗辩（entrapment defense），是指执法人员为了随后追诉某人，通过欺骗或者过度劝说而引诱某人实施某项犯罪活动，在这种情形下公民可以据此提出一种合法辩护。② 一旦裁判者认为此项辩护成立，即使该公民实施了某一犯罪活动，也应被无罪释放。这种违法的诱惑侦查行为就构成了“警察圈套”（entrapment），“警察圈套”是一种为法律所禁止、谴责的执法手段。美国最高法院在确立圈套抗辩的经典判例中曾明确将“警察圈套”定性为，“执法人员起意、策划并鼓动公民实施犯罪活动，而如果不是执法人员使用诡计、劝说或欺骗手段，该公民根本不会实施该犯罪”。③

圈套抗辩是一种司法权对诱惑侦查中引诱程度的控制手段，从某种程度上说甚至可以被看做法院对诱惑侦查手段进行司法控制的主要甚至唯一的手段。作为美国法中的一项合法辩护事由，其所要回答的核心问题是，如果没有政府的引诱，被指控的公民是否会实施被指控的犯罪行为。圈套抗辩作为美国法上防范、控制执法引诱的一项实体法辩护事由，而非程序抗辩，是美国法律制度的一项创举，它既非英美普通法的传统规则，在大陆法系国家中也没有相应的对应物。④

圈套抗辩属于实体法的内容，因为其涉及的是被告人的罪责问题，直接

---

① 美国联邦法律体系和3/4以上的州采用主观标准，另外12个州采用客观标准，5个州采用混合标准。

② Bryan A. Garner. Black's Law Dictionary. New York：West Group，1999. 553－554.

③ Sorrells v. United States，287 U. S. 435（1932）.

④ Malvin Zalman. Criminal Procedure：Constitution and Society. New York：Prentice Hall，2002. 385.

关系到被告人有罪还是无罪，涉及被告人刑事责任豁免与否的问题。作为美国合法辩护（legal defense）[①] 的一种，圈套抗辩是在穷尽了刑法条文所规定的各项犯罪构成要件后，依然可以寻求无罪的一种实体辩护理由。这是美国法的独特产物，即使在同一法系的英国刑法中也没有圈套抗辩这种实体法抗辩事由，美国法发展出来的这种实体抗辩事由，被英国研究者认为是不符合普通法刑法传统的一项制度，[②] 英国和世界上其他国家对待违法的诱惑侦查行为的处理方法多为程序上的制裁，即非法证据排除规则或者终止诉讼程序，而并没有选择用美国的圈套抗辩的方式处理“警察圈套”的问题。但恰恰是对这一美国法的创造性做法，美国大法官在确立圈套抗辩的最早判例——索勒斯（Sorrells）案中并未详细解释为何将圈套抗辩确立为一种实体抗辩事由，这种无罪事由到底是从犯罪本体论还是从犯罪危害的角度出发得出的，对这些与刑法基础理论推演紧密相关的事项，判例中并未详细涉及。大法官给出的理由非常简单，“按照立法者的原有意图，不应当对被诱陷的被告人认定有罪”。[③] 既然圈套抗辩属于事实问题，那么在美国刑事诉讼中也就属于陪审团的职责范围。故圈套抗辩是否成立，是由陪审团而不是法官裁决的。圈套抗辩是被作为一项实体法事项在案件庭审当中处理的，而不是作为程序性事项，由法官的程序性裁决作出的，这一做法是与美国将圈套抗辩作为实体抗辩对待的特点紧密相联的。[④]

圈套抗辩在美国刑事司法实践中已存在百余年，自从联邦最高法院第一次公开承认圈套抗辩的判例，即 1932 年索勒斯案起，时至今日，联邦最高法

---

① 合法辩护在英美刑法上包含的内容十分广泛，包括未成年人、错误、精神病、醉态、被迫行为、“警察圈套”、安乐死、紧急避险、合法防卫等，其大致相当于大陆法系刑法中的违法阻却和责任阻却。根据英美刑法理论，刑法规范的运用是建立在一个普遍推定的基础之上的，即实施了符合法定犯罪要件行为的人被推定为是有实际危害和有责任的，因此控告一方只需要证明被告人的行为符合法定犯罪要件，即完成了证明有罪的任务。如果被告人一方在其行为符合法定要件的情况下要否定其刑事责任，那就应当说明他的行为没有实际危害或者没有主观责任，这就是刑法上的合法辩护。合法辩护的核心内容就是说明貌似犯罪但实质上不是犯罪的事实情况和理由。参见储槐植著：《美国刑法》，北京大学出版社 2005 年版，第 64 页。

② 关于英国法中对待“警察圈套”的详细做法详见后文“英国诱惑侦查的法律规制”的阐释。

③ 程雷著：《秘密侦查比较研究——以美、德、荷、英四国为样本分析》，中国人民公安大学出版社 2008 年版，第 208 页。

④ 长期以来，美国诉讼理论认为圈套抗辩所涉及的主要问题是一种事实问题（而不是一项法律争议），因为圈套抗辩的核心争论是犯罪倾向性问题，这主要涉及对被告人可信度的判断，从本质上看，许多案件中圈套抗辩的争议是政府方还是被告人更值得信赖的问题，由于陪审团具有审理可信度问题的丰富经验，因此陪审团也就成为判定被告人是否存在犯罪倾向性的合适人选。

院先后讨论了六起涉及圈套抗辩的判例,[①] 确立了圈套抗辩在美国刑事法中的地位，在此期间，美国各级法院也有众多判例的堆积，经过反复斟酌，已经发展出一套自成体系、前后连贯的“圈套抗辩法理”（Law of entrapment），相关法官对圈套抗辩的阐释以及无数学者对其的争论和释疑所形成的资料蔚为壮观，有关法律规定十分复杂，从法律依据的形式来看，在联邦法律系统中主要是判例法，迄今为止，美国联邦系统没有关于圈套抗辩的成文法，而在各州的地方法律体系中，圈套抗辩的法律渊源既有判例法，也有制定法。从圈套抗辩的内在规定来看，又存在着主观标准与客观标准的分歧。

（二）正当程序抗辩——圈套抗辩的必要补充

现如今对待违法的诱惑侦查行为，联邦法院与大部分州采用的是主观标准的圈套抗辩，但这并不意味着圈套抗辩的判断标准就只关注被告人的主观方面，对警察的诱惑行为无论多么“令人不可容忍”，法院都无权干预。为了弥补主观标准上的明显缺陷，在承认主观标准的大部分法院，都认可另外一种与客观标准相似，但又不同于客观标准的抗辩方式，即警方行为令人不可容忍（outrageous）的正当程序抗辩。如所有联邦法院都已经承认如果政府方行为的确应该遭受谴责，根据单独存在的正当程序抗辩可以驳回起诉。[②]

正当程序抗辩起源于伦奎斯特大法官在1973年拉塞尔（Russell）一案中提出的法官意见。[③] 在该案的判词中，伦奎斯特大法官提出的一种“预见”为正当程序抗辩奠定了基础：“如有一天，在我们面前的案件中，如果执法人员的行为是令人不可容忍的，正当程序原则就要求我们绝对地禁止政府方通过这种行为追诉被告人有罪。”[④] 尽管联邦最高法院并未就政府行为“令人不可容忍”的具体内涵与界限作出进一步的解释与限定，伦奎斯特大法官的“如有一天”的论断对正当程序原则进行了扩充并对法院进行了授权，使法院有权对警察与其他政府人员的行为进行监控、约束。[⑤] 下级法院使用“令

---

① 美国联邦最高法院先后讨论的六起涉及圈套抗辩的判例是：1932年索勒斯诉美利坚合众国案（Sorrells v. United States），1958年谢尔曼诉美利坚合众国案（Sherman v. United States），1973年美利坚合众国诉拉塞尔案（United States v. Russell），1976年汉普顿诉美利坚合众国案（Hampton v. United States），1988年马修斯诉美利坚合众国案（Mathews v. United States），1992年雅各布森诉美利坚合众国案（Jacobson v. United States）。

② Fred Warren Bennett. From Sorrells to Jacobson: Reflections on Six Decades of Entrapment Law, and Related Defense in Federal Court. Wake Forest Law Review, 2002(4): 17-25.

③ United States v. Russell. 411 U. S. 423, 425(1973).

④ United States v. Russell. 411 U. S. 423, 425(1973).

⑤ United States v. Archer. 486 F. 2d 670.

人不可容忍”的正当程序抗辩多次补充了圈套抗辩在适用主观标准时所存在的内在不足。因为正当程序抗辩关注的是政府方行为的适当性，这正好与圈套抗辩的主观标准关注行为人的犯罪倾向、主观心态遥相呼应。而且在大多数司法区域，法院并不禁止被告人同时提出主观标准的圈套抗辩与政府行为过度的正当程序抗辩。[①]

根据美国几个联邦巡回法院的判例法，警方行为过度的正当程序抗辩仅适用于政府方行为极度令人不可容忍、野蛮无耻以至于侵犯了人们对公正的普遍看法的情况。[②] 由于最高法院以及下级法院对“令人不可容忍”附加了异常严格的限制条件，使得这一抗辩在实务中的适用率不高。在司法适用过程中，有两项因素是支撑这一抗辩的核心内容，即政府人员制造犯罪与政府方使用了重大的压迫手段，这种苛刻的成立条件使得正当程序抗辩成为最严格的一种抗辩形式。[③]

正当程序抗辩与圈套抗辩具有“近亲”关系，但相互之间是独立的。联邦法院曾在判例中将二者进行了一定的区分，“以政府行为令人不可容忍而提出的正当程序抗辩，其获得成功必须是针对那些过度行为显然已经超过了诱惑侦查行为所能承受的范围，尽管少数派所主张的圈套抗辩客观标准与正当程序抗辩之前的区分十分微妙，但法院的大多数法官已经明确表示正当程序抗辩作为宪法性抗辩只有对那些最令人难以容忍的政府行为才可以适用”。[④] 警方行为令人不可容忍的正当程序抗辩由于对诱惑侦查中警方行为给予了关注，在一定程度上体现了圈套抗辩客观标准的内在机理，因此大多数法院都允许适用正当程序抗辩来补充圈套抗辩的不足。

（三）圈套抗辩的判断标准之一——主观标准

在 1932 年美国联邦最高法院审理的首例承认圈套抗辩的索勒斯一案中，多数派法官主张使用主观标准检验圈套抗辩是否成立，自此之后直至 1992 年的杰克波森案，主观标准始终作为主流观点统治着美国联邦最高法院对圈套抗辩的判断进程。

---

① Kenneth M. Lord. Entrapment and Due Process：Moving Toward A Dual System of Defense. Florida State University Law Review，1998（1）：29 – 37.

② United States v. Ryan，548 F. 2d 782，789.

③ Fred Warren Bennett. From Sorrells to Jacobson：Reflections on Six Decades of Entrapment Law，and Related Defense in Federal Court. Wake Forest Law Review，2002（4）：17 – 25.

④ United States v. Restrepo，930 F. 2d 705.

1. 何谓主观标准

考察美国诱惑侦查的历史发展，我们不难发现，在19世纪美国多个地方法院就开始酝酿并承认圈套抗辩，但是美国联邦最高法院首次承认圈套抗辩的合法性的判例是1932年的索勒斯案，该案确实具有开启先河的历史地位。

索勒斯案的基本情况是，在1932年美国禁酒法时期，有一名警察化装成旅游人员找到索勒斯，在两人聊天中，警察知道索勒斯和其在第一次世界大战时在同一支部队，同时发现索勒斯能够弄到威士忌酒，于是便借战友情谊，再三纠缠索勒斯，要求其提供威士忌。索勒斯虽然极不情愿，但难违战友之情，最终提供了威士忌，但随即遭到逮捕。① 一审和二审都对索勒斯作出了有罪判决，但联邦最高法院的大法官却认为是政府制造了犯罪，遂作出了撤销原判，发回重审的裁决，从而首次以判例确认了“圈套抗辩”，并使该案成为圈套抗辩成立的标准判例，即凡是符合这一判例标准的被告人，一律按照无罪判决。

虽然索勒斯案最终是以“主观派”的主观标准确认圈套抗辩的，但是以布兰代斯、斯通和罗伯斯为代表的“客观派”与“主观派”进行了针锋相对的论争，从而形成了“客观标准”。两种标准的争论一直延续至今，并在美国的立法和司法实践中产生了巨大的影响，尽管现在美国各法院全部承认圈套抗辩，但是在遵循主观标准还是客观标准方面是存在分歧的，无论是采取主观标准还是客观标准，其判决依据与法理基础都源自于索勒斯一案中大法官们提出的两派意见。

对上述案件作出判决25年后的1958年，美国联邦最高法院在审理谢尔曼案件时再次遭遇圈套抗辩，此案依然存在主观标准与客观标准的争论，最终联邦最高法院再次以5:4的比例确认了主观标准的主导地位。该案促使美国联邦最高法院进一步评估有关圈套抗辩两种观点的优劣。

1958年的谢尔曼（Sherman）案的基本情况是②：美国联邦调查局的一名线人在一家医院进行戒毒治疗时，在与一起治疗的人员谢尔曼聊天中取得对方信任，并多次要求谢尔曼为其提供毒品吸食，谢尔曼并没有答应，而是推辞说弄不到，经过线人的多次要求，谢尔曼为他提供了几包毒品，随即谢尔曼遭到逮捕。地方法院判决谢尔曼有罪，后被联邦最高法院撤销。

通过以上两个判例，美国联邦最高法院确立了以“索勒斯—谢尔曼准则”为代表的主观标准说，其核心内容是成立圈套抗辩的前提为被告人对于

---

① Sorrells v. United States, 287 U.S. 435(1932).

② Sherman v. United States, 356 U.S. 369 (1958).

被引诱的犯罪活动没有犯罪倾向性（predisposition）。[1] 只要能够证明被告人具有犯罪倾向性，则说明并非是政府的引诱导致了犯罪的发生，而是被告人本身就具有犯罪的意图，政府方的引诱仅仅意味着为被告人提供了犯罪的机会和便利而已，不足以影响其刑事责任，圈套抗辩不能成立。反之，如若能够证明被告人的主观心态中没有犯罪的意图或者意愿，就可以进一步说明若非政府方的引诱与鼓动，被告人根本不会实施被指控的犯罪行为，也就不应该受到刑法的惩处。

法院在索勒斯一案中明确承认圈套抗辩可以作为合法辩护事由而免除被告人刑事责任的同时，也为确认“警察圈套”的成立树立了一定的标准。在索勒斯一案的判决中，法院认为成立圈套抗辩必须表明，“被告人的犯罪行为是在政府方引诱下产生的，政府方向被告人的观念中移植了犯罪意图，且为了指控其犯罪，引诱其实施了相关犯罪活动”，[2] 更为细致地来讲，法院认为在具体案件中判断是否成立圈套抗辩需要经过两个步骤：首先判断政府方是否具有引诱行为，然后再判断被告人是否具有犯罪倾向性。只有同时满足上述两个要件后，圈套抗辩才是成功的，同时说明警方的诱惑侦查行为是违法的，即构成“警察圈套”。

诱惑侦查首先就要有诱惑行为，也就是美国的引诱行为（inducement），但是在美国司法实践中引诱行为不仅仅限于中文“引诱”一词所表达的勾引、诱惑的意思，还包括了强迫、利诱、利用感情等更多的含义，总之所有政府方对公民犯罪所实施的诱发、鼓动行为都可以纳入到“引诱”中来，故此处的“引诱”行为宜采用广义上的理解，是指政府人员实施的使不具有犯罪倾向的公民实施犯罪的各种活动，这种引诱可能来自于侦查人员对被告人的劝说、使用虚假代理身份、威胁、强迫手段、骚扰、许诺、承诺、同情或友谊等多种原因。[3]

相对于简单、明了的“引诱”要素而言，犯罪倾向是圈套抗辩中更为核心的问题，美国联邦最高法院曾在判例中明确指出，犯罪倾向（predisposition）是判断圈套抗辩的主要因素。[4] 主观标准是建立在如下一个假设基础上

① 所谓“犯罪倾向性”，是指在圈套抗辩中，被告人实施被指控的犯罪行为的倾向，即他是否已经准备好或者乐于实施犯罪活动；它集中要解决的问题是在政府方接近被告人之前，被告人的主观心态。

② Sorrells v. United States, 287 U. S. 435(1932).

③ United States v. Mendoza - Salgado, 964 F. 2d 993,1004.

④ United States v. Russell, 411 U. S. 423, 433 (1973).

的，即对于被引诱犯罪之人，应当区分为“轻率的无辜者”（unwary innocent）与“轻率的罪犯”（unwary criminal）。如果被引诱人事先没有所谓的犯罪倾向，他就属于“轻率的无辜者”，只是由于轻率地掉入了政府方的圈套而实施了犯罪行为，圈套抗辩保护这些原本无辜之人不受刑罚的错误处罚；如果被引诱人事先具有犯罪倾向，他就属于“轻率的罪犯”，由于其早就具有犯罪的准备或者意图，政府方的引诱仅仅是为其提供了其乐于见到的犯罪机会，因此其不能以政府引诱为由提出圈套抗辩，也就是说其应当对其犯罪行为承担相应的刑事责任。只要有证据证明被告人早已有准备或者有意图在适当的机会到来时实施某种犯罪活动，就应当认为被告人具有犯罪倾向，从而不能认为其犯罪是被警方诱陷引发的。①

对于犯罪倾向的具体内容，即所谓的犯罪倾向是对一般犯罪的内心倾向还是针对实施具体犯罪的犯罪倾向，迄今为止在联邦最高法院的判例中并没有明确的说明。实践中，各州法院以及联邦巡回法院在这一问题上的看法也各不相同，如联邦第二、第六巡回法院在判例中认为，证明被告人具有犯罪倾向，无须证明被告人具有实施某一被指控的特定犯罪的犯罪意图，而只需能够证明被告人具有犯罪的一般意图即可；而第十巡回法院以及其他一些州法院则认为，具有犯罪倾向性的被告人必须具有实施某一具体特定犯罪的犯罪意图。实践中大多数法院均要求需要有相当充分的证据证明被告人实施某一特定犯罪的意图，才能说明被告人具有相应的犯罪倾向。②

对于犯罪倾向形成的时间，美国联邦最高法院在杰克波森案中有明确的要求，即对于犯罪倾向的验证时间必须在执法人员首次接触被告人之前，③也就是说，不能使用多次接触、多次引诱的方式“培养”其犯罪倾向。在该案中联邦执法人员从 1985 年开始注意到被告人并开始贴近被告人，对其进行调查，在 1987 年执法人员引诱被告人购买相应的违禁刊物。在该案中法院认为，有证据表明 1987 年对被告人实施引诱时，被告人具有犯罪倾向，但没有证据表明在 1985 年执法人员最初接近被告人并对其展开调查时，被告人就已经具备了犯罪倾向。政府方没有证据表明 1987 年时被告人的犯罪倾向独立于政府自 1985 年起关注被告人的一系列活动，④ 也就是说被告人原本有可能没

---

① United States v. Jannotti, 673 F. 2d 578, 604.

② Kenneth M. Lord. Entrapment and Due Process: Moving Toward A Dual System of Defense. Florida State University Law Review, 1998(1): 29 - 37.

③ United States v. Jacobson, 503 U. S. (1992).

④ United States v. Jacobson, 503 U. S. (1992).

有犯罪倾向，在政府方长达两年多的不懈引诱、劝说下才具备了犯罪倾向。①

2. 主观标准的局限性

基于不同的历史时期，立法者进行了不同的价值选择。由美国诱惑侦查部分历史可知，在美国20世纪初与现代的立法者对于刑事司法体制的价值目标有所不同，用当今的打击犯罪与保护人权这对刑事诉讼的基本价值取向来剖析，显然主观标准有忽视规制政府执法行为之嫌，且过于苛刻地对待被告人的主观心态，被告人成功利用圈套抗辩的可能性相对较小，故主观标准在保护人权方面略显不足。由于主观标准的历史局限性，理论界和实务界对其不足提出的意见概括起来主要有以下两点：

第一，主观标准仅仅关心被引诱人的犯罪倾向，一旦能够证明犯罪倾向存在，警察实施任何过度的欺骗、哄骗、强迫以及任何诡计都是被允许的，这实际上是授权警察应用一种“任何手段都可以”的做法（Who Care Rule），② 即警方可以使用任何其认为适当的手段对具有犯罪倾向性的被告人进行侦查。③

第二，对主观标准的证明，联邦最高法院根据判例指出：“被告人如果使用圈套抗辩，就不能抱怨对其自身行为与犯罪倾向所进行的适当调查。如果因为这种调查，使得被告人承受了某种不利，这也是其自身选择的结果”。④ 因此，圈套抗辩的提出将不可避免地引入有关被告人的品格证据、名誉方面的证据，如先前犯罪记录、不道德行为的记录等。这些证据的使用将会对被告人造成偏见，而且相关的证据规则不能适用，如传闻证据规则的适用会受到限制。此外，根据英美证据理论的一般要求，被告人应提出一定的证据证明其主张，由于被告人很难证明自己在没有诱惑的情况下不会实施被指控的犯罪，所以司法实践中圈套抗辩极少成功。⑤

（四）圈套抗辩的判断标准之二——客观标准

1. 何谓客观标准

与主观标准考察被告人的犯罪倾向相对应，客观标准考察的是警方诱

---

① 程雷著：《秘密侦查比较研究——以美、德、荷、英四国为样本的分析》，中国人民公安大学出版社2008年版，第217～218页。

② 卞建林译：《美国刑事诉讼法》，中国政法大学出版社2004年版，第328页。

③ Fred Warren Bennett. From Sorrells to Jacobson: Reflections on Six Decades of Entrapment Law, and Related Defense in Federal Court[J]. Wake Forest Law Review, 2002(4): 17-25.

④ Sorrells v. United States, 287 U.S. 435(1932).

⑤ ［美］彼得·G. 伦斯特洛姆著：《美国法律辞典》，贺卫方译，中国政法大学出版社1999年版，第162页。

侦查的诱惑程度。客观标准说认为，圈套抗辩成立不应取决于被告人是否具有犯罪心理倾向，而应当以警方诱惑侦查行为所采取手段的诱惑程度为尺度。如果该手段所具有的诱惑程度足以诱使一个没有犯罪心理倾向的人实施被诱惑的犯罪行为，那么该诱惑侦查行为就构成“警察圈套”。客观标准在少数州的判例法与制定法、①《美国模范刑法典》、《美国联邦刑法改革委员会刑法草案》、《参议院秘密侦查审查委员会最终报告》中都得到了采用。

客观标准从产生渊源上来看与主观标准是相伴而生的，在同样是奠定主观标准的索勒斯案以及后续的谢尔曼案中，客观标准作为少数派法官的反对意见也得到了明确的阐释。② 之所以要提出客观标准，根据索勒斯一案的少数派法官罗伯斯（Roberts）、布兰代斯（Brandeis）、斯通（Stone）的意见，认为这是为了“确保警察及其侦查行为的纯洁性这一公共政策”，根据这一观点，圈套抗辩一旦被提出，审查的仅仅应是警察的引诱行为，而被告人在被诱惑之前有无犯罪倾向与圈套抗辩成立与否是无关的，所以客观标准检验方法集中关注警方引诱行为，而不关心被引诱人的犯罪意图与主观心态，所主要解决的问题是判断警察的引诱行为是否超过了应有的界限，足以使得普通守法公民都会被引诱实施犯罪。在许多实行客观标准的司法区，判断是否成立圈套抗辩的客观标准往往被表述为：执法人员的行为是否带来巨大的风险，不仅使得早已准备犯罪的人，而且连普通公民都可能实施被引诱的犯罪。③ 而参与审判谢尔曼案的少数派法官弗兰克福特也认为，采用客观标准有助于树立公众对司法机关公正裁判的信心，并认为客观标准与主观标准相比有三点优势：一是它更有客观性，便于操作；二是它更有助于规范警察的侦查行为；三是它有助于减少对那些有犯罪前科的被告人的严重偏见。

---

① 根据2002年美国学者的统计，采用客观标准的州共有12个，分别为阿拉斯加、阿肯色、科罗拉多、夏威夷、堪萨斯、犹他、宾夕法尼亚、得克萨斯、艾奥瓦、密歇根、佛蒙特、纽约，参见Paul Marcus，The Entrapment Defense（3d ed），2002，p. 174。从基本发展情况来看，大多数采用客观标准的州，其法律依据都是制定法，判例法依据为少数；另外大部分采用客观标准的州采用客观标准都是受《美国模范刑法典》中的规定和谢尔曼案中反对满腔热情法官意见的影响，但近年来采用客观标准的趋势渐渐退去，有学者分析认为，其原因大概是因为美国联邦最高法院持续不断地坚持、强化主观标准所致。参见Kenneth M. Lord，Entrapment and Due Process：Moving Toward A Dual System of Defense，25 Florida State University Law Review，Spring 1998.

② Fred Warren Bennett. From Sorrells to Jacobson：Reflections on Six Decades of Entrapment Law，and Related Defense in Federal Court. Wake Forest Law Review，2002(4)：17－25.

③ Fred Warren Bennett. From Sorrells to Jacobson：Reflections on Six Decades of Entrapment Law，and Related Defense in Federal Court. Wake Forest Law Review，2002(4)：17－25.

2. 经典案例

除了索勒斯案、谢尔曼案外，通过以下两起经典判例，我们也可以认识到法官在确定“警察圈套”时，斟酌权衡客观标准的程度渐渐加强，甚至也在左右案件的判决。

经典判例一：1973 年的拉塞尔（Russell）案。[1] 在该案中，侦查机关为了破获制造毒品的犯罪组织，向拉塞尔等被告人提供了一些制造毒品必需的原料和器材。当被告人利用这些原料和器材制造出毒品以后，即被侦查机关以制造、贩卖毒品为由逮捕和起诉，一审判决被告人有罪。在上诉审中，美国第九巡回法院认为，“针对刑事指控的法律辩护，作为法律事务，可以建立在政府参与犯罪已达到无可容忍的程度的基础之上，也即政府参与犯罪计划的程度已超过被容许的限度就可成立圈套抗辩”。据此，第九巡回法院撤回了有罪判决。联邦政府不服该判决而向联邦最高法院提起上诉。在审理过程中，拉塞尔引用了违法收集证据的排除法则，主张侦查机关参与犯罪并在犯罪中发挥了极大作用，从而认为对自己的起诉违反了法律的正当程序。联邦最高法院认为，虽然联邦侦查官员对已经进行的犯罪提供了制造毒品的原料，但执法机关的行为尚未违反宪法第五修正案的正当程序条款，被告人在政府侦查官员介入之前及退出之后均积极参与犯罪，因此难以认定政府的侦查活动是违反正当程序的，并且被告人也承认事先具有犯罪意图，因此警方行为不构成“警察圈套”，被告人的圈套抗辩不成立。

尽管在本案中，联邦最高法院最终判拉塞尔有罪，但美国第九巡回法院在认定“警察圈套”的标准时，视角已转向侦查人员本身的诱惑行为。因为在该案中，拉塞尔自己已经承认了事先具有犯罪意图，如果运用主观标准，判拉塞尔有罪根本无须争论。但美国第九巡回法院在此基础上进一步地对警方诱惑行为的强度进行了审查，这表明仅仅沿用一套标准来针对诱惑侦查行为所引起的不同类型、不同形态的犯罪是不适宜的。

经典判例二：1978 年的特维格（Twigg）案。[2] 在本案中，美国缉毒局的侦查人员要求一名被判有罪的重刑犯库比查（Kubica）与当局合作，并允诺以减轻惩罚作为合作的回报。库比查在当局的要求下联系上老友内维尔（Nevile），并向后者建议建立一家工厂生产毒品。内维尔表示很感兴趣，又向库比查介绍了特维格，而特维格为了偿还对内维尔的债务同意参与此事。

---

① United States v. Russell, 411 U. S. 423(1973).

② United States v. Twigg, 588F. 2d 373(1978).

当局向库比查提供了制造毒品用的器皿和一种极难找到而又不可缺少的制毒原料，还安排了一些化学原料供应处以便他们购买其他原料。并且，当局还提供了一处偏僻的农场房屋作为建立加工厂的地点。在整个生产过程中，库比查负责了所有生产技术并主导了全局，而不具有化学知识的两被告人在制造过程中仅依库比查的指示而居于帮助者的地位。不久，制造毒品的内维尔和特维格因库比查的通报而被逮捕。被告人不服地方法院的有罪判决而向联邦第三巡回法院提起了上诉，联邦第三巡回法院认为政府对案件的介入已经明显达到了“令人无法容忍的程度”。

3. 客观标准的局限性

尽管客观标准具有种种优点，但过于孤立和教条地考察警方的诱惑行为程度是不妥的，对客观标准的反对意见概括起来包括：

第一，客观标准无视被告人实施犯罪行为的意图，即犯罪行为的有责性，而仅关注执法人员的诱惑行为程度，这将最终开释那些残酷的犯罪人，从而以削弱刑事司法体制的威慑效应为代价。

第二，客观标准所强调的公共政策的立论值得怀疑，联邦最高法院一直以来并不愿意通过制定单独适用的规则对执法行为与起诉行为进行监控，在这种情况下，如果联邦最高法院适用客观标准，那些对执法引诱程度的限制条件能否在法院发挥作用值得怀疑。即使最高法院就警方引诱行为的手法规定了一些限制条件，执法人员对于如何使用以及对谁使用引诱手段仍然具有不受限制的裁量权。① 这种司法控制的目的同样很难达到。

第三，客观标准中警方诱惑程度是否过度无法衡量，证明程度的正确性值得怀疑。在判断警方诱惑行为是否过度过程中，经常出现警察与被告人之间的一对一证据，警方诱惑程度这一客观标准事实争议的可信性比被告人犯罪倾向的证明程度更差，而在证明主观标准的过程中，关于犯罪倾向的证据与证明过程，相比而言显得更为可信。②

（五）圈套抗辩的判断标准之三——混合标准

由于主观标准与客观标准各有利弊，美国的部分州法院尝试混合使用两种标准，以求更合理地规制诱惑侦查，如新墨西哥州和新罕布什尔州都通过司法宣言的方式采用混合型圈套抗辩，而北达科他州、印第安纳州、佛罗里

① Fred Warren Bennett. From Sorrells to Jacobson: Reflections on Six Decades of Entrapment Law, and Related Defense in Federal Court. Wake Forest Law Review, 2002(4): 17-25.

② Fred Warren Bennett. From Sorrells to Jacobson: Reflections on Six Decades of Entrapment Law, and Related Defense in Federal Court. Wake Forest Law Review, 2002(4): 17-25.

达州、新泽西州都公布了适用混合标准的制定法。[①]

1. 复合式混合标准

根据各自的价值取向不同，混合两种标准的方式也相去甚远。混合型标准又可以细分为“复合式混合标准”（composite hybrid approach）与“分离式混合标准”（discrete hybrid approach）。[②] 所谓“复合式混合标准”，是指被告人主张圈套抗辩时，必须同时满足主客观标准两个标准。适用这一标准时，被告人首先需要表明警方的诱惑行为超过限度，足以使普通人犯罪；其次被告人还需证明本人不具有犯罪倾向。该标准的适用实际上增加了被告人主张圈套抗辩的负担，使得圈套抗辩的成立更加困难，适用这种标准很难达到兼采主客观标准之长。目前，包括印第安纳州、新泽西州、新罕布什尔州在内的三个州适用这种标准。

2. 分离式混合标准

所谓“分离式混合标准”，是指只要被告人能够证明主客观两种标准之一成立，即可以成功主张圈套抗辩。这种“分离式混合标准”是一种创新模式，适用这种标准非常有利于被告人的利益，它给予了被告人主张圈套抗辩更多的自由度；这种混合两种标准的方法可以更多地吸收主客观两种标准的长处与优点。例如，被告人成功地主张圈套抗辩，既可以通过表明缺少犯罪倾向而达成，也可以通过证明警方的行为超过了适当调查行为的限度而实现。目前，新墨西哥州、北达科他州与佛罗里达州均适用这种混合法。但这种标准也并非尽善尽美，如在这种混合标准下，在被告人选用主观标准寻求圈套抗辩时，相关易产生偏见的证据依然可以影响到对事实的裁决；同时对于客观标准的质疑，“分离式混合标准”同样很难合理回答，因为适用这种混合法同样要因为政府引诱行为的不当而开释那些乐于犯罪的被告人。[③]

二、美国规制诱惑侦查的成文规定

由美国规制诱惑侦查法理部分我们不难发现，美国联邦最高法院及其各个州法院是利用圈套抗辩或者正当程序抗辩来对抗违法的诱惑侦查行为

---

① Kenneth M. Lord, Entrapment and Due Process: Moving Toward A Dual System of Defense, 25 Florida State University Law Review, Spring 1998.

② Kenneth M. Lord. Entrapment and Due Process: Moving Toward A Dual System of Defense. Florida State University Law Review, 1998(1):29－37.

③ Kenneth M. Lord. Entrapment and Due Process: Moving Toward A Dual System of Defense. Florida State University Law Review, 1998(1):29－37.

（“警察圈套”），从而形成判例，在判例的讨论中形成各种标准以及制定法，明确“警察圈套”的构成标准，从而形成一系列较为完善的诱惑侦查法律规制，由此影响到侦查实践部门制定相应的规定以规范诱惑侦查行为。

（一）制定法中关于诱惑侦查的成文规定

在美国司法实践中对诱惑侦查的法律规制产生深远影响的制定法当数《美国模范刑法典》中的成文规定，其中对客观标准的规定成为许多司法区确定违法诱惑侦查行为的模板。在《美国模范刑法典》总则部分关于刑事责任的一般性条款中规定了有关诱惑侦查的问题，分为以下三款：

（1）公共执法人员或与其合作的个人，为了获取犯罪证据而引诱或者鼓动他人实施相应的犯罪活动，如果通过如下方式进行，则构成“警察圈套”行为：①明知性地使用虚假授权诱使他人相信某行为不为法律所禁止；②在使用劝说或者引诱方法时，带来巨大的风险，使得并不准备实施犯罪的普通公民都可能实施被引诱的犯罪行为。

（2）除本条第3款外，如果被起诉人能够以优势证据证明他的行为是因执法人员的“警察圈套”行为引起的，被起诉人应被无罪释放。圈套抗辩问题应由法庭在陪审团不在场的情形下进行审理。

（3）本抗辩不适用于涉及身体伤害或威胁进行身体伤害的犯罪，但针对诱惑人实施的身体伤害犯罪除外。

根据《美国模范刑法典》的解释部分，本条第1款规定了在两种情形下成立圈套抗辩，其中第二种情形就是典型的对客观标准的适用，强调了如果执法机关使用的诱惑侦查手段超过了普通公民的承受度，则构成圈套抗辩。《美国模范刑法典》的制定者进一步强调在证明圈套抗辩的过程中不允许使用品格证据，以防止对被告人审判造成偏见。第2款规定了客观标准适用时的证明责任与证明标准，被告人应当以优势证据证明执法人员的诱惑行为过度，圈套抗辩的争议由法官审理，而不是像主观标准适用时由陪审团负责审理。第3款规定了圈套抗辩不可适用于身体伤害案件。①

（二）违法诱惑侦查（“警察圈套”）的构成标准

根据圈套抗辩理论，“警察圈套”的构成要件是：

1. 诱使者的身份

必须是警察或者其他司法人员，或者他们派出的“耳目”。一般公民不

---

① 程雷著：《秘密侦查比较研究——以美、德、荷、英四国为样本的分析》，中国人民公安大学出版社2008年版，第225~226页。

能作为诱使者——圈套的设计人，如果一个普通公民诱使他人犯罪，被诱使者不能以“诱惑侦查过限”为理由进行合法辩护，因为这构成了共同犯罪。

2. 诱使者的行为

警察、司法人员或者他们的代理人不仅仅是提供了犯罪机会，还必须以积极行为去诱使被告人实施犯罪。这是构成诱惑侦查过限的客观条件。

3. 被告人的心理状态

被告人本来是无辜的，其犯罪念头是受司法人员的引诱而萌发的，并不是先前就有的，这是构成诱惑侦查过限的主观要件。

以上三个要件中，重点是主观要件，即考虑被告人事先有无犯罪的意图或倾向。尽管犯罪倾向在主观检验方法中具有至关重要的作用，但美国最高法院并没有明确说明在考虑、判断是否具有犯罪倾向时应当参考哪些因素。① 为了更好地把握这一要件，美国的一些州法院在以往的判例中对证明犯罪倾向存在与否需要考虑哪些方面的证据作了一些不完备但十分有益的探索。② 其中最详细的首推美国第十巡回法院在美利坚合众国诉迪奥案（United States v. Dion）判例中提出的十项判断标准：

（1）被告人对其面临的诱惑行为是否积极地准备并作出回应；

（2）被告人在从事不法行为时所处的客观环境；

（3）在侦查代理人向被告人作出实施某种犯罪的劝说之前被告人的心理状态；

（4）被告人是否持续实施了与其被指控犯罪相似的行为；

（5）被告人是否对被指控的犯罪事先做好了充分的准备；

（6）被告人的品格；

（7）被告人与侦查代理人在协商时的行为；

（8）被告人是否在其他场合拒绝过类似行为；

（9）被指控犯罪的性质；

（10）侦查代理人诱惑行为的强制性程度与被告人的犯罪背景。③

---

① Fred Warren Bennett. From Sorrells to Jacobson：Reflections on Six Decades of Entrapment Law，and Related Defense in Federal Court. Wake Forest Law Review，2002(4)：17－25.

② 例如，第七巡回法院在判例中确立了五项参考因素：（1）可以使用被告人品格、声誉证据，包括先前犯罪记录证明；（2）执法人员是否为首次向被告人进行引诱（被告人就上钩）；（3）被告人是否为了牟利而实施犯罪活动；（4）是否有证据表明被告人起初不愿意参加犯罪活动，只是禁不住执法人员的反复引诱与劝说才实施了犯罪；（5）警方实施引诱的方式、性质。

③ United States v. Dion，476 U. S. 734（1986）.

总之，在美国司法界运用得较为普遍的证明犯罪倾向的证据主要有以下几种：

（1）过去类似的行为（Similar Past Acts）。这种“类似”包括行为在性质上的相似性及时间上的紧凑性，即被告人在过去是否有过相似的犯罪记录，这一点可能作为被告人有无犯罪倾向的证据而被法官采信。

（2）被告人对诱惑行为的反应及是否抓住了放弃被指控犯罪的机会（Response to the Inducement and Opportunity to Withdraw）。

（3）被告人的后继行为及言论（Subsequent Acts and Statements）。如果被告人在实施被诱惑犯罪以后，又继续实施了相似的犯罪行为，那么这也表明了被告人有犯罪倾向，当然这种所谓的后继行为也应该在种类上与被指控的犯罪相似，在时间上也应与被指控的犯罪的实施时间相近。

（4）被告人的名声与传言（Defendant's Reputation and Hearsay）。

（5）被告人实施犯罪的能力（Defendant's Ability to Commit the Crime），即被告人实施被指控犯罪的技艺性及专业性。如果被告人很容易就完成了被诱惑之犯罪，如被告人能在相当短的时间内交给“诱惑者”大量的毒品，那么往往就会认为其具有从事毒品交易的犯罪倾向。

上述各种因素只是法院为了进一步细化犯罪倾向的判断标准而给出的一种参考性指标，具体到个案的适用还需要分别根据案情进行判断，而不能机械地认为满足其中一项或几项条件，就可以径行判定被告人有或没有犯罪倾向。同时，法院判例也在不断地修正有关的判断标准，判断犯罪倾向的法律依据也是一个动态的变化过程，如联邦最高法院在杰克波森案中判定仅仅有证据证明被告人杰克波森有常年的吸毒行为，并不能作为认定其具有贩毒犯罪内心倾向的根据，证明犯罪倾向的先前行为必须是犯罪活动的证据。①

（三）司法部门规范诱惑侦查行为的规定

在美国，作为历史的产物，传统法律并不对法律执行官员或者受雇人员在进行秘密侦查时应当遵守的诱惑程度规定相应的限制。② 与大陆法系国家不同，美国的法律不可能对诱惑侦查限定各种范围及实施原则，所以司法系统并不要求实施诱惑侦查必须以存在合理的根据怀疑某一特定的犯罪嫌疑人可能准备犯罪或者已经犯罪为前提。但是侦查实践部门为了规范诱惑侦查行为，以避免形成“警察圈套”，还是有内部规定的。

---

① United States v. Jacobson, 503 U. S. (1992).

② 林维业、许细燕主编：《犯罪侦查学》，中国人民公安大学出版社2000年版，第260页。

内部规定一：联邦司法部部长在给联邦调查局关于化装侦查的“内部指引”中要求，只有在下列两种情形下，才能为实施犯罪提供引诱：其一，根据耳目或其他方法获得的信息认为存在合理的迹象，侦查对象正在、已经或者很可能就要实施相似的犯罪活动的；其二，基于对于非法活动机会的安排有理由相信被提供这种机会的人注定要实施预谋的犯罪活动的。[①] 这种内部规定就对诱惑侦查的采用施加了一定的限制，即至少存在某种事实根据且行为人只有在已经存在犯意的前提下才能进行。

内部规定二：2002 年 3 月 30 日，美国司法部颁布了经过修改的《联邦调查局秘密侦查基准》（The Attorney General's Guidelines on Federal Bureau of Investigation Undercover Operations），[②] 其中 V 项即为“保护无罪的人免遭圈套”，明确规定必须满足如下两项限制中的一项，才能授权实施诱惑侦查：“有合理的迹象表明，对象正在、已经或将要进行受到提议的非法行动或类似非法行动；或从事非法行动的机会已经形成，因此有理由相信，任何人被提供了这样的机会，都会倾向于从事打算中的不法行为”，并且规定“这一选择性要求，尽管不是法定要求，仍然要求强制遵守，以确保政府不向那些没有事前倾向的人提供犯罪引诱，诱使其从事该犯罪”。正如有的学者指出，在开始一个秘密行动前要求有合理怀疑，不仅可以保护个人自由，而且可以在制止犯罪中使有限的执法资源得到更加合理和有效的使用。[③]

内部规定三：关于诱惑侦查实施原则的规定，早在 1978 年美国 FBI 成立的秘密侦查审查委员会（Criminal Undercorver Operations Review Committee），就试图通过内部监督机构的设置来积极地规制包括诱惑侦查在内的秘密侦查行为。1981 年 1 月美国司法部又制定了《关于秘密侦查的准则》（Attorney General's Guidelines on FBI Undercorver Operations），这一基本准则在不与宪法的合法诉讼原则及圈套抗辩之法理相抵触的情况下，明确规定了诱惑侦查手段的许可基准、申请程序和实施时间，实现了以法律制度对诱惑侦查的规制。该准则的 J 项“违法行为的机会设定和许可”（Authorization of the Creation of Opportunities for Illegal Activities）的主要内容为：

（1）所谓“警察圈套”，是指诱惑或鼓动他人实施违法行为的手段，其

---

① 金星著：《诱惑侦查论》，法律出版社 2009 年版，第 202 页。

② 美国司法部《联邦调查局秘密侦查基准》1976 年由总检察长李维创设，其后经历了 1983 年、1989 年、2002 年三次修改。

③ Jack B. Harrison. The Government as Pornographer: Governmentsting Operations and Entrapment. University of Cincinnati Law Review, 1993(2): 61.

实施应尽可能避免。

(2) 许可机关在审查实施诱惑侦查的申请时，除必须具备法律要件外，还应符合以下各项规定：

第一，犯罪嫌疑人必须明确其将要实施行为的违法性；

第二，具有必须实施诱惑侦查的合理证据和理由；

第三，犯罪嫌疑人将实施的违法行为的性质本身不具有任何因实施诱惑而不当的情节。

(3) 根据圈套抗辩理论，即使是在合法侦查时也没有发现足以怀疑特定的个人有即将或正在实施违法行为的合理迹象的情况下，也可以给予其具有诱惑性的实施违法行为的机会。但是除下列情况必须经秘密侦查委员会决定以外，未经长官书面批准的，不得实施：

第一，根据情报提供者及其他手段获得的情报，足以怀疑将被诱惑的对象有正在或即将、可能实施同类违法性行为的痕迹时。

第二，违法行为的机会，是指能够使被诱惑或被直接鼓动的对象足以相信有实施有计划性违法行为的可能性理由。

(4) 秘密侦查中，针对个人提供的诱惑机会及用其他方法诱使其违法行为的决定，必须基于执法上的考虑。①

三、美国诱惑侦查法律规制之简评

通过对美国诱惑侦查适用法理和成文规定的介绍，我们可以清楚地得出一个结论：在美国联邦法院以及各个州法院对诱惑侦查的法律规制是不同的，之所以形成这种“百家争鸣”的现象，笔者分析主要原因在于，基于不同的历史时期以及不同的辖区状况，各个司法辖区的立法者和裁决者对于刑事司法体制的价值目标具有不同的观念，所以才选择了不同的标准。用打击犯罪与保护人权这对刑事诉讼的基本价值取向来剖析诱惑侦查法理中的各种标准，我们大致可以发现，主观标准有忽视规制政府执法行为之嫌，且对待被告人的主观心态过于苛刻，在保护人权方面略显不足，成立圈套抗辩的可能性相对较小；而在客观标准下，又可能放纵惯犯、主犯，忽略考察犯罪人的个性，在打击犯罪方面逊于主观标准；复合式混合标准是成立圈套抗辩最为严格的一种标准，其最为欠缺保护被告人合法权益的本色；而分离式混合标准明显属于对被告人最为有利的一种圈套抗辩成立标准，同时难免因“重保护、轻

---

① 金星著：《诱惑侦查论》，法律出版社 2009 年版，第 204 页。

打击”的倾向而受到质疑。

随着时代的发展，当代美国无论是采取哪种标准的司法辖区对诱惑侦查的法律规制实际上都采取了折中之道。美国联邦最高法院在最近的杰克波森[①]（Jacobson）一案中，在判断犯罪倾向的过程中也开始考虑融入政府方引诱行为方面的因素；[②] 正当程序抗辩在大多数采用主观标准的司法管辖区得到承认并作为对主观标准的备用补充工具；混合式标准在几个州的出现都说明了这种折中之道的盛行。这种美国诱惑侦查法律规制的新发展主要体现在以下五个方面：

第一，合法性标准从单一考察被告犯罪倾向朝着综合犯罪心理和犯罪因果关系转变，这本质上是对犯罪发生的因果关系的终极关注。

按照主观标准的观点，确定警方的诱惑侦查行为是否构成“警察圈套”，犯罪倾向始终是法庭审查的核心问题。在1992年最高法院对于杰克波森案作出判决之前，犯罪倾向主要指一种主观心理状态，即被告人对于参与犯罪是否表示“愿意”。杰克波森案之后，犯罪倾向主要指被告人在没有政府引诱的情况下是否具有实施犯罪的“可能性”，尽管被告人面对政府的诱惑行为时明显表现出愿意实施犯罪，然而法庭的审查重点却在于被告人在没有政府诱惑行为的情况下，是否可能会犯罪？在杰克波森案之后，联邦法院对圈套抗辩的关注焦点逐渐偏离了被告人的主观心理状态或从事犯罪的主观意愿。其中，被调查对象参与犯罪的积极性或者是没有表现出不情愿，都不足以证明其具有犯罪倾向。在审查犯罪倾向时，法庭必须考虑，如果被告人没有受到政府的引诱，他是否一定会实施被指控的犯罪。在杰克波森案中，最高法院对于“因果关系”给出了影响深远的经典表述：“如果政府为了寻求定罪而导致一名本不会犯罪的守法公民被拘捕，而此人若就其自身条件而言，可

---

① United States v. Jacobson,503 U.S.（1992）. 本案的大致案情为：被告人杰克波森曾于1984年购买了两本含有未成年人或幼儿色情图片的杂志，此后的美国未成年人保护法令将购买含有未成年人色情内容杂志的行为视为非法行为。为了查处相应的购买未成年人色情刊物的犯罪活动，邮政局与海关机构开始对被告人设立圈套。起初，执法人员在两年半的时间里，不断地利用各种虚假的非政府组织的名义接近被告人，邀请其加入各种声张言论自由、性权利的社会组织，被告人也曾回应这些非政府组织的问卷，表明其对未成年人色情内容感兴趣。而后的几个月里，执法人员又再次邮寄给被告人两本有关未成人色情内容刊物的广告目录，被告人两次从执法机构虚假建立的公司购买这些含有未成年人色情内容的刊物，警方在对被告人住宅进行搜查时，也仅仅发现了执法人员以虚假名义出售给被告人的两本色情刊物，被告人并未收集任何其他的色情杂志。

② 1992年的杰克波森案是迄今为止联邦法院系统规制诱惑侦查的最新判例，也是目前判断圈套抗辩是否成立的最新判例法依据。该判例的历史意义突出表现在联邦最高法院再次肯定了主观标准的同时，开始引入客观标准的诸多因素。

能从来不会犯罪，此时就需要法庭的干预。”① 学者认为，杰克波森判例明确表明，最高法院明确承认因果关系是支撑圈套抗辩的基本原则，标志着圈套构成标准向因果关系的全面转变。②

第二，合法性判断方法从对被告人犯罪主观心理的单一审查，发展到全面审查被告人犯罪的主观心理和政府诱惑行为的关系。由于合法性标准的变化，所以导致判断方法的变化。按照杰克波森案确立的因果关系标准，为了认定某一被告人是否具有犯罪的倾向性，大多数法庭都采取“考虑所有情形检验方法”（the totality of the circumstances approach）来对此进行审查。“对有关政府引诱和犯罪嫌疑人非法行动的彻底审查，将会向事实裁判者提供一个所谓的圈套的完整的画面。”“‘考虑所有情形检验方法’关注一起特定案件的所有情形，而非任何一种因素。”③

第三，强调警方在采取诱惑侦查之前应具有合理怀疑。作为美国重要执法机构的联邦调查局，在其公告中对执法人员提出忠告，并且在2002年3月30日美国司法部颁布的经过修改的《联邦调查局秘密侦查基准》中都强调了警方在采取诱惑侦查之前应具有合理怀疑。从后来的侦查实践来看，杰克波森案的确促进了执法人员在确定侦查目标之前努力搜集合理怀疑的证据。

第四，提高政府对诱惑行为的证明责任，同时不孤立考虑警方的诱惑强度，认可一定程度的积极介入行为。这样做可以避免机械地限定诱惑侦查中警方介入程度的做法，既赋予了执法人员应有的能动性和应变性，又适应了打击毒品犯罪等隐蔽性、组织性犯罪的需要，同时也有利于避免政府部门不当的诱惑行为。

第五，更加注重对被告人权利的保护。具体表现在这一时期违法诱惑侦查案件的被告人利用“圈套抗辩”胜诉的可能性更大。

第二节 英国诱惑侦查法律规制

英国对诱惑侦查的法律规制依然选择其确立法律规则的传统做法——判例法的方式，即通过判例的积累，形成规制诱惑侦查的法理，这一点与美国

---

① Jacobson. 503 U. S. [S]. U. S:Supreme Court Documents, 1992. 553 – 554.

② J. Gregory Deis, Economics, Causation, and the Entrapment Defense. The University of Illinois University of Illinois Law Review. 2001.

③ W. H Johnson, Proving a Criminal Predisposition: Separating the Unwary Innocent from the Unwary Criminal. November ,1993 ,43 Duke LJ. 384.

是一致的。但是，具体的法理内容则表现出异于美国诱惑侦查的诸多特色。

特色一是英国在参酌了美国和加拿大的做法，并在欧洲人权法院的影响下，确立了独具特色的客观标准判断方法。

特色二是英国大法官在充分比较各国对诱惑侦查的制裁方式优劣的情况下，既没有采取德国的减刑说，也没有采用美国的实体抗辩方式，而是通过程序性制裁方式来终止诉讼。英国对该方式进行选择的斟酌过程对试图对诱惑侦查进行法律规制的国家而言，都具有很强的参考借鉴价值，颇有研究和引荐的意义。

一、英国规制诱惑侦查之法理特色

英国对诱惑侦查的法律规制经历了蜿蜒曲折的发展过程。其现代规制法理的形成是在20世纪最后20年随着1984年《警察与刑事证据法令》的通过，使法官在审判中拥有法定义务去排除像“警察圈套”这类有损程序公正的证据，从而开始探索规制诱惑侦查行为的合法性界限以及救济方式。这一探索进程随着英国1998年《人权法令》的生效以及欧洲人权法院审理诱惑侦查经典判例“卡斯特罗诉葡萄牙案”① 的出现，英国法院不得不以此对照本国法律，重新梳理调整有关诱惑侦查的规制方法，从而产生英国现代规制诱惑侦查的法理，这种现代的规制思想在2001年的卢斯利（Looseley）案中得到了最为集中与全面的体现，该判例是当今英国法院审理诱惑侦查案件的主要法律依据，在该案中，大法官对美国、澳大利亚、加拿大、欧盟各国的规制方法进行了比较研究，对英国诱惑侦查发展至今的各种判例、学说、见解进行了梳理，最终对诱惑侦查合法与否的判断标准与相应的制裁方式等进行了总结，形成了当代英国对诱惑侦查案件标尺性的判决。笔者立足于对卢斯利案的审理的全面介绍与分析，从而剖析英国规制诱惑侦查的法理特点。

（一）卢斯利案

本案为英国上议院对两件单独的案件所涉及的诱惑侦查相关问题进行合并裁决后形成的判决，两件案件分别为上诉人卢斯利案以及上诉人A－G案，英国理论界和司法界为叙述方便往往将该案简称为卢斯利案。该案的基本案情为，被告人卢斯利以及另一名被告人哈瑞斯被指控向名为罗伯（Rob）的秘密侦查人员出售海洛因。1999年，警方怀疑在吉尔福德（Guildford）地区有A级毒品交易，从而启动了诱惑侦查手段，行为的重点集中在一栋公共住

① Teixeira de Castro v. Portugal,（1998）28 EHRR 101.

所中，在该地点一名人员向秘密侦查人员罗伯提供了被告人卢斯利的名字以及联系电话，并暗示如果想得到毒品，可以给他打电话。罗伯随即打电话给被告人卢斯利并问其能否为自己买些毒品，被告人回答为可以，并告知罗伯如何去自己的公寓。在罗伯到达被告人卢斯利的公寓后，二者商量好了毒品交易的价格，随后他们乘坐罗伯的汽车前往另一被告人哈瑞斯的住处，在那里被告人取得了毒品并交给了罗伯。此后，罗伯又两次通过相同的手法从被告人处买得海洛因。卢斯利受到三笔毒品交易的指控。在刑事法院的审判中，被告人申请以滥用法庭程序为由而终止起诉，或者根据 1984 年《警察与刑事证据法令》第 78 条而排除警察罗伯的证据，审判法官作出裁定拒绝被告人的请求。卢斯利提起上诉，被上诉法院驳回。上议院赞同上诉法院和刑事法院的裁决。

与卢斯利案合并裁决的 A－G 案的案情如下：警探见到一个叫 S 的人，问他是否想买走私香烟，S 同意后成交，之后警探多次向 S 提供香烟，并劝说他为警探提供毒品。最后，S 想办法从其他处搞到毒品，随即遭到逮捕，被捕后 S 声称没有干过与海洛因有关的任何事，并且对此不感兴趣，他之所以卷入进来，是因为警探接近他，并且提出向他出售廉价香烟，搞到毒品只是给警探以回报。辩护人申请依据《警察与刑事证据法令》第 78 条排除秘密警察的证据并以程序滥用为由而终止起诉。审判法官以程序滥用为由准予终止，被告人被无罪释放。总检察长将如下法律问题提交上诉法院，以获得其见解："在涉及被告人受到秘密警察的鼓动而犯罪的案件中，由 1984 年《警察与刑事证据法令》第 78 条授予的司法裁量权和法庭以程序滥用为由而终止诉讼的权力，在多大程度上被《欧洲人权公约》第 6 章和欧洲人权法院的法理所修正?"上诉法院反对刑事法院的裁决，并将这一法律争点问题提交上议院。上议院多数法官认为刑事法院终止诉讼的裁决是正确的。[①]

（二）规制诱惑侦查的理论基础

在卢斯利案中，上议院大法官首次清晰且明确地对规制诱惑侦查的法理依据给予了说明。整个法理依据被概括为两个相互联系的方面：保护或预防原理与法庭正直性原则。保护或预防原理认为，法庭具有预防执法权力滥用的权力，"警察圈套"是一种国家权力的滥用，也是对法院诉讼程序的一种滥用行为，法庭的职责就是站在国家与公民之间，阻止这种违法的诱惑侦查

---

① Opinions of the Lords of Appeal for Judgment in the Causeregina vLooseley(Appellant)[EB/OL]. http://www. parliament. The - staionery - office. co. uk/pa/ld200102/ldjudgmt/jd011025/loose - 1. htm.

行为发生。预防国家权力滥用的同时，也是一种对公民权益的保护，可以避免普通民众由于“警察圈套”所取得的证据而被起诉，即公民有权免受国家制造的犯罪行为的侵犯，有权免遭国家故意或者过度引诱所带来的风险。而法庭正直性原则是更为重要与基础的法理依据，该原则认为之所以要对“警察圈套”进行谴责，为的是保护刑事司法体系的正直性（integrity）。该原则的本质要点在于，如果法庭以明显不能接受的执法行为所形成的结果作为裁判依据的话，法庭的正直性将受到损害；如果法庭不能坚持要求执法人员应当遵守法律的话，刑事司法体制也将丧失其道德的权威性。如果法庭认可了以侵犯人权、违反法治要求的侦查手段获取的证据，将与法庭所应有的人权与法治捍卫者的角色相冲突。①

上述两项基本原理均是以法庭的角色为中心推演出来的基本原则，其所关注的着眼点是政府方的诱惑行为是否适度，是否违反了人权保障与法治理念的要求，从而对整个刑事司法程序的正直性带来消极影响。从这种着眼于政府方行为的视角出发，英国规制诱惑侦查行为的规则具有非常明显的客观方法的痕迹，这一点明显不同于美国圈套抗辩中所采用的主观标准判断法；同时从制裁方式来看，由于上述原理更多关心的是整个程序的正直性而不是被告人个人刑事责任的有无问题，因此不采用实体抗辩，而是通过程序性制裁的方式回应违法的诱惑侦查行为。可见，上述基本法理的确立对于英国规制诱惑侦查的具体内容具有极强的统摄影响力。

二、英国诱惑侦查合法性判断标准

2001 年的卢斯利案不仅回应了规制诱惑侦查的基本法理，还对英国诱惑侦查合法性标准进行了前所未有的详尽阐发。在上议院法官发表的意见中表明，对政府实施诱惑侦查的引诱行为的合法边界的判断并没有形成一种十分明确、具有普适性的判断标准，其处理的具体策略是个案衡量多种复杂标准，呈现出一种综合判断的思路。② 英国法院就“警察圈套”的成立标准进行司法裁量的基本出发点是考量警察或者其他执法者的行为是否足以达到严重不适当的程序以致司法管理陷入争论与质疑当中。如果警察的诱惑行为过度，引发人们对司法体制正直性、公正性的怀疑与质疑，法院应当对相应的“警

① Andrew Ashworth. Re – drawing the Boundaries of Entrapment . Criminal Law Review, 2002 (2): 167 – 189.

② Andrew Ashworth. Re – drawing the Boundaries of Entrapment . Criminal Law Review, 2002 (2): 167 – 189.

察圈套”予以制裁，这一总体标准是相对比较抽象的，反映了规制诱惑侦查在英国的理论基础——司法正直性。而达成这种总体判断需要考量的因素，英国法院在卢斯利案中进行了宏观的概括，这种概括既包括肯定性的承认，也包括对先前判断以及国外部分判断标准的修正与选择。诱惑侦查行为是否合法的具体因素，卢斯利案的判决大致概括为五个方面：

第一，启动诱惑侦查的目的要正当，合理怀疑是启用诱惑侦查手段的前提条件，要求执法人员是出于善意而不是其他原因（如打击报复、工作业绩）使用诱惑侦查手段。强调警察不能随便采用这一手段，更不能在没有充分理由的情况下将其用于大规模的“品德测试”（wholesale “virtue——testing”）。警察的行动必须有善意的出发点，如其行动不能是针对特定团体或个人的恶意报复。具有合理怀疑的理由是确保善意的基础之一。警察启动诱惑侦查的唯一正当的目的是获取犯罪证据，并不是为了揭露某人的不良品行并对这些品行加以惩罚而引诱该人去犯罪。但是，上议院并未将这一要求强调到绝对化的程度，而是允许存在“例外”的情况。例如，某地经常发生某类犯罪，警方即有权使用诱惑侦查手段对出没于该地点的相关人员进行侦查。

第二，检验诱惑侦查合法与否应考察执法者是否遵循了部门的监督程序。法院确立这一标准的主要考虑是通过利用现有的对秘密侦查手段的制定法约束以及内部行政准则的制约对警方使用诱惑侦查手段作出限制。2000 年 RIPA 法令对秘密侦查的授权程序作出了规定，而内政部以及其他执法机构对于秘密侦查手段的使用也颁布了很多内部执法准则与标准。这些授权程序、内部准则或执法标准对秘密侦查的使用已经树立了一定的适用标准，在法院判断“警察圈套”是否成立或引诱手段是否合法、适当时，应当参考上述法律、准则中已经确立的标准。例如，根据英国警察机构与海关、税务部门联合颁布的《秘密行动实践法》对秘密侦查的进行设置了相应的监管程序，执法人员可以使用的诱惑侦查方式被细分为三种，包括秘密警察（Undercover Officers）、检验型购买者（Test Purchasers）以及使用诱饵（Decoys）。在这些内部准则中，执法机关对于诱惑侦查的使用在司法判例之外又增加了合法授权以及批准条件的要求，包括最后手段原则的要求，都可以看做对诱惑侦查手段使用的重要监督措施。如果违反了这些监督措施，法官就会将其结合其他因素一起考量，并作出否定性评价。

第三，判断诱惑侦查的行为的适度性，这是最为重要与复杂的一个判断因素。判断仅仅是提供了正常的犯罪机会的标准是只有政府的引诱行为或策略与犯罪过程中所可能遇到的其他引诱相当或一样普遍时，这种引诱行为才没有超出合理的界限，即如果执法人员在犯罪发生前所实施的各种行为在同等的环境中也可能为其他人所实施，那么警方的行为就称不上是引诱、鼓动、教唆他人实施犯罪，警察的所作所为并没有超出人们的预期。这一推理思路中明显地使用了客观方法，非常近似于美国圈套抗辩中的客观标准。

这种“正常的犯罪机会”标准在“天上掉馅饼”（Manna from Heaven）执法手段的使用中也具有特别的实用价值。“天上掉馅饼”执法手段，是指警方故意将贵重物品伪造成无人看管的状态，吸引相应人前来实施盗窃或抢夺犯罪，典型的场景是将无人看管的装满香烟的车辆停放在路边或将已露出现金的钱包放在醉汉的口袋边缘，英国法院的判例认为这都属于不寻常的犯罪机会，都不是正常的行为，体现了一种特殊且超常的引诱手法，因此这种不正常的引诱不能被视为是合法的侦查行为。[①]

第四，被修正的因果关系判断标准。在阿敏案（Nottingham City Council v. Amin）中，[②] 英国上议院曾经将判断“警察圈套”行为的标准确立为因果关系（Caution）的唯一性，即如果警方的引诱或者压力构成了被告人实施相应犯罪行为的唯一原因，则这种引诱就达到了诱陷的程度从而应当遭到否定性谴责。大法官宾汉姆（Bingham CJ）在该案中论及如何判断因果关系的唯一性时使用的推理模式是看警方提供的犯罪机会是否属于被告人在其他人提供相同犯罪机会时，依然会实施同样的犯罪行为。这种推理模式显然也可以归为一种客观假设人的推理模式，即警方的引诱行为是否像正常人拦截出租车一样属于正常的机会提供行为。按照这种推理思路，如果要判断警方提供机会是否为被告人实施相应犯罪行为的唯一原因，就要判断在其他非执法人员提供相似犯罪机会时，被告人是否会同样实施犯罪行为，如果被告人同样选择实施犯罪行为，则不能认为警方提供的犯罪机会是被告人实施犯罪的唯一原因，因为其他人而非警方人员在提供同样的犯罪机会时，被告人也会实施同样的犯罪活动。虽然这种客观假设人的判断标准在判断有关是否遵循了行政管理规范的犯罪行为时具有积极的功用，如出售未经授权的商品、向未成年人出售成人电影或无照经营出租车等非法活动，因为在这些违法犯罪行为的侦查过程中，普通的民众在日常生活中经常也会从事相应物品或服务的买卖与交易活动，因此客观上存在作为“假设人”的判断标准。但当犯罪引

---

① DPP v. Williams and O' Hare ,(1994) 98 Cr. App. R . 437.

② 在该案中，被告人为一名出租车司机，其仅能够在郊外营运，执法官员由于怀疑在某市区内经常有违反执照授权进行非法营运的犯罪活动而在该地实施了诱惑侦查。当警方在该地随意伸手拦截出租车时，被告人停车并表示愿意搭载便衣警探，而后被告人因这种违反营运法规的行为而被起诉。

诱手段适用于公众日常难以接触到的其他严重犯罪，如大宗贩毒或者共谋抢劫等，客观假设人的判断标准面临着适用的困境，因为普通人在日常生活中很难接触到这些非法行为，因此普通人行为模式的标准难以准确地为法官所判断，在这种情况下，所谓的因果关系或者客观假设人的判断标准就不能成为判断“警察圈套”是否成立的唯一标准，而必须结合其他判断标准才能达成合理的判断结果。[①]

由于英国采用的是上述的客观判断方法，对于美国主观标准的“犯罪倾向性”问题，英国法官明确表示不应作为判断是否成立违法的诱惑侦查行为的考虑因素。这一做法的主要原因在于英国实体法一直认为即使存在警方违法诱惑侦查，但是被告人的犯罪意图与犯罪行为是客观存在的，被告人的刑事责任已经达成，不应免除其刑事责任，英国法上从不认为“警察圈套”是一种实体抗辩事由。因此，寻求对违法诱惑侦查行为的救济手段只能从警方的行为中去寻找理由，被告人的主观方面情况并非应当关注的重点所在。被告人以前的犯罪记录更是不能作为对被告人实施当前相应犯罪行为的合理根据，不能作为启动诱惑侦查的事实依据。

第五，允许诱惑手段具有适当的积极介入因素。法官在卢斯利案中认为对于毒品犯罪嫌疑人进行诱惑侦查时，由于其所具有的犯罪警惕性，经常需要秘密侦查人员多次主动联系后，毒品犯罪嫌疑人才会上钩，因此在一定程度上应当允许执法机关在毒品犯罪的侦查中连续使用主动的侦查引诱手段侦破案件。所以，不应当以主动或被动的行为方式作为判断警方的行为是否合法、适度的标准。一方面，主动与被动的行为方式本身难以界定；另一方面，在很多案件的侦查过程中，秘密侦查人员必须实施一定的主动行为。一味地要求秘密侦查人员将行为限制在被动应答状态的看法显然不符合执法实践的要求。

三、对违法诱惑侦查行为（“警察圈套”）的制裁方式

在卢斯利案中英国大法官的另一个关注点是对警方实施的“警察圈套”如何给予否定性评价与制裁。一直以来，英美法系国家对“警察圈套”的制裁方式大致为四种，即实体抗辩（美国）、证据排除规则（澳大利亚等）、终止诉讼模式（加拿大）、减刑（英国）。英国的大法官在决定采用何种制裁方

---

① 程雷著：《秘密侦查比较研究——以美、德、荷、英四国为样本的分析》，中国人民公安大学出版社 2008 年版，第 421 页。

式时也经历了一个漫长的选择过程，其中减刑说、证据排除说以及终止诉讼说先后成为英国法院所采用的制裁模式。在卢斯利案中，大法官再次对各种可能选择的制裁方式一一进行了梳理与批驳，最终确认了将终止诉讼作为最为适当的制裁“警察圈套”的处理模式。

英国法上从未将美国的实体抗辩作为违法诱惑侦查的制裁方式，这是因为根据英国刑法的观点，即使是被引诱而实施的犯罪行为也符合犯罪的构成要件，如具有犯罪意图与相应的犯罪行为，并未受到强迫，即使犯罪的引诱者或者劝说者为警察，也不能改变被引诱人的行为同时具备了犯罪意图与犯罪行为的要件从而构成法律所禁止的犯罪行为这一事实。如果说被告人的罪责程度因为引诱的存在而区别于普通犯罪的话，那么体现这种罪责变化的因素也只能是量刑上减让，而不应当是罪责的免除。在诱惑侦查产生的早期，英国法院对“警察圈套”的谴责与制裁是通过减刑或证据排除规则实施的。这一做法与英国实体刑法对诱惑侦查的态度是一致的。在这种观念的指导下，1980 年桑格（Sang）案的判决最终采纳了减刑作为对“警察圈套”的否定性评价方式，同时在桑格案的判决中，上议院也排除了将证据排除规则作为制裁方式的选择。① 但减刑说的处理方法也遭到了强烈的谴责。反对观点认为，减刑说实际上等同于放弃了司法权对执法行为的监督与司法救济。一方面，从实体法上不能清楚地解释被诱惑犯罪为何能够免除刑事责任；另一方面，又不能对国家制造引诱的犯罪与普通的陷害教唆行为等同视之。为了化解这种矛盾，英国法院将目光转向了程序性制裁措施。在英国法官看来，对诱惑侦查给予司法救济的主要原因在于维护法治原则，将被告人开释不是对其刑事责任的减免，而是对国家违法诱惑侦查行为的谴责，正是由于英国的立论基础是程序的正直性，那么终止诉讼程序性救济方式就自然成为英国对待诱惑侦查问题的最佳选择。

虽然 1984 年英国通过了《警察与刑事证据法令》，赋予了法官在审判中对影响程序公正的执法行为所获证据予以排除的制定法权力，从而为英国法上将证据排除作为制裁违法诱惑侦查的方式创造了条件，但英国法院最终还是选择了使用终止诉讼（stay proceedings）作为制裁“警察圈套”最为恰当的工具。在 2001 年的卢斯利案中更是明白无误地将终止诉讼作为最佳的制裁

---

① 法院在该案的判决意见中明确指出，“除了涉及口供与自白之处，法院并不关心证据是如何取得的”，言外之意是说，诱惑侦查的取证行为并不被认为属于应被法院作为非法证据排除适用所考虑的范畴。

方式。这是因为英国认可违法诱惑侦查的制裁是程序法的问题，而在程序性救济方式中，终止诉讼与证据排除相比更具有优越性。证据排除并非恰当的救济方式，虽然通过证据的排除也可以实现审判的公正，但在审判中被引诱人并不是一般性地主张证据的采用可能会威胁到对其审判的公正性，而是主张无论是什么证据，他根本就不应被审判。这里的问题不在于对被告人的审判是否公正，而是审判是否应当开始的问题。尽管证据排除规则在很多情形下也会达到与终止诉讼相同的法律效果，如排除掉通过诱惑侦查所获得的证据，案件的起诉通常也就很难继续进行，但在很多其他案件中，情形也未必如此，特别在存在实物证据或者其他证人证言的情形下，排除相应诱惑侦查证据并不必然导致案件的终止。因此，从实效性的角度考虑，证据排除规则也不如终止诉讼来得彻底。

英国上议院选择终止诉讼作为对诱惑侦查的救济方式还有一个政策方面的考虑，即为了迎合欧洲人权法院对诱惑侦查的处理态度。在1998年欧洲人权法院判决的卡斯特罗案（Teixeira de Castro）中，欧洲人权法院裁决“由于犯罪是由政府方官员挑唆后引起的，因此被告人从一开始就被剥夺了公正审判的权利”。[①] 既然是“从一开始”被告人的公正审判权就被剥夺，因此给予被告人的救济就应当是对整个审判程序的否定，通过终止诉讼的方式是对这种彻底剥夺被告人公正审判权的侵犯最为恰当的救济方式。在英国上议院作出的卢斯利案的判决中大法官多次提及为遵循欧洲人权法院对此判决的要旨，需要确定终止诉讼作为救济方式的必要性，这一点在英国通过了《人权法令》从而将《欧洲人权公约》的要求转化为对国内执法机构的依据后显得更加必要。

尽管英国法院认为终止诉讼是最佳的救济方式，但法院在裁决中也同时认可了在特殊情形下两种程序性救济方式并存的可能性。当法院认为终止诉讼不适宜作为个案的救济手段，或者由于种种原因，诱惑侦查案件进入到审判阶段的情形下，法院依然可以选择使用证据排除规则作为相应的制裁措施。[②] 当然在这种情形下证据排除规则的适用仅仅是作为终止诉讼的补充而

---

① Teixeira de Castro v Portugal（1998）4 BHRC 533 at 541（para 39）. 判决原文为“right from the outset, the applicant was definitively deprived of a fair trial because his conviction was for a drugs offence which had been instigated by two police officers.”

② Teixeira de Castro v Portugal（1998）4 BHRC 533 at 541（para 39）. 判决原文为“right from the outset, the applicant was definitively deprived of a fair trial because his conviction was for a drugs offence which had been instigated by two police officers.”

存在的。

四、“诱惑者”的刑事责任豁免问题①

在英国讨论诱惑侦查的处置问题时，一项相关问题为“诱惑者”的刑事责任问题，即实施诱惑侦查行为的秘密警探或者线人是否需要承担教唆犯罪的刑事责任。在英国，实施诱惑侦查的警察、线人并不享有法律所赋予的“执法行为豁免权”，法律上对诱惑侦查中执法人员豁免刑事责任所依据的抗辩只是在几部单行法律中有所涉及，② 除此之外实施诱惑侦查人员即使是在正常的执法活动中使用了诱惑侦查手段，从法律规定的角度来看也应被假定追究刑事责任。③ 但在执法实践中，很少有执法人员因为实施了诱惑侦查行为而被追究刑事责任，一个主要的原因在于检察官可以通过不起诉的自由裁量权给予诱惑人以豁免。④

RIPA 立法者在立法讨论阶段曾经对于是否通过法律赋予诱惑侦查人员刑事责任豁免权有过激烈的争论，最终在立法中并未明确赋予执法人员在诱惑侦查过程中享有豁免权。但立法者同时表示，在一定范围内应允许侦查人员实施犯罪行为，但最终的豁免是否准许以及豁免的范围交由检察官与法官自由裁量。立法者的下列立法讨论记录可以更加清晰地表明其上述态度：“法令一个总的指导思想是对于犯罪行为不能给予豁免，这种指导思想是为了使秘密人力情报来源程序的使用符合《欧洲人权公约》的要求，但我们也认识到，在极为有限的条件下，可以认为获得有效授权的秘密人力情报来源的使用可以使参与犯罪活动的行为合法化。最终是否豁免相应的犯罪行为是由起诉部门与法院最终决定的，由它们决定是否可以根据一项授权使原本属于犯罪的行为合法化。”⑤

---

① 程雷著：《秘密侦查比较研究——以美、德、荷、英四国为样本的分析》，中国人民公安大学出版社 2008 年版，第 427 ~ 428 页。

② 包括《防止骚扰法令》、《毒品滥用法令》与《2001 年刑事司法与警察法令》。

③ 有学者认为，如果需要从法律上确立相应的豁免事由的话，则应当对豁免的情形进行细致的规定与整合，且只能给予那些引诱行为未达到圈套程度的执法人员以豁免权，如果执法人员的行为达到了“警察圈套”的程度，则应当正常追究诱惑人的刑事责任。

④ Andrew Ashworth. Re - drawing the Boundaries of Entrapment . Criminal Law Review, 2002 (2): 167 - 189.

⑤ Clive Harfield, Karen Harfield. Covert Investigation. Oxford: Oxford Universtity Press, 2005. 93.

第三节 德国诱惑侦查法律规制

德国刑事司法制度历来被视为大陆法系职权主义诉讼模式的典型代表，其自身特有的许多诉讼机理、诉讼程序的设计都秉承了职权主义模式的历史传统而与英美法系的诉讼制度存在差异。第二次世界大战结束以来，面对现代社会日新月异的犯罪形势以及欧盟一体化进程的社会发展客观态势，德国刑事司法制度也处于持续变动之中。其中，秘密侦查制度逐步兴起并走向法制化是德国刑事诉讼制度近期变革的亮点。通过1992年的立法改革，德国已经成为将秘密侦查立法化较早的欧洲国家之一。在德国，有关诱惑侦查的法律规制是在秘密侦查制度下进行调整的。在实现诱惑侦查合法化的过程中，如何通过明确的成文法的形式规范诱惑侦查，如何将诱惑侦查融入一系列职权主义诉讼模式既有体系中的诸多尝试，吸引了包括中国在内的许多职权主义诉讼模式国家的关注。

一、德国语境下的诱惑侦查

由于法律制度与诉讼模式的自身特点，以及对侦查措施的不同理解，在德国秘密侦查制度下的诱惑侦查与我们所论述的诱惑侦查的范围还是有区别的，在正文研究前有必要进行语境的链接，对德国秘密侦查制度的大概内容以及诱惑侦查的范围和基本术语略作解释。

（一）侦查主体的划分

在德国语境中的秘密侦查，从实施主体的角度来看大致可以分为三种：秘密侦查员（Covert agent /investigator）、非公开侦查员（Non - overtly investigating agent）与线人。其中，秘密侦查员在德国语境中专指卧底警探，根据德国刑事诉讼法的有关规定，专指警察改变身份后，在一定时期内连续性地使用化名潜入犯罪人的圈子实施的侦查活动。① 非公开侦查员也是一个德国特有的术语，专指承担浅层秘密侦查活动的警察，此类人员不是卧底侦查活动的主体，而是经常被使用在犯罪引诱活动中，通过短期使用化名，打击各种多发性街头犯罪、隐形犯罪，如贩毒活动、赌博犯罪、卖淫活动、赃物犯罪等。而线人是参与秘密侦查的平民，在德国又有卧底者与线民之分。卧底

① ［德］托马斯·魏根特：《德国刑事诉讼程序的改革：趋势与冲突领域》，樊文译，载陈光中主编：《21世纪域外刑事诉讼立法最新发展》，中国政法大学出版社2004年版，第237页。

者不属于刑事追诉机关，是没有公务员身份的人，在不特定的期间内有意愿且受信赖，隐藏身份，混迹犯罪族群，协助侦查犯罪，通常有报酬。线民，是指就个别犯罪案件向警方提供消息的人，线民主要扮演告发者的角色。

对秘密侦查主体的三分法，在德国司法实践中是一种主导的分类模式，不仅具有学术研究价值，更具有规范实践的意义，如德国司法部与内政部颁布的使用秘密侦查手段的内部准则中就分门别类地规制了线民与卧底者、卧底警察与非公开警察。从某种意义上讲，这些准则已经对学术研究中使用的分类与术语产生了直接的影响。

（二）侦查方式的划分

德国的秘密侦查中以改变身份的侦查方式，根据具体手法不同可分为卧底侦查、犯罪引诱与线人侦查。① 卧底侦查是《德国刑事诉讼法典》规定的深层秘密侦查方式，卧底警察深入犯罪环境中，通过一定时期内较长时间的改变身份，侦查取证，具有长期性、深入性，其与侦查对象多次交往，干预相应权利的程度、使用欺骗的程度、干涉隐私的程度最为深入；而犯罪引诱虽然在卧底侦查中也可以使用，但主要还是在浅层秘密侦查活动中对付多发性的街头犯罪、隐形犯罪，如毒品犯罪、赌博犯罪、卖淫犯罪、赃物犯罪等，这是德国语境下的诱惑侦查。在这种浅层秘密侦查中，非公开侦查员与侦查对象的联系次数有限，干预权利的程度、使用欺骗的程度相对较轻，之所以能够在较短的时间内取得侦查的效果，主要的机制在于提供犯罪的便利或机会，引诱犯罪嫌疑人实施犯罪活动并当场抓捕。线人侦查的手法之所以不同于前两类，关键在于线人本身并非侦查机关的公务人员，其本身多为犯罪集团的一分子或常常游荡于犯罪环境中的犯罪嫌疑分子，其配合秘密侦查的进行无须改变身份，只是隐藏作为国家机关代理人或者帮助者的事实关系。从法律规范的角度来讲，《德国刑事诉讼法典》中的秘密侦查员专指卧底侦查而言，而其他两类秘密侦查手法，即犯罪引诱以及线人侦查并不具有制定法依据。因为《德国刑事诉讼法典》在 1992 年增列的有关规制秘密侦查的内容仅限于卧底警察的使用，也就是说只是适用于重大犯罪、侵犯权利严重程度较大的卧底侦查，而对于非公开侦查员实施的犯罪引诱并未涉及。

（三）范围的确定

如上所述，德国是严格区分卧底侦查、犯罪引诱和线人侦查三种侦查手

---

① ［德］托马斯·魏根特：《德国现代侦查程序与人权保护》，刘莹译，载孙长永主编：《现代侦查取证程序》，中国检察出版社 2005 年版，第 343 页。

段的，本书所指的诱惑侦查应当是包括犯罪引诱、部分卧底侦查和部分线人侦查的秘密侦查措施，因为我国的卧底侦查和德国的卧底侦查的概念并不完全重合，同时本书所指的诱惑侦查实施主体可以是警察和线人，所以本书所论的诱惑侦查范围应当大于德国语境下的诱惑侦查（犯罪引诱）范围，至于究竟有多大的不同和重合之处，不在本书所涉范围内，本部分不作更深入的探讨。

之所以要厘清本书中的诱惑侦查与德国语境下的诱惑侦查范围之不同，是因为我们可以把德国刑事诉讼法典对卧底侦查的法律规制视为对本书所指诱惑侦查中对应部分的规制。同时，为叙述方便，本部分将德国语境下的诱惑侦查统一称为犯罪引诱，将本书所指的诱惑侦查称为德国的诱惑侦查。

二、德国对犯罪引诱侦查合法性的界定

在德国的司法实践中，犯罪引诱侦查是一种经常用来获取犯罪嫌疑人证据的常用侦查方法，即鼓励犯罪嫌疑人实施某种特定的犯罪（如非法传递毒品或入室盗窃），随即将其逮捕的一种侦查手法。[①] 但是，在德国成文法中，包括 1992 年关于卧底警探的刑事诉讼法典修改中，都没有涉及犯罪引诱问题，长期以来关于这方面的规则与见解，多为德国法院系统的判例法形成的结果，同时德国的学术界形成的各种学说对于犯罪引诱的许可与否与法律后果也多有论述。

首先来看德国理论界对此问题的看法与争论，其争论焦点主要为两点：

第一，犯罪引诱手段是否应被禁止。德国法学理论上对犯罪引诱手段持反对说的观点大多源自于两种论据，[②] 一种论据从保障被告人的“意志决定自由及意志活动自由”的角度出发，认为犯罪引诱以欺骗方式行使国家刑罚权，类似于欺骗性讯问，违反刑事诉讼法禁止欺骗讯问之规定；[③] 另一种论据从“国家自我矛盾”的论证方法反对国家诱使犯罪，该观点认为当国家以破坏法律的手段来维护法律时，国家行为即处于矛盾状态，此时国家再无法律维护者的公信力存在，因为刑罚的目的是确认道德的最低标准，当国家自

① ［德］托马斯·魏根特：《德国现代侦查程序与人权保护》，刘莹译，载孙长永主编：《现代侦查取证程序》，中国检察出版社 2005 年版，第 343 页。

② ［德］克劳斯·罗科信著：《刑事诉讼法》，吴丽琪译，法律出版社 2003 年版，第 76 页。

③ 参见《德国刑事诉讼法典》第 136 条 a 之禁止欺骗讯问之规定。

我违反法律时，此一所谓之最低道德标准及对其违反之处罚也将随之不得当。[①] 持肯定说的观点认为，犯罪引诱手段有时违背法治国原则，但有时未必违背，如当毒品麻醉品贩卖者自行与警察所安排的诱惑犯罪之人进行接洽时，或当警察人员问一娼妓，其是否愿意做身体买卖时，均不违反法治国原则。[②] 该说认为，只要犯罪引诱行为符合基本法第 1 条、第 2 条以及刑事诉讼法典第 136a 条的规定，这种侦查方法就不应被否定，言外之意，处于法治国原则下的犯罪引诱手段应当被容许，不应对所有的犯罪引诱手段全盘否定。此说与下述德国联邦最高法院之判例意见十分接近。

第二，犯罪引诱是否需要法律的明确授权。根据德国公法学的基本理论，所有干预公民权利的国家行为都应具有法律的明确授权，即强调法律保留原则[③]的信守。关于犯罪引诱手段的使用是否属于干预公民权利的行为进而需要明确的法律授权，就成为学者探讨该手段合法性的首要焦点。主张犯罪引诱需具备法律授权的观点认为，国家所为的诱使犯罪对相对人而言是对其本权的侵犯，在没有法律的明确授权下此种行为方式将不被允许（法律保留原则），刑事诉讼法赋予侦查机关的概括调查权限在此不能作为授权依据；就犯罪引诱手段的具体侵权形态来看，有观点认为犯罪引诱构成了对公民基本权利的侵犯，其中针对具体犯罪嫌疑人的犯罪引诱构成对一般人格权的侵害，而对无犯罪嫌疑之人适用，将侵犯人性尊严。[④] 反对派观点认为，由于受引诱之人仍有自主决定的权利，因此其人格自主权并未受到侵犯。同时，由于犯罪引诱行为，仅仅是对犯罪嫌疑人就犯罪行为的挑衅，这种挑衅行为并非属于强制的侵犯或对基本权利的侵害行为，因此无须法律的特别授权，刑事诉讼法典第 163 条关于警察人员职务的概括性授权足以作为实施犯罪引诱行为的法律依据。但是，如果犯罪引诱是针对无犯罪嫌疑的人进行的，或者当警方安排引诱时，使用了过度的压力，则另当别论。对于前者，对无犯罪嫌疑之人，警方无权启动侦查程序，此时的引诱行为超出了警察人员的职务范围；对于后者，过度的、特别的引诱压力违反了公法上通行的适当原则。[⑤]

---

① 杨云骅:《正当的法律程序对侦查行为的控制——以可归责于国家的诱使犯罪为例》，载台湾《月旦法学杂志》2004 年第 111 期。

② ［德］克劳斯·罗科信著:《刑事诉讼法》，吴丽琪译，法律出版社 2003 年版，第 76 页。

③ 法律保留原则为德国公法中对国家公权力干预个人私权利所设置的限制条件，要求任何侵犯公民权利的干预手段必须经由法律的授权、遵循法定的程序与要件方可实施。

④ 杨云骅:《正当的法律程序对侦查行为的控制——以可归责于国家的诱使犯罪为例》，载台湾《月旦法学杂志》2004 年第 111 期。

⑤ ［德］克劳斯·罗科信著:《刑事诉讼法》，吴丽琪译，法律出版社 2003 年版，第 76 页。

反对派的观点认为，原则上引诱行为无须法律授权，但如果针对不具备犯罪嫌疑之人实施引诱或者使用不当的引诱，要么具有明确的法律授权，否则即为违反法治国原则的不当行为。

与理论上的激烈争论不同，德国司法实务界普遍认可犯罪引诱手段之许可性，德国联邦最高法院自1984年起在多项判决中确认了犯罪引诱手段的合法性，“为了有效对抗特别危险以及难于侦破的犯罪（尤其是毒品犯罪），只要在合乎法治国原则的范围内，尤其是在被诱使人并未因此沦为国家行为之客体的情况下，诱使行为是允许的”。关于何种犯罪引诱手段为法治国原则所容许，德国联邦最高法院通过了多个判例，试图对犯罪引诱划定合理界限，具有代表性的判例有两个，分别代表着早期见解与近期见解。[①] 前期判例认为犯罪引诱是否合法的判断标准包括：被引诱人的既有犯罪嫌疑程度，诱使行为的影响方式和强度及目的，被诱使人的犯罪情形及其自我的、非他人操纵的自主性，这些标准并非单一标准，而是整体评量。[②] 该判例所确立的判断标准为实务部门进一步发展、提炼，创设出另一个简洁标准：如果被诱使人为犯罪行为之决意主要系出于国家之卧底者诱使所造成，换言之，如果没有该诱使行为，则被诱使人根本或几乎不会为犯罪行为的话，该诱使即已超越容许的界限而违反正当法律程序。[③]

目前，德国司法实务界通行的判断标准是在上述一系列判例的基础上演化而来，并无多少本质差异，只不过判断标准显得更为明朗、有序。根据这种标准，一项犯罪引诱行为是否符合法治国所确立的公平审判原则，主要取决于：（1）在挑唆行为之前，被挑唆者是否具有犯罪嫌疑；（2）有无犯罪倾向；（3）挑唆行为本身是否构成过当的犯罪压力或诱因。[④] 这种判断标准融合了主观与客观两方面的判断标准，呈现出非常明显的混合性特点。这一点似乎与美国圈套抗辩判断标准的近期走向多少有些契合。

三、对违法诱惑侦查行为的制裁方式

对于过度的引诱行为，德国司法实务界设定的法律后果为量刑减让，[⑤]

---

① 林钰雄：《国家犯罪挑唆之认定与证明》，载台湾《月旦法学杂志》2004年第111期。

② 林钰雄：《国家犯罪挑唆之认定与证明》，载台湾《月旦法学杂志》2004年第111期。

③ 杨云骅：《正当的法律程序对侦查行为的控制——以可归责于国家的诱使犯罪为例》，载台湾《月旦法学杂志》2004年第111期。

④ 林钰雄：《国家犯罪挑唆之认定与证明》，载台湾《月旦法学杂志》2004年第111期。

⑤ ［德］托马斯·魏根特：《德国现代侦查程序与人权保护》，刘莹译，载孙长永主编：《现代侦查取证程序》，中国检察出版社2005年版，第343页。

即根据诱惑行为的过度程度相应减轻被引诱人的刑罚。将过度诱惑行为作为一种量刑因素考虑，而并非像美国的圈套抗辩理论那样将其作为无罪抗辩理由，这是德国法处理诱惑侦查行为的最大特色，确立该法律后果主要出于两方面考虑：

一是政府方对犯罪的参与降低了犯罪的实际危害，秘密侦查员引诱犯罪的活动表明政府方对于犯罪行为通常已经进行了监控，该犯罪行为对犯罪现场的其他人员的损害可以得到预防，武器以及违禁品也可以被有效扣押，因此犯罪的威胁大大降低。

二是由于犯罪人是在政府人员的鼓动、帮助下才得以完成犯罪，因此犯罪人的刑事责任以及社会危害性相对降低，给予其量刑折扣也是理所应当的。

将刑罚减让作为对实施诱惑侦查的法律后果使德国对诱惑侦查判断标准变得富有流动性，法院根据政府诱惑行为程度的大小不同，相应给予量刑减让，诱惑程度越强烈，量刑折扣越多，即使是最为轻微的诱惑行为，也会给被告人带来量刑优惠。减轻处罚被看做一种针对警方诱惑行为所作出的罚款，警方要选择更为便利与安全的侦查方式——诱惑侦查，就需要以量刑减让作为对价进行交换。当减刑作为回应诱惑行为的判断后果时，减刑说使判断违法的诱惑侦查与合法的诱惑侦查的标准不复存在，侦查人员很难把握合法诱惑行为的具体限度，既然所有的引诱行为都带来减刑的后果，是否意味着所有的诱惑侦查行为都涉及某种程度的违法行为，从而违反了法治国原则。

减刑说的不确定性大大限制了德国执法人员对侦查对象的影响力度，这一点与美国相比更为明显。在美国圈套抗辩是一种零和游戏，要么引诱行为成立圈套抗辩，被告人获得无罪判决，要么不构成圈套抗辩，执法人员的引诱行为无论程度高低，都是合法行为。与之相比，德国的执法人员面临着影响对方越大，减刑越多的浮动标准，势必在实施引诱行为时尽力降低对相对方的影响，从而尽量减少量刑折扣。

减刑说作为一种实体法上的刑罚后果，在德国作为诱陷行为的制裁措施并非毫无争论。对于过度的引诱行为也存在其他几种可能的法律后果以供使用，如程序法上的诉讼障碍、证据排除，或者实体法上的违法阻却事由。[①]对于上述各种可能的法律后果，德国实务界与理论界都有各自的支持者，在此就各种理论模式的优劣及其争论略作介绍。

---

① 杨云骅：《正当的法律程序对侦查行为的控制——以可归责于国家的诱使犯罪为例》，载台湾《月旦法学杂志》2004 年第 111 期。

首先来看程序法上的两种控制机制：诉讼障碍与证据排除。在联邦最高法院早期的判例中，关于违法的诱惑侦查行为的法律后果最初是采用诉讼障碍（Verfahrenhindernis）进行救济。[①] 所谓“诉讼障碍”，是大陆法系的一个与诉讼要件理论紧密相联的概念，诉讼障碍又称为消极的诉讼要件，因此分析诉讼障碍的内涵需首先对诉讼要件理论有所了解。诉讼要件，是指整个诉讼能够合法进行并作出实体判决所必须具备之前提条件。诉讼要件的本质是维系整个程序合法性的各种条件，欠缺诉讼要件，法院不能作出实体判决，只能以免诉、不受理或管辖错误等程序性判决来终结已经产生的诉讼关系。[②] 诉讼要件又可以分为积极要件与消极要件，积极要件为必须“存在”法院始能为实体判决的诉讼要件；消极要件是指必须“不存在”法院始能为实体判决的诉讼要件。诉讼障碍事由就是消极的诉讼要件，只有不存在诉讼障碍事由，法院才能为实体判决。近年来，德国法的发展趋势逐步将重大违反法治国原则之情形列为程序障碍事由。[③] 对过度诱惑行为的制裁就体现了这一诉讼障碍事由不断扩大的发展趋势。德国联邦法院在上述判决中认定，过度的犯罪引诱手段违反了法治国原则，可导致刑事追诉及诉讼障碍。[④] 诉讼障碍事由作为程序性制裁手段从法律程序的合法性出发，认为过度的犯罪引诱已经破坏了程序的公正，因此导致后续的审判程序不再具备继续进行的条件，法院应通过免诉或不受理判决对违法诱惑行为作出制裁。这种程序性制裁方式在德国法院并未站住脚，在提出后不久就遭到了德国实务界与理论界的批评与质疑，并在不久后被联邦最高法院另一判决所推翻，其缺陷与不足在于：一是诉讼障碍事由的具体类型的确定为专属于立法者的权限，法官无权在法律之外创设其他的诉讼障碍事由，德国法院的其他判例一直以来都信守这一原则；二是已有的诉讼障碍事由均是以特定事实是否存在（如管辖权、诉讼能力、国会议员之免责权、告诉乃论之罪是否有告诉等）为判断标准，并非

---

① 杨云骅：《正当的法律程序对侦查行为的控制——以可归责于国家的诱使犯罪为例》，载台湾《月旦法学杂志》2004 年第 111 期。

② 林钰雄：《刑事诉讼法》，中国人民大学出版社 2004 年版，第 214 页。

③ 林钰雄：《刑事诉讼法》，中国人民大学出版社 2004 年版，第 214 页。

④ 关于成立诉讼障碍的理由，德国法学理论中还有其他不同的论据，如有认为基于“国家不得自相矛盾”的理论（自己制造犯罪，打击犯罪），国家刑罚权因违法的诱使而丧失并导致诉讼障碍的结果；也有观点以“目的抵触”为由认为诉讼无法继续进行，因为刑事诉讼的基本日的在于通过诉讼程序的遵守以确立人民的法律意识并使法律和平得以重建；此外，联邦宪法法院在例外情况下也可以由人性尊严的保障及法治国原则导出此诉讼障碍。

由诉诸价值判断的结果（如是否构成违反正当的法律程序）而决定。[①] 目前，德国联邦最高法院已经不再将由警方安排的诱惑犯罪之人以不法方式所导致被告人犯罪的情形，视为诉讼障碍之原因。[②] 可以说，诉讼障碍说在德国的夭折很大程度上是由法律传统所致，实际上从法律上论证，违反正当程序或法治国原则的行为，使用程序终止的裁决进行相应的处置并无不妥，只不过囿于德国诉讼障碍学说的历史形成与使用定式，排除了这种价值判断属性的程序性制裁方式的适用，但还是预留了可以通过立法予以正当化的余地。

关于证据排除规则，在德国也有学说主张使用其作为程序制裁的工具。该说的主要观点为，过分犯罪引诱行为或因侵害了人性尊严的核心领域及一般人格权，或因国家的取证行为违反了正当程序原则，或类推德国刑事诉讼法典中的禁止欺骗讯问之证据取得禁止的规定，将导致证据提出之禁止或证据评价之禁止，如果法院无其他证据足以证明被告人有罪，被告人将被宣判无罪。[③] 利用证据排除规则的观点存在一个明显瑕疵：违法诱使发生在犯罪发生之前，而所谓用以证明被告人的证据系以犯罪已发生为前提，即先有犯罪存在，后以证据证明此一犯罪的责任归属，在此范围内才存在证据禁止问题。尽管有学者为了克服这一理论推演障碍，提出了借鉴美国的“毒树之果”理论，扩大证据排除的范围，将犯罪引诱所引发的后续取证行为获得的证据均纳入证据排除的范围，但德国法院明确表示反对，且该建议并未被实务界与学界通说所广泛接受。[④]

在程序法之外，救济违法诱惑侦查行为的工具只能从实体法上来寻找了。德国学者罗科信教授就认为，不当引诱行为的解决，首先应讨论的不是诉讼程序问题，而是犯罪行为应否成立的问题。除了目前为德国法院所采用的减刑说，从实体责任的角度来看，在德国还存在主张适用个人违法阻却事由的观点制裁过度的犯罪引诱。这一种观点与美国圈套抗辩的做法十分接近，都是从抗辩事由或者说违法性排除的角度来考虑救济与制裁措施的。德国的违法阻却事由说的主要观点为，刑罚是一种对人民权益最严重的侵害，当国家

① 杨云骅：《正当的法律程序对侦查行为的控制——以可归责于国家的诱使犯罪为例》，载台湾《月旦法学杂志》2004 年第 111 期。

② ［德］克劳斯·罗科信著：《刑事诉讼法》，吴丽琪译，法律出版社 2003 年版，第 76 页。

③ 杨云骅：《正当的法律程序对侦查行为的控制——以可归责于国家的诱使犯罪为例》，载台湾《月旦法学杂志》2004 年第 111 期。

④ 杨云骅：《正当的法律程序对侦查行为的控制——以可归责于国家的诱使犯罪为例》，载台湾《月旦法学杂志》2004 年第 111 期。

使用违法引诱时，是以违法的方式来取得其侵害的正当性，此时应无再对受诱使者施加刑罚的必要；也有学者分别以“刑罚的功能（在过度引诱时）因此丧失”，“当国家行为促成犯罪时，受诱使人并无违反法秩序可言”。[①] 但这一学说所面临的质疑和批评与诉讼障碍说相似，即法官无权在个案中创设新的阻却刑罚事由，从权力分立的角度，刑法中的阻却刑罚事由应由立法者明定其各项要件及效果，这一界限不容因行政权发动之诱使及司法机关审判时为有利于被告人而被破坏。[②]

德国在对待引诱行为法律后果上的差异，关键原因在于其成文法传统使各种其他可能的制裁方式都受到法无明文规定的限制而无法使用，同时法官权限又与英美法系国家存在不同，法官无权在成文法之外创造制裁方式。实际上在德国的诉讼中，上述诉讼障碍说或违法阻却说在论证上都是可以成立的，只不过限于立法上没有规定而未被采纳，最后只能选择不与立法直接冲突的减刑说作为解决之道。

犯罪引诱手段的实体法律后果问题还涉及实施犯罪引诱的卧底警探或者其他非公开侦查员是否应当承担相应的教唆犯的刑事责任。在德国，对过度引诱他人犯罪的卧底警探、非公开侦查员追究教唆犯的刑事责任比较罕见。根据德国学者的观察，即使是在频繁使用卧底与陷害教唆[③]的毒品犯罪侦查实务中，几乎没有一个陷害教唆者被追诉、提起公诉或受判决。[④] 之所以诱人犯罪者极少成立教唆犯，与德国刑法理论与司法实务关于教唆犯的处置原则紧密相关。首先，德国刑法理论中的教唆犯成立必须具备双重故意，即引诱他人实施犯罪的故意与使他人完成犯罪（既遂）的故意，对于诱使他人从事未遂的犯罪行为，被引诱之人并未达致犯罪未遂，引诱犯罪之人由于欠缺教唆故意而不成立教唆犯。[⑤] 其次，教唆犯成立不仅具有使正犯达到既遂的故意，而且还需引起必要的结果（侵害构成要件所保护的法益）。[⑥] 根据这两

---

① ［德］克劳斯·罗科信著：《刑事诉讼法》，吴丽琪译，法律出版社2003年版，第77页。

② 杨云骅：《正当的法律程序对侦查行为的控制——以可归责于国家的诱使犯罪为例》，载台湾《月旦法学杂志》2004年第111期。

③ 陷害教唆（agent provocateur）主要是我国台湾地区学者使用的一个概念，专指诱人入罪的意思，对一个原本无犯罪念头的人，经由明示或者默示的意思表示（可能是挑拨、诱使、请求或其他手段），惹起被教唆人的犯罪决意，从规范评价的角度来看，陷害教唆由于诱发了他人的犯意，因此应被视为否定性的、过度的犯罪引诱手段。

④ 林东茂：《卧底警探的法律问题》，载《刑事法杂志》2002年第40卷第4期。

⑤ 林东茂：《卧底警探的法律问题》，载《刑事法杂志》2002年第40卷第4期。

⑥ 林东茂：《卧底警探的法律问题》，载《刑事法杂志》2002年第40卷第4期。

条教唆犯处断原则，大部分侦查机关的犯罪引诱行为都不会成立教唆犯，如引诱他人实施犯罪行为，但在犯罪当时将其抓获，由于犯罪本身未遂，不能成立教唆犯；又如引诱他人从事毒品买卖或武器买卖，即使毒品或武器交易完成，但由于侦查机关能够控制毒品或武器不流入市场，从而不会对社会造成危害，欠缺上述第二项处断原则中的“必要后果”，对法益没有造成危害，因此也不会成立教唆犯。[①]

四、德国规制诱惑侦查的成文法

德国刑事诉讼法典作为一项规制刑事追诉机关开展犯罪侦查活动的基本法律，其在1992年增加了卧底侦查的条款，新增的法律规范内容主要规制的对象为犯罪侦查、证据搜集过程中使用秘密侦查取证的合法性问题。该法典第110条a至第110条e规定了派遣秘密侦查员（卧底警察）的条件和程序，[②] 德国语境中的秘密侦查员是指卧底警探，但是由上述内容可知，其也可以视为对本书所指的诱惑侦查的法律规制。

（一）适用对象与适用条件

1. 适用对象

德国刑事诉讼法典关于秘密侦查员的新增条款，将适用秘密侦查员限定为几类重大且复杂的犯罪类型，具体包括：

（1）非法毒品交易或武器交易，伪造货币、有价证券犯罪；

（2）危害国家安全的犯罪；

（3）职业性或常业性犯罪；

（4）有组织、团伙、帮派犯罪；

（5）累犯犯罪。

法典中强调卧底侦查仅应当适用于重大犯罪，但对重大犯罪的范围并没有明确界定。同时，该法典还从犯罪类型的角度对可以使用秘密侦查员进行侦查的犯罪作出了界定，主要是毒品犯罪，危害国家安全的犯罪，有组织犯罪，团伙、帮派犯罪。但刑事诉讼法典本身对于何为“有组织犯罪”并没有给予进一步的明确界定，执法实践中侦查机关对于认定有组织犯罪的成立具有极大的自由裁量权。

---

① 林东茂：《卧底警探的法律问题》，载《刑事法杂志》2002年第40卷第4期。

② 李昌珂译：《德国刑事诉讼法典》，中国政法大学出版社1995年版，第38～40页。

2. 适用条件

《德国刑事诉讼法典》规定的秘密侦查员的适用条件为：

一是事实条件，即规定了派遣秘密侦查员的启动条件是“有足够的事实根据”，表明只有存在重大犯罪行为才能实施。通常认为，此处的“有足够的事实根据”仅需要满足侦查开启的基本事实条件即可，[①] 在德国这种侦查启动条件又被称为“简单的初期怀疑”。这种事实启动条件为使用任何侦查手段的最低证明标准，此证明标准低于逮捕、羁押犯罪嫌疑人所要求的“急迫的犯罪嫌疑”或“高度的可能性”事实条件。

二是最后手段原则，强调了实施的必要性，即只限于采用其他方式侦查将成效渺茫或者十分困难的情形，才可以使用。最后手段原则，要求在派遣秘密侦查员之前，遵循侦查手段成比例的原则，侦查机关优先考虑侵犯程度更低的常规侦查手段，只有在其他常规侦查手段，如讯问、逮捕、搜查、扣押等均无效或者难以达到理想的侦查效果时，方可考虑派遣秘密侦查员。

（二）批准程序

秘密侦查员使用的批准程序是卧底侦查事先控制的重要步骤，是程序控制机制中的重要构成要件之一，因为即使具有较为严格与明晰的适用对象与适用条件，也不足以实现秘密侦查员法治化的目标，最终还是要由秘密侦查员的批准者最终决定上述条件与适用对象是否具备。因此，适用条件与适用对象的具体判断者，即秘密侦查员使用的批准机关的确定问题就显得越发重要。德国秘密侦查员立法化的过程中规定了一种混合式的、多层次的秘密侦查员授权体系，原则上由侦查机关的领导者——检察院批准授权；在例外情况下，对于涉及更为深远的权利干预的秘密侦查员使用情形，实行司法审查机制，需取得法官的授权许可。除此之外，警察或其他侦查机关保留有在紧急情形下自行授权派遣秘密侦查员的权力，同时在预防警务活动中以及探取犯罪情报，而不是搜集证据的执法过程中，也可以自行授权使用秘密侦查员。[②]

根据《德国刑事诉讼法典》第110条b的规定，原则上“安置秘密侦查员应先取得检察官的同意；同意授权使用秘密侦查员应以书面方式作出”。在检察院内部，负责批准秘密侦查员的具体人员为检察长或者检察长特别指

---

① 《德国刑事诉讼法典》第152条第2项规定启动侦查的条件为“充分的事实依据”，与110条a派遣秘密侦查员的事实条件相同。

② 程雷著：《秘密侦查比较研究——以美、德、荷、英四国为样本的分析》，中国人民公安大学出版社2008年版，第292～294页。

定的检察官。检察官批准使用秘密侦查员时应当规定一定的使用期间，法律并未对此期间作出明确的规定，期满后，如果卧底侦查的要件继续存在，可以延长卧底期间。

根据该法典第110条第2款的规定，当秘密侦查员的使用涉及两项例外情形时，必须由法官授权方可使用：（1）针对特定犯罪嫌疑人；（2）秘密侦查员需要进入非公众可以进入的住所。[①] 在情况紧急时，检察官对于上述两种特殊情形有权进行紧急授权，但3日内应报法官批准，法官不同意使用秘密侦查员时，卧底侦查应当终止。

针对特定的犯罪嫌疑人使用秘密侦查员将会引发更多的权利侵犯的风险，因为当卧底侦查集中于特定的个人时，侦查深度与权利干预的强度必然会相应增大，欺骗手段的使用频率也会相应地变得更为密集。同时，从权利救济的角度来讲，针对特定个人开展的卧底侦查由于特定个人的权利处于被干预的风险之中，理应通过更为严格的审批程序进行控制，法官作为中立的第三方更适宜作为秘密侦查员使用的监控主体。另一种特殊情形，即进入私人领域开展卧底侦查，由于涉及德国基本法中规定的住宅安宁以及资讯隐私权而在德国备受关注，长期以来关于秘密侦查员能否使用身份欺骗的方式，在取得犯罪嫌疑人的同意进入住宅实施其他侦查活动的问题始终是德国实务界与理论界聚焦争论的一个热点问题。私人领域所有人的同意由于是在欺骗的情况下作出的，对真实情况没有充分的理解，能否视为清楚、明确且自由地决定放弃住宅权、隐私权，是一个重大的争议问题，而且卧底侦查多涉及进入私人领域取证问题，关系到秘密侦查员是否成立德国刑法上的私自侵入私人住宅罪问题，[②] 无故侵入私人住宅是秘密侦查员最可能犯下的罪名。[③]《德国刑事诉讼法典》中将侵入私人领域的卧底侦查列为法官司法审查的范围，有助于解决实务中秘密侦查员的使用涉及的私自侵入私人住宅罪的豁免问题，在通过司法审查增强了控制力度的同时，将秘密侦查员的侵入行为一并合法化。

除了检察官与法官的授权之外，侦查机关也可以在两种情形下自行授权派遣秘密侦查员，一种情形是犯罪侦查过程中的紧急授权，即情形紧急来不

---

① 非公众可以进入的住所，不仅仅限于私人住宅，还包括各种未向公众开放的私人空间，如私人公司的办公室等。

② 根据德国一名曾经多次从事卧底工作的刑事警察的自白，在他的侦查生涯中，他自己至少犯了100~200次的无故侵入住宅罪。

③ 林东茂：《卧底警探的法律问题》，载《刑事法杂志》2002年第40卷第4期。

及申请检察官或法官批准时，侦查机关可以先行自我授权派遣秘密侦查员，但授权的期限只有3日，3日内必须得到检察官或法官的事后批准，否则卧底侦查必须终止，但先前进行的卧底侦查并非无效与违法，因为紧急授权是警察的权限，3日自行授权期间内取得的证据具有证据能力。[①] 执法实践中由于卧底打入犯罪环境通常需要较长的运营时间，需要花费一定的精力与时间接近犯罪嫌疑人并赢得其信赖，因此3日的时间对于卧底侦查的成功来讲过于短暂，因此可以推测警察机关自我授权进行的卧底侦查在执法实践中适用的情形不会很多，更多的情形是警察需要申请检察官或法官的后续批准。

警察机构自行授权开展卧底侦查的另一种情形为，犯罪预防过程中使用秘密侦查员和为收集犯罪信息而不是犯罪证据使用秘密侦查员。这两种情形下，不受刑事诉讼法典中关于秘密侦查员规定的规范，原因如前所述，刑事诉讼法典中的规定仅仅适用于以搜集证据为目的的犯罪侦查活动。预防犯罪发生、防止社会危险的事务不属于联邦立法权的范围，由德国各联邦自行制定法律规制，而仅仅是收集犯罪信息、情报，并不搜集证据、取得证据的卧底侦查也并不认为是刑事诉讼法所应当关注的问题，检察官审查和法官审查的卧底侦查仅限于秘密侦查员实施的以证据搜集为目的的侦查活动。由于犯罪预防活动以及犯罪情报、信息收集活动是日常警务活动中必不可少的组成部分，在很多情形下还是证据收集活动的基本准备与必要前提，因此警察机关自行授权在此两类警务活动中使用秘密侦查员在刑事执法实践中非常多见，与第一种自我授权的情形相比，显得更为普遍与常态。

（三）秘密侦查员身份的保密

为了进一步增强卧底侦查的实效性与安全性，《德国刑事诉讼法典》中专门规定了秘密侦查员的身份保密条款，以打消秘密侦查员从事卧底侦查的顾虑，从而确保卧底侦查的顺利进行。《德国刑事诉讼法典》规定秘密侦查员的身份可以一直保密，即使是在侦查结束后也是如此，但这种保密不能针对具有批准使用权限的检察官或法官，该法典规定，“授权卧底侦查的法官与检察官，可以要求秘密侦查员在法官或检察官面前公开真实身份”。对于其他人，秘密侦查员原则上可以保密身份，特别是在如果公开将威胁到本人或他人[②]的生命、身体或自由的情况下，或者可能危及继续卧底侦查的工作时，根据《德国刑事诉讼法典》第96条的规定，不应公开秘密侦查员的身

---

① 林东茂：《卧底警探的法律问题》，载《刑事法杂志》2002年第40卷第4期。

② 所谓的“他人”，是指如线人、秘密侦查员的亲属等。

份。《德国刑事诉讼法典》第96条规定的是公权力机关可以以国家利益或州的利益为名，拒绝公开官方文书，警察机关可以根据该条的规定，以公开秘密侦查员的档案将危害国家利益或各邦的利益为由，拒绝交出卧底档案和公开秘密侦查员的身份。

此外，根据秘密侦查内部准则的规定，检察官也负有对秘密侦查员的身份保守秘密的义务，如在卧底侦查中，“检察官在制作与警方的谈话记录、与秘密侦查员的合作经过以及所作的相关决定时，记录中不得记载秘密侦查员的姓名，并应特别保存”。

（四）事后告知

德国法中的事后告知程序，是指卧底侦查结束后，在不会对侦查目的、公共安全、人身安危或秘密侦查员的继续使用构成威胁时，应当将秘密侦查员的使用情况告知相关人员。《德国刑事诉讼法典》第110条d专门提及了应当告知私人领域被侵入的相对人；同条第2款专门规定了在符合上述告知条件的情况下，检察院应当将卧底使用的情况归入卷宗。而根据《德国刑事诉讼法典》的规定，犯罪嫌疑人、被告人以及其他诉讼参与人有权阅览卷宗，这就意味着同时向辩方以及法官进行了告知。值得注意的是，此处规定的告知情况，根据法典文本的语句推断，应当属于一种例外情形，因为只有在满足诸多法定的特殊要件时，告知义务才需要履行，立法者对秘密侦查员使用的事后公开与监督十分谨慎，为了保护秘密侦查员的安全以及保证侦查目的的实现，规定的公开条件也显得较为烦琐与严格。

秘密侦查员的档案由负责侦查程序的检察官保存，只有在例外情形下，有特殊情况时才可以归入卷宗，向法官、辩方公开，告知相关权利人。即使是当初批准使用卧底的法官，也只有在特殊情况下才可以调取卧底档案，德国理论界与实务界对此规定不乏批判之声，认为这一规定必然导致法官与辩护人无法对秘密侦查员实施有效的控制，从而主张应当加以删除。①

第四节 日本诱惑侦查法律规制

在日本，诱惑侦查的使用可以追溯到第二次世界大战后，昭和20年代，为了阻止国内滥用兴奋剂这一情势的蔓延，日本接受了美国占领军侦查机关的建议，诱惑侦查开始在侦缉毒品犯罪中被实际运用。之后，这一侦查手段

---

① 林东茂：《卧底警探的法律问题》，载《刑事法杂志》2002年第40卷第4期。

的适用范围又逐渐扩大至侦缉不法武器交易、卖淫和盗窃邮件类犯罪。随着20世纪70年代第二次兴奋剂滥用期的到来，司法上关于诱惑侦查合法性问题再度引发争论。[①] 日本传统上属于大陆法系，但又深受英美法系尤其是美国法的影响，从而走上了兼具两大法系特点并且独具特色的法治道路。正是由于这样特殊的历史背景，日本诱惑侦查法理虽然深受美国圈套抗辩的影响，但由于诉讼制度上的差异，所以日本经过实务积累，形成了自身的见解，并形成了自己的体系。

一、日本规制诱惑侦查的成文法

鉴于来自美国有关诱惑侦查的“圈套抗辩”理论和大陆法系成文法的立法思想的影响，日本的法学界认为，根据宪法第13条，国民拥有不受公共权力干涉的人格自律权，而诱惑侦查容易侵害国民的隐私权和人格权，可能使人们对司法的公正性失去信赖，是一种危险的侦查方法，需要对此方法采取立法规制。为了合法、有效地运用诱惑侦查侦缉贩毒、不法武器交易、卖淫等犯罪，早在1948年颁布的《麻药取缔法》第58条就明确规定：“麻药取缔官及麻药取缔员，在进行与麻药犯罪有关的侦查时，经厚生大臣许可，可不受本法规定之限，从他人处受取麻药。”除《麻药取缔法》之外，1954年4月颁布的《鸦片法》第45条以及1958年3月颁布的《枪炮刀剑类管理法》第27条也对侦缉不法鸦片、武器交易时诱惑侦查的运用作出了大致相同的规定。日本法学界一般认为，这无疑是以立法的形式承认了诱惑侦查在侦缉毒品、武器交易等隐蔽性犯罪中的合法地位。[②]

从日本对诱惑侦查的立法中仅能看出三方面的表现：一是规定了适用案件的大致范围，即诱惑侦查手段可用于贩卖毒品、走私枪支等隐蔽性强的犯罪侦查；二是规定了审批程序，即要经过厚生大臣批准，而并没有像《德国刑事诉讼法典》规定的容易严重侵犯人权的诱惑侦查应由检察官或法官批准的那样，可见日本的审批并非司法控制，只是一种行政性批准；三是规定了诱惑方法，即可以“受让”，此规定说明采取“假买”方法开展的诱惑侦查在法律上是被认可的。

从以上分析可以看出，日本关于诱惑侦查的立法对未经批准的诱惑侦查，超越范围（如假卖）的诱惑侦查，以及通过其他方法进行的诱惑侦查是否允

---

① 陈俊阂：《刑事程序中之诱捕侦查》，“国立”大学2000年硕士学位论文。

② 马跃：《美、日有关诱惑侦查的法理及论争之概观》，载《法学》1998年第11期。

许，违法诱惑侦查行为如何制裁，均未作规定，故其立法规制主要还是宏观地概括承认诱惑侦查手段的合法性并作了必要指导性的限制，并没有系统的法律规制。正是由于立法上的不明确性，从而引起了实务部门做法不一，判例的思想也并不一致，学术争论也颇具特色。

二、日本规制诱惑侦查的判例发展

尽管日本以立法的形式确认了诱惑侦查在侦缉隐蔽性犯罪中的合法地位，但由于上下级裁判所在审理运用诱惑侦查手段起诉的案件时，对诱惑侦查是否合法，被告人是否有罪等问题存在不同的认识，从而形成了不同的判例。日本对诱惑侦查的判例体现出了不同历史阶段对诱惑侦查的认识和规制的渐进性，大体可以分为三个阶段：

第一个阶段，早期下级审裁判。[①]

这一时期司法上对于诱惑侦查总体上持宽容的态度，甚至对于“犯意诱发型”的诱惑侦查行为也予以认可。在1953年以前，在涉及诱惑侦查的案件中，虽然有些下级法院认为此种侦查方式违法，但第二审或第三审时往往会被撤销原判决。[②] 日本最高法院对诱惑侦查的态度也相当消极，认为侦查机关使用“圈套”侦查犯罪并不阻却犯罪行为人犯罪构成的该当性、责任性和违法性，既不违反规定提起公诉的程序，也不足以导致公诉的消灭，[③] 因而从实体法和程序法两方面肯定了诱惑侦查的合法性。在这一时期只有少数法院对被告人作出无罪判决，绝大多数法院都判决被告人有罪。

法院对被告人作出无罪判决的理由有三个：

一是侦查机关违背诚信。“国家一方面引导易受诱惑之人实施犯罪，公然制造犯罪人，另一方面又将该人逮捕。这种方式作为侦查手段，应受非难。”[横滨地方裁判所昭和26年（1951）6月19日]

二是违反司法无瑕性。“属国家行政机关之侦查人员，先诱导易受诱惑之人使其犯罪，而逮捕之；再由同属国家机关的法院为处罚的判决，此方式应受非难。”[横滨地方裁判所昭和26年（1951）7月17日]

三是被告人行为无危险性。“被告人从侦查机关的辅助者受让毒品，再

---

① 此处所谓“早期”是指第二次世界大战后，日本从美国占领军引进诱捕侦查的方法，至日本最高裁判所作出相关判决止（1953年3月5日）。取这个期间的原因在于，最高裁判所在该案中的判决作出之后，下级审的裁判即少有实质性的讨论。

② 谢志鸿：《陷阱侦查于刑事诉讼上之效力》，载《辅仁法学》2003年第20期。

③ 孙长水：《侦查程序与人权——比较法考察》，中国方正出版社2000年版，第44页。

转让给侦查人员。被告人持有毒品的具体危险性、抽象危险性均不存在。"［东京高等裁判所昭和27年（1952）7月29日］

法院判决被告人有罪的理由，大多是认为被告人于诱捕前已有犯意存在，侦查机关实施诱捕行为只不过是提供给被告人"犯罪机会"，所以诱捕侦查应属合法。另外，即使被告人因诱捕行为而生犯意（犯意诱发型），判决中亦有认为被告人行为严重危害社会、破坏国民健全的社会生活及公共福祉（主要指毒品犯罪），为"彻底调查以消灭犯罪根源"仍允许该诱捕行为。①

第二个阶段，1953年（昭和28年）3月5日最高裁判所裁判。

该案是被告人应驻日美军侦查机关情报员的要求，在东京购入毒品后携带回京都而被查获的贩毒案件。1953年（昭和28年）3月5日，日本最高裁判所判决内容："因受诱惑始产生或加强犯意而犯罪之行为人，该'诱惑者'在日本刑事法上，不论有无《麻药取缔法》第五十三条规定之情形，以致是否需负教唆或帮助犯之罪责，应另当别论。行为人不能以'诱惑者'为侦查机关而非私人之理由，主张其犯罪行为构成要件不该当，有阻却违法、责任事由或该起诉违背规定或公诉权消灭等理由。"该判决意见，在以后侦查机关实施诱惑侦查的相关诉讼中，经常被下级裁判所作为参考基准，最高裁判所以后的判决也多次以此为准进行判决，因而此判例具有相当重要的地位，被视为司法裁判的典型判例。

此判决显示之意义有两个：

一是不论侦查机关的诱惑侦查行为违法与否，即使是"犯意诱发型"诱惑侦查，被告人也不可以利用实体法、诉讼法进行抗辩，而无任何救济途径，只应被处罚。

二是侦查机关或者"诱惑者"的违法诱惑行为是否构成教唆行为，甚至构成犯罪，应当另行考虑，另做处理，但是不能以诱惑侦查违法而免除被告人的刑事责任。

该判例确立的处理诱惑侦查案件的原则实为罕见，可以称之为"分别处罚论"。需要说明的是，尽管"分别处罚论"中包含了可以追究"诱惑者"刑事责任的可能性，但实际中却从没有执法者被追究刑事责任的先例。究其原因，追究"诱惑者"刑事责任的这一条仅是一个附带说明而已，并不是该案判决的主要任务，因为本案判决并未从正面论及"诱惑者"的刑事责任，

① 梁世桦：《诱捕侦查之研究——以刑事程序法为中心》，"国立"台北大学1999年硕士学位论文。

因此“分别处罚论”的意义实际主要在于阐明了被告人犯罪构成、刑事责任的该当性而已，并不想责罪于侦查机关的过分引诱行为。

第三个阶段，新近下级审裁判的新做法。

新近下级审裁判对1953年（昭和28年）3月5日最高裁判所裁判中的见解有学者认为不妥，认为必须再度检讨诱惑侦查的合理性，有人认为诱惑侦查以公共福祉之名侵害个人基本人权之实，破坏国家和其构成成员（人民）间的信赖，违反日本刑事诉讼法第1条：“本法于刑事案件，以维持公共福祉、保障个人基本人权，并调查事实真相，正确且迅速地适用刑罚法令为目的。”（福冈地方裁判所小仓支所命令昭和46年（1971）5月1日）。[①] 因此，在1953年3月5日最高裁判所裁判之后，一些下级法院的判例开始分辨违法的诱惑侦查行为，认为“犯意诱发型”的诱惑侦查是违法的，而“提供机会型”的诱惑侦查则属于合法，即采用简单的“两分法”来判断诱惑侦查的合法性。肯定诱惑侦查的必要性和确定判断其合法性标准的典型判例，如东京高等法院1982年10月15日判决：“尽管本案犯罪事实系因诱惑侦查而举发，但被告人在本案之前曾经有四五次贩卖安非他命的行为，因此可以推论被告人此前就有为了秘密贩卖安非他命而反复、继续持有安非他命之故意，因此该案诱惑侦查属于机会提供型，而非犯意诱发型；加上安非他命对社会的危害性很大，鉴于这类案件侦缉和证据的收缴非常困难，而且通常在现场无法查获赃物，便难于拘捕犯罪人的实情，诱惑性手段的运用，便成为侦查上必不可少的方法。并非违反正当程序、违法或不当之侦查行为。”[②] 允许在侦缉隐蔽性犯罪时运用侦查手段，并肯定其必要性、合法性的判决，已成为日本裁判所判例的主流。

三、日本各学说之争论

由于最高裁判所裁判的学说疏于保障人权，在日本法学界，大多数学者则更支持和效仿美国“圈套抗辩”的法理，即主张以被告人的犯罪倾向性来判断诱惑侦查合法与否，被告人在被诱惑犯罪前如果没有犯罪倾向，而是“诱惑者”诱使其产生犯意，并实施犯罪，那么这种诱惑侦查行为就是“警察圈套”，对被告人应予释放。但是对“警察圈套”产生的法律后果，日本

---

① 梁世桦：《诱捕侦查之研究——以刑事程序法为中心》，“国立”台北大学1999年硕士学位论文。

② 谢志鸿：《陷阱侦查于刑事诉讼上之效力》，载《辅仁法学》2003年第20期。

的法学界争论也颇大，目前主要有以下几种学说：

第一种观点是违法收集证据排除。这种观点是基于“警察圈套”超越了宪法设定的公权力范围的思维而形成的。持这一观点的代表是高田卓尔，他认为：“虽然1948年颁布的《麻药取缔法》第58条确立了诱惑侦查的合法地位，但不应将这一立法简单理解为‘犯意诱发型’诱惑侦查也是合法的，故以违法诱惑侦查的手段收集的证据，必定可以作为违法收集证据的一种，理应否定其证据效力，不予采信。”①

第二种观点是驳回公诉说。这种观点主张“警察圈套”形成的原因是程序不公正，应以违反正当程序为由驳回公诉。② 代表此观点的松尾浩也教授认为：“对积极犯意诱发，诱导犯罪，已脱离诉讼公正性原则的违法的诱惑侦查，必须采取驳回公诉或排除违法收集证据的手段加以规制，以保障刑事诉讼法合法、公正的进行。”③ 此后，田宫裕教授进一步指出：“当侦查机关抛弃应承担的任务，所作所为已堕落至形同犯罪者，可以说基于这种侦查提起的公诉也已丧失了控告犯罪者，维护法制的内涵。而且违法的诱惑侦查所采取的是丧失侦查廉洁性的所谓‘肮脏’的手段，因此是与合法诉讼原则相悖的，违法的无效的侦查。同时，违法侦查的存在与违反诉讼利益的公诉的提起有着密不可分的因果关系，因此驳回公诉对有效地制裁和规制违法的诱惑侦查具有积极作用。”④

第三种观点是免诉说。持这种观点的学者认为，诱惑侦查违法时，因为缺乏国家处罚的资格，所以应予以免诉。⑤ 具体而言，国家采用诱惑性手段实施侦查，既无视侦查程序和诉讼程序本来的宗旨，又违背诚实义务，从而丧失进行实体诉讼的条件，使国家失去了行使刑罚权的合法资格。但对此持反对学说的学者则认为，虽然国家机关由于违法的诱惑侦查而丧失了行使刑罚权的合法资格，但根据日本刑事诉讼法第337条并无对以违法手段侦缉的案件可以免诉处理的规定，客观上造成了免诉说缺乏法律根据。而且，免诉只能阻断对被诱惑者的刑事追究，并未给予违法侦查本身以任何制裁处分。⑥

通过以上论述，我们看到日本是以立法的形式明确了诱惑侦查的合法地

① 马跃：《美、日有关诱惑侦查的法理及论争之概观》，载《法学》1998年第11期。

② ［日］田口守一著：《日本刑事诉讼法》，穆津等译，法律出版社2000年版，第34页。

③ 马跃：《美、日有关诱惑侦查的法理及论争之概观》，载《法学》1998年第11期。

④ 马跃：《美、日有关诱惑侦查的法理及论争之概观》，载《法学》1998年第11期。

⑤ ［日］田口守一著：《日本刑事诉讼法》，穆津等译，法律出版社2000年版，第34页。

⑥ 马跃：《美、日有关诱惑侦查的法理及论争之概观》，载《法学》1998年第11期。

位，不过没有明确违法诱惑侦查行为的制裁方法，而最高裁判所裁决的案例表明了日本最高法院对诱惑侦查宽容的态度。比较日本法学界围绕如何规制诱惑侦查形成的各种学说，从中不难看出美国的“圈套抗辩”法理的影响，但也有所发展。应当指出的是，日本对于违法的诱惑侦查，即所谓“犯意诱发型”的诱惑侦查缺乏有效的救济措施，从保障被告人权利的角度看，有所不足。

第五节 国外诱惑侦查法律规制小议

通过本章对各主要法治国家诱惑侦查法律规制的考察不难发现，由于诉讼传统的差异，英美法系国家和大陆法系国家对待诱惑侦查，早期一度存在着完全不同的两种态度。以美国为代表的英美法系国家，诱惑侦查被用于各种案件的侦查，而缺少必要的限制；而大陆法系国家则基于程序法定的观念，对诱惑侦查持否定态度。但是，随着侦查中侵犯人权的案例不断出现，英美法系国家逐渐通过法院判例和制定条文对诱惑侦查加以限制；而大陆法系国家在传统侦查手段对一些特殊类型犯罪（如毒品犯罪）束手无策的现实面前，逐渐认可了诱惑侦查的必要性，并通过立法赋予侦查机关对特殊类型犯罪可以实施诱惑侦查，与英美法系国家不同的是，其对使用诱惑侦查是有严格限制的。

英美法系国家和大陆法系国家对诱惑侦查的法律规制主要有以下几点不同：

第一，英美法系国家对诱惑侦查的限制主要侧重于诱惑的程度，至于诱惑侦查所适用的案件范围则缺少明确限制；而大陆法系国家仅允许诱惑侦查适用于有限的特殊犯罪案件，有些国家甚至只允许在与毒品有关的犯罪案件中适用诱惑侦查手段。

第二，近年来，英美法系国家法院的判例尽管对诱惑侦查的方式设置了必要的限制，但其主要是对诱惑程度进行的限制，对具体适用的手段、方法却并没有具体限定，而主要强调手段与特定案情、特定被告人的相称性；而大陆法系国家在允许诱惑侦查的立法中，一般都对诱惑侦查的手段予以了明确的限定，这些手段在性质上都属于客观地进行某种行为，而不存在积极主动地进行鼓励、挑逗。

第三，在英美法系国家，诱惑侦查是一种较为常见的侦查手段，通常无须经过其他机关的批准。而在大陆法系国家，采取诱惑侦查一般要履行法定的审查程序，并强调只应适用于其他侦查手段无能为力的特殊犯罪案件的侦查。

尽管两大法系国家使用诱惑侦查的范围不尽一致，立法与司法方面的规制不尽相同，但仍然存在许多共同点。归纳起来，大致有以下几个方面：

第一，各国都肯定了诱惑侦查作为打击、抑制犯罪的非常手段，在一定范围内和一定程度上具有必要性与合法性。各主要法治国家通过立法对侦查机关使用诱惑侦查予以明确授权。以美国为例，诱惑侦查在实践中得以大量使用，仅 1980 年至 1982 年的两年时间里，美国侦查机关运用诱惑侦查逮捕的人数就达 2700 余人，其中 1100 余人被判刑。①

第二，各国都通过立法形式对诱惑侦查的使用条件和程序作出了明确的规制。例如，美国司法部于 1981 年 1 月 5 日制定的《关于联邦调查局秘密侦查的准则》关于“违法行为的机会设定之许可”之规定，《德国刑事诉讼法典》第 110 条 a 至第 110 条 e 之规定。

第三，关于诱惑侦查的合法性界限，各国在学理上或司法判决中形成了大体一致的标准。尽管上述各主要法治国家都意识到有必要使用诱惑侦查手段来对抗特殊类型的犯罪，但对该手段的不当甚至违法使用可能对基本人权造成损害却保持了相当程度的警惕。因此，各国在学理上和司法判决中都对诱惑侦查的使用提出了一个基本一致的底线要求，即政府不能为了侦查、追诉的需要去教唆一个本来没有犯罪意图的人实施犯罪。一旦侦查机关逾越了这一底线要求，则还可通过司法环节对其予以规制。②

---

① 马跃：《美、日有关诱惑侦查的法理及论争之概观》，载《法学》1998 年第 11 期。

② 吴健：《论我国诱惑侦查的法律规制》，中国政法大学 2006 年硕士学位论文。

第四章 诱惑侦查规制路径研究

2012 年新修改的刑事诉讼法第 151 条第 1 款规定："为了查明案情，在必要的时候，经公安机关负责人决定，可以由有关人员隐匿其身份实施侦查。但是，不得诱使他人犯罪，不得采用可能危害公共安全或者发生重大人身危险的方法。"该条第一句是对隐匿身份型秘密侦查的概括授权，诱惑侦查属于隐匿身份型的秘密侦查措施，应当包括其内。第二句中的"不得诱使他人犯罪"一语是对诱惑侦查中容易出现犯意引诱问题在立法上作出的否定评价，其后限制了实施方式，即"不得采用可能危害公共安全或者发生重大人身危险的方法"。因此，应当认为，新修改的刑事诉讼法已对诱惑侦查作出了限制性授权，诱惑侦查作为一种侦查取证手段由此得以合法化。既然诱惑侦查措施已经被纳入法制轨道，其又是极容易侵犯人权的侦查措施，那么无论理论界和实务界都迫切需要有关部门研究出台诱惑侦查的相关规制，以保障该侦查措施可以被合法高效地利用到侦查实践中。值此之际，理论界实有必要结合立法精神深入研究其基本理论，并探讨出符合我国国情的规制路径，为我国司法实践提供充足的学理支撑和正确的操作指南。

第一节 诱惑侦查立法释疑

如何正确理解新修改的刑事诉讼法第 151 条第 1 款的规定，是诱惑侦查措施的研究基点。对该款第一句，不妨对比一下 2011 年 8 月 30 日全国人大常委会法制工作委员会网上公布的《刑事诉讼法修正案（草案）》（以下简称《草案》）第 150 条第 1 款的规定："为了查明案情，在必要的时候，经县级以上公安机关负责人决定，可以由特定人员实施秘密侦查。"可以看出，新修改的刑事诉讼法对《草案》中的这一条有很大改动：第一，新修改的刑事诉讼法规定了"为了查明案情，在必要的时候……"说明隐匿身份型的秘密侦查手段不可以随意启动，应当严格遵守比例原则。第二，新修改的刑事诉讼法删去了《草案》中的“经县级以上公安机关负责人决定”，而只要求“经公安机关负责人决定”就可以启动相关秘密侦查措施，从而对侦查机关的审批权限不作具体要求。第三，新修改的刑事诉讼法删去了《草案》中对“秘密侦查”的提法，取而代之的是描述式定义侦查手段，即“可以由有关人员隐匿其身份实施侦查”。这其中既考虑到“秘密侦查”词汇的敏感性，又考虑到“秘密侦查”措施种类范围在理论上还没有达成共识的缘故。那么，新修改的刑事诉讼法提出的“可以由有关人员隐匿其身份实施侦查”具体指的是什么秘密侦查手段，立法意义何在？考察侦查措施理论分类，主要指的就是“诱惑侦查”和“卧底侦查”，立法授权可以使这些秘密侦查手段得到的证据合法化，再不用使用“证据转化”，另外也可以使检法办案人员获知侦查机关是如何使用相关秘密侦查手段的，对“诱惑侦查”这样容易侵犯人权的侦查手段可以及时监督，提出合理怀疑，使得秘密侦查手段在法庭上并不“秘密”。

新修改的刑事诉讼法第151条第1款第二句“不得诱使他人犯罪……”明确禁止诱惑侦查中的“犯意引诱”行为。这是符合法治先进国家通行做法的，一方面赋予侦查机关对特殊案件可以采用诱惑侦查的权力，增强其打击犯罪的效能；另一方面又禁止采用具有“犯意引诱”的诱惑侦查行为，防止诱惑侦查行为违法，被滥用，从而侵犯人权。另外，该款也直接否定了长期以来对我国司法实务界一直有指导意义的《全国部分法院审理毒品犯罪案件工作座谈会纪要》（以下简称《会议纪要》）[①]“准司法解释”的处理原则。《会议纪要》对因诱惑侦查中的“犯意引诱”行为而实施毒品犯罪的被告人仍然进行定罪处罚，只是在量刑上从轻，而并不影响其罪名的成立，这表明我国司法实务中并不认为“犯意引诱”是违法侦查行为，其所获证据也并不被排除，即使行为人完全是因为侦查机关“犯意引诱”而实施犯罪的，该行为人仍然将被定罪处罚。新修改的刑事诉讼法有效排除了诱惑侦查中的“犯意引诱”行为，其立法意义就是明确否定了诱惑侦查中的“犯意引诱”行为

---

① 2008年12月22日最高人民法院印发的《全国部分法院审理毒品犯罪案件工作座谈会纪要》明确规定：“对特情介入侦破的毒品案件，要区别不同情形予以分别处理。对已持有毒品待售或者有证据证明已准备实施大宗毒品犯罪者，采取特情贴靠、接洽而破获的案件，不存在犯罪引诱，应当依法处理。行为人本没有实施毒品犯罪的主观意图，而是在特情诱惑和促成下形成犯意，进而实施毒品犯罪的，属于‘犯意引诱’。对因‘犯意引诱’实施毒品犯罪的被告人，根据罪刑相适应原则，应当依法从轻处罚，无论涉案毒品数量多大，都不应判处死刑立即执行。”

的合法性，将其列为违法侦查行为，使司法实务部门必须在侦查程序和证据采信方面作出相应调整：其一，侦查机关要严格控制诱惑侦查的实施过程，不得在诱惑侦查中有“犯意引诱”行为；其二，检察院在案件审查过程中，一旦发现侦查机关在诱惑侦查中涉嫌违法采用“犯意引诱”行为，可以对该违法侦查行为进行监督、纠正；其三，法院有权力对通过诱惑侦查中“犯意引诱”行为所获全案证据予以非法证据排除，并判决被告人无罪，而不仅是从轻量刑。

新修改的刑事诉讼法第151条第1款第二句中的“不得采用可能危害公共安全或者发生重大人身危险的方法”的立法意义在于，严格限制诱惑侦查的实施方式，这一点对于侦查机关严格控制诱惑侦查实施过程具有重要的规范和指导作用。一直以来，我国侦查机关对诱惑侦查实施过程控制得并不严密，没有相应的机制来控制实施诱惑侦查的过程，加之侦查指挥员和侦查员缺乏风险意识，使诱惑侦查在实施过程中产生危害公共安全或者人身安全的风险都转化为现实危害。新修改的刑事诉讼法出台后，这种可能危害公共安全或者发生重大人身危险的诱惑侦查行为会被归于违法侦查行为，事后应有追责机制，从而可以指导侦查机关对诱惑侦查实施过程进行严密控制。

综上对新修改的刑事诉讼法第151条第1款规定的分析，可以得出这样的结论，这一款虽然是对隐匿身份型秘密侦查措施的普遍授权，但是该款着重针对诱惑侦查措施在侦查实践中容易出现的主要问题进行了必要的限制，同时明确了诱惑侦查的合法性，排除了诱惑侦查中“犯意引诱”行为，这对于理论界深入研究诱惑侦查的规制路径具有重要指导意义。

第二节 诱惑侦查规制现状

在我国，诱惑侦查有日渐成为一种常规执法手段的趋势，但是现行的刑事诉讼法及相关的司法解释中关于诱惑侦查的规定一片空白，立法上长时间没有清晰完整的表述，诱惑侦查失控的现象在所难免。究竟如何把握诱惑侦查这一备受争议的侦查手段，实务部门倍感困惑，尤其是基层法院无法擅自定夺，司法部门和部分地区公安机关也产生了对诱惑侦查进行规制的愿望，并进行了一些有益的探索。

一、最高人民法院的《会议纪要》

当前，我国司法部门承认诱惑侦查的合法性，以及指导实务部门把握诱惑侦查的合法性和量刑标准的最高依据，应当首推2008年12月22日最高人民法院印发的《谈会纪要》[①]，虽然《会议纪要》既不是法律，也非司法解释，但是它对于诱惑侦查的合法化，以及诱惑侦查案件的审判具有很大影响，成为实务部门的主要依据。《会议纪要》全文如下：

近年来，全国法院认真贯彻落实国家禁毒法律和政策，始终把打击毒品犯罪作为刑事审判工作的一项重要任务，依法严惩了一大批毒品犯罪分子，为净化社会环境，保护公民身心健康，维护社会和谐稳定作出了重要贡献。但是，由于国际国内各方面因素的影响，我国的禁毒形势仍然十分严峻。人民法院一定要从民族兴衰和国家安危的高度，深刻认识惩治毒品犯罪的极端重要性和紧迫性，认真贯彻执行刑法、刑事诉讼法和禁毒法的有关规定，坚持“预防为主，综合治理，禁种、禁制、禁贩、禁吸并举”的禁毒工作方针，贯彻宽严相济的刑事政策，充分发挥刑事审判职能，严厉打击严重毒品犯罪，积极参与禁毒人民战争和综合治理工作，有效遏制毒品犯罪发展蔓延的势头。

为了进一步加强毒品犯罪案件的审判工作，依法惩治毒品犯罪，最高人民法院于2008年9月23日至24日在辽宁省大连市召开了全国部分法院审理毒品犯罪案件工作座谈会。最高人民法院张军副院长出席座谈会并作讲话。座谈会在2000年在南宁市召开的“全国法院审理毒品犯罪案件工作座谈会”及其会议纪要、2004年在佛山市召开的“全国法院刑事审判工作座谈会”和2007年在南京市召开的“全国部分法院刑事审判工作座谈会”精神的基础上，根据最高人民法院统一行使死刑案件核准权后毒品犯罪法律适用出现的新情况，适应审理毒品案件尤其是毒品死刑案件的需要，对最高人民法院“关于全国法院审理毒品犯罪案件工作座谈会纪要”（即“南宁会议纪要”）、有关会议领导讲话和有关审理毒品犯罪案件规范性文件的相关内容进行了系统整理和归纳完善，同时认真总结了近年来全国法院审理毒品犯罪案件的经验，研究分析了审理毒品犯罪案件中遇到的新情况、新问题，对人民法院审理毒品犯罪案件尤其是毒品死刑案件具体应用法律的有关问题取得了共识。现纪要如下：

一、毒品案件的罪名确定和数量认定问题

刑法第三百四十七条规定的走私、贩卖、运输、制造毒品罪是选择性罪

---

① 《最高人民法院印发〈全国部分法院审理毒品犯罪案件工作座谈会纪要〉的通知》，载《人民法院报》2008年12月22日。

名，对同一宗毒品实施了两种以上犯罪行为并有相应确凿证据的，应当按照所实施的犯罪行为的性质并列确定罪名，毒品数量不重复计算，不实行数罪并罚。对同一宗毒品可能实施了两种以上犯罪行为，但相应证据只能认定其中一种或者几种行为，认定其他行为的证据不够确实充分的，则只按照依法能够认定的行为的性质定罪。如涉嫌为贩卖而运输毒品，认定贩卖的证据不够确实充分的，则只定运输毒品罪。对不同宗毒品分别实施了不同种犯罪行为的，应对不同行为并列确定罪名，累计毒品数量，不实行数罪并罚。对被告人一人走私、贩卖、运输、制造两种以上毒品的，不实行数罪并罚，量刑时可综合考虑毒品的种类、数量及危害，依法处理。

罪名不以行为实施的先后、毒品数量或者危害大小排列，一律以刑法条文规定的顺序表述。如对同一宗毒品制造后又走私的，以走私、制造毒品罪定罪。下级法院在判决中确定罪名不准确的，上级法院可以减少选择性罪名中的部分罪名或者改动罪名顺序，在不加重原判刑罚的情况下，也可以改变罪名，但不得增加罪名。

对于吸毒者实施的毒品犯罪，在认定犯罪事实和确定罪名时要慎重。吸毒者在购买、运输、存储毒品过程中被查获的，如没有证据证明其是为了实施贩卖等其他毒品犯罪行为，毒品数量未超过刑法第三百四十八条规定的最低数量标准的，一般不定罪处罚；查获毒品数量达到较大以上的，应以其实际实施的毒品犯罪行为定罪处罚。

对于以贩养吸的被告人，其被查获的毒品数量应认定为其犯罪的数量，但量刑时应考虑被告人吸食毒品的情节，酌情处理；被告人购买了一定数量的毒品后，部分已被其吸食的，应当按能够证明的贩卖数量及查获的毒品数量认定其贩毒的数量，已被吸食部分不计入在内。

有证据证明行为人不以牟利为目的，为他人代购仅用于吸食的毒品，毒品数量超过刑法第三百四十八条规定的最低数量标准的，对托购者、代购者应以非法持有毒品罪定罪。代购者从中牟利，变相加价贩卖毒品的，对代购者应以贩卖毒品罪定罪。明知他人实施毒品犯罪而为其居间介绍、代购代卖的，无论是否牟利，都应以相关毒品犯罪的共犯论处。

盗窃、抢夺、抢劫毒品的，应当分别以盗窃罪、抢夺罪或者抢劫罪定罪，但不计犯罪数额，根据情节轻重予以定罪量刑。盗窃、抢夺、抢劫毒品后又实施其他毒品犯罪的，对盗窃罪、抢夺罪、抢劫罪和所犯的具体毒品犯罪分别定罪，依法数罪并罚。走私毒品，又走私其他物品构成犯罪的，以走私毒品罪和其所犯的其他走私罪分别定罪，依法数罪并罚。

二、毒品犯罪的死刑适用问题

审理毒品犯罪案件，应当切实贯彻宽严相济的刑事政策，突出毒品犯罪的打击重点。必须依法严惩毒枭、职业毒犯、再犯、累犯、惯犯、主犯等主观恶性深、人身危险性大、危害严重的毒品犯罪分子，以及具有将毒品走私入境，多次、大量或者向多人贩卖，诱使多人吸毒，武装掩护、暴力抗拒检查、拘留或者逮捕，或者参与有组织的国际贩毒活动等情节的毒品犯罪分子。对其中罪行极其严重依法应当判处死刑的，必须坚决依法判处死刑。

毒品数量是毒品犯罪案件量刑的重要情节，但不是唯一情节。对被告人量刑时，特别是在考虑是否适用死刑时，应当综合考虑毒品数量、犯罪情节、危害后果、被告人的主观恶性、人身危险性以及当地禁毒形势等各种因素，做到区别对待。近期，审理毒品犯罪案件掌握的死刑数量标准，应当结合本地毒品犯罪的实际情况和依法惩治、预防毒品犯罪的需要，并参照最高人民法院复核的毒品死刑案件的典型案例，恰当把握。量刑既不能只片面考虑毒品数量，不考虑犯罪的其他情节，也不能只片面考虑其他情节，而忽视毒品数量。

对虽然已达到实际掌握的判处死刑的毒品数量标准，但是具有法定、酌定从宽处罚情节的被告人，可以不判处死刑；反之，对毒品数量接近实际掌握的判处死刑的数量标准，但具有从重处罚情节的被告人，也可以判处死刑。毒品数量达到实际掌握的死刑数量标准，既有从重处罚情节，又有从宽处罚情节的，应当综合考虑各方面因素决定刑罚，判处死刑立即执行应当慎重。

具有下列情形之一的，可以判处被告人死刑：（1）具有毒品犯罪集团首要分子、武装掩护毒品犯罪、暴力抗拒检查、拘留或者逮捕、参与有组织的国际贩毒活动等严重情节的；（2）毒品数量达到实际掌握的死刑数量标准，并具有毒品再犯、累犯，利用、教唆未成年人走私、贩卖、运输、制造毒品，或者向未成年人出售毒品等法定从重处罚情节的；（3）毒品数量达到实际掌握的死刑数量标准，并具有多次走私、贩卖、运输、制造毒品，向多人贩毒，在毒品犯罪中诱使、容留多人吸毒，在戒毒监管场所贩毒，国家工作人员利用职务便利实施毒品犯罪，或者职业犯、惯犯、主犯等情节的；（4）毒品数量达到实际掌握的死刑数量标准，并具有其他从重处罚情节的；（5）毒品数量超过实际掌握的死刑数量标准，且没有法定、酌定从轻处罚情节的。

毒品数量达到实际掌握的死刑数量标准，具有下列情形之一的，可以不判处被告人死刑立即执行：（1）具有自首、立功等法定从宽处罚情节的；（2）已查获的毒品数量未达到实际掌握的死刑数量标准，到案后坦白尚未被司法机关掌握的其他毒品犯罪，累计数量超过实际掌握的死刑数量标准的；(3）经鉴定毒品含量极低，掺假之后的数量才达到实际掌握的死刑数量标准的，或者有证据表明可能大量掺假但因故不能鉴定的；（4）因特情引诱毒品数量才达到实际掌握的死刑数量标准的；（5）以贩养吸的被告人，被查获的毒品数量刚达到实际掌握的死刑数量标准的；（6）毒品数量刚达到实际掌握的死刑数量标准，确属初次犯罪即被查获，未造成严重危害后果的；（7）共同犯罪毒品数量刚达到实际掌握的死刑数量标准，但各共同犯罪人作用相当，或者责任大小难以区分的；（8）家庭成员共同实施毒品犯罪，其中起主要作用的被告人已被判处死刑立即执行，其他被告人罪行相对较轻的；（9）其他不是必须判处死刑立即执行的。

有些毒品犯罪案件，往往由于毒品、毒资等证据已不存在，导致审查证据和认定事实困难。在处理这类案件时，只有被告人的口供与同案其他被告人供述吻合，并且完全排除诱供、逼供、串供等情形，被告人的口供与同案被告人的供述才可以作为定案的证据。仅有被告人口供与同案被告人供述作为定案证据的，对被告人判处死刑立即执行要特别慎重。

三、运输毒品罪的刑罚适用问题

对于运输毒品犯罪，要注意重点打击指使、雇佣他人运输毒品的犯罪分子和接应、接货的毒品所有者、买家或者卖家。对于运输毒品犯罪集团首要分子，组织、指使、雇佣他人运输毒品的主犯或者毒枭、职业毒犯、毒品再犯，以及具有武装掩护，暴力抗拒检查、拘留或者逮捕，参与有组织的国际毒品犯罪，以运输毒品为业、多次运输毒品或者其他严重情节的，应当按照刑法、有关司法解释和司法实践实际掌握的数量标准，从严惩处，依法应判处死刑的必须坚决判处死刑。

毒品犯罪中，单纯的运输毒品行为具有从属性、辅助性特点，且情况复杂多样。部分涉案人员系受指使、雇佣的贫民、边民或者无业人员，只是为了赚取少量运费而为他人运输毒品，他们不是毒品的所有者、买家或者卖家，与幕后的组织、指使、雇佣者相比，在整个毒品犯罪环节中处于从属、辅助和被支配地位，所起作用和主观恶性相对较小，社会危害性也相对较小。因此，对于运输毒品犯罪中的这部分人员，在量刑标准的把握上，应当与走私、贩卖、制造毒品和前述具有严重情节的运输毒品犯罪分子有所区别，不应单纯以涉案毒品数量的大小决定刑罚适用的轻重。

对有证据证明被告人确属受人指使、雇佣参与运输毒品犯罪，又系初犯、偶犯的，可以从轻处罚，即使毒品数量超过实际掌握的死刑数量标准，也可以不判处死刑立即执行。

毒品数量超过实际掌握的死刑数量标准，不能证明被告人系受人指使、雇佣参与运输毒品犯罪的，可以依法判处重刑直至死刑。

涉嫌为贩卖而自行运输毒品，由于认定贩卖毒品的证据不足，因而认定为运输毒品罪的，不同于单纯的受指使为他人运输毒品行为，其量刑标准应当与单纯的运输毒品行为有所区别。

四、制造毒品的认定与处罚问题

鉴于毒品犯罪分子制造毒品的手段复杂多样、不断翻新，采用物理方法加工、配制毒品的情况大量出现，有必要进一步准确界定制造毒品的行为、方法。制造毒品不仅包括非法用毒品原植物直接提炼和用化学方法加工、配制毒品的行为，也包括以改变毒品成分和效用为目的，用混合等物理方法加工、配制毒品的行为，如将甲基苯丙胺或者其他苯丙胺类毒品与其他毒品混合成麻古或者摇头丸。为便于隐蔽运输、销售、使用、欺骗购买者，或者为了增重，对毒品掺杂使假，添加或者去除其他非毒品物质，不属于制造毒品的行为。

已经制成毒品，达到实际掌握的死刑数量标准的，可以判处死刑；数量特别巨大的，应当判处死刑。已经制造出粗制毒品或者半成品的，以制造毒品罪的既遂论处。购进制造毒品的设备和原材料，开始着手制造毒品，但尚未制造出粗制毒品或者半成品的，以制造毒品罪的未遂论处。

五、毒品含量鉴定和混合型、新类型毒品案件处理问题

鉴于大量掺假毒品和成分复杂的新类型毒品不断出现，为做到罪刑相当、罚当其罪，保证毒品案件的审判质量，并考虑目前毒品鉴定的条件和现状，对可能判处被告人死刑的毒品犯罪案件，应当根据最高人民法院、最高人民检察院、公安部2007年12月颁布的《办理毒品犯罪案件适用法律若干问题的意见》，作出毒品含量鉴定；对涉案毒品可能大量掺假或者系成分复杂的新类型毒品的，亦应当作出毒品含量鉴定。

对于含有二种以上毒品成分的毒品混合物，应进一步作成分鉴定，确定所含的不同毒品成分及比例。对于毒品中含有海洛因、甲基苯丙胺的，应以海洛因、甲基苯丙胺分别确定其毒品种类；不含海洛因、甲基苯丙胺的，应以其中毒性较大的毒品成分确定其毒品种类；如果毒性相当或者难以确定毒性大小的，以其中比例较大的毒品成分确定其毒品种类，并在量刑时综合考虑其他毒品成分、含量和全案所涉毒品数量。对于刑法、司法解释等已规定了量刑数量标准的毒品，按照刑法、司法解释等规定适用刑罚；对于刑法、

司法解释等没有规定量刑数量标准的毒品，有条件折算为海洛因的，参照国家食品药品监督管理局制定的《非法药物折算表》，折算成海洛因的数量后适用刑罚。

对于国家管制的精神药品和麻醉药品，刑法、司法解释等尚未明确规定量刑数量标准，也不具备折算条件的，应由有关专业部门确定涉案毒品毒效的大小、有毒成分的多少、吸毒者对该毒品的依赖程度，综合考虑其致瘾癖性、戒断性、社会危害性等依法量刑。因条件限制不能确定的，可以参考涉案毒品非法交易的价格因素等，决定对被告人适用的刑罚，但一般不宜判处死刑立即执行。

六、特情介入案件的处理问题

运用特情侦破毒品案件，是依法打击毒品犯罪的有效手段。对特情介入侦破的毒品案件，要区别不同情形予以分别处理。

对已持有毒品待售或者有证据证明已准备实施大宗毒品犯罪者，采取特情贴靠、接洽而破获的案件，不存在犯罪引诱，应当依法处理。

行为人本没有实施毒品犯罪的主观意图，而是在特情诱惑和促成下形成犯意，进而实施毒品犯罪的，属于“犯意引诱”。对因“犯意引诱”实施毒品犯罪的被告人，根据罪刑相适应原则，应当依法从轻处罚，无论涉案毒品数量多大，都不应判处死刑立即执行。行为人在特情既为其安排上线，又提供下线的双重引诱，即“双套引诱”下实施毒品犯罪的，处刑时可予以更大幅度的从宽处罚或者依法免予刑事处罚。

行为人本来只有实施数量较小的毒品犯罪的故意，在特情引诱下实施了数量较大甚至达到实际掌握的死刑数量标准的毒品犯罪的，属于“数量引诱”。对因“数量引诱”实施毒品犯罪的被告人，应当依法从轻处罚，即使毒品数量超过实际掌握的死刑数量标准，一般也不判处死刑立即执行。

对不能排除“犯意引诱”和“数量引诱”的案件，在考虑是否对被告人判处死刑立即执行时，要留有余地。

对被告人受特情间接引诱实施毒品犯罪的，参照上述原则依法处理。

七、毒品案件的立功问题

共同犯罪中同案犯的基本情况，包括同案犯姓名、住址、体貌特征、联络方式等信息，属于被告人应当供述的范围。公安机关根据被告人供述抓获同案犯的，不应认定其有立功表现。被告人在公安机关抓获同案犯过程中确实起到协助作用的，例如，经被告人现场指认、辨认抓获了同案犯；被告人带领公安人员抓获了同案犯；被告人提供了不为有关机关掌握或者有关机关按照正常工作程序无法掌握的同案犯藏匿的线索，有关机关据此抓获了同案犯；被告人交代了与同案犯的联系方式，又按要求与对方联络，积极协助公安机关抓获了同案犯等，属于协助司法机关抓获同案犯，应认定为立功。

关于立功从宽处罚的把握，应以功是否足以抵罪为标准。在毒品共同犯罪案件中，毒枭、毒品犯罪集团首要分子、共同犯罪的主犯、职业毒犯、毒品惯犯等，由于掌握同案犯、从犯、马仔的犯罪情况和个人信息，被抓获后往往能协助抓捕同案犯，获得立功或者重大立功。对其是否从宽处罚以及从宽幅度的大小，应当主要看功是否足以抵罪，即应结合被告人罪行的严重程度、立功大小综合考虑。要充分注意毒品共同犯罪人以及上、下家之间的量刑平衡。对于毒枭等严重毒品犯罪分子立功的，从轻或者减轻处罚应当从严掌握。如果其罪行极其严重，只有一般立功表现，功不足以抵罪的，可不予从轻处罚；如果其检举、揭发的是其他犯罪案件中罪行同样严重的犯罪分子，或者协助抓获的是同案中的其他首要分子、主犯，功足以抵罪的，原则上可以从轻或者减轻处罚；如果协助抓获的只是同案中的从犯或者马仔，功不足以抵罪，或者从轻处罚后全案处刑明显失衡的，不予从轻处罚。相反，对于从犯、马仔立功，特别是协助抓获毒枭、首要分子、主犯的，应当从轻处罚，直至依法减轻或者免除处罚。

被告人亲属为了使被告人得到从轻处罚，检举、揭发他人犯罪或者协助司法机关抓捕其他犯罪人的，不能视为被告人立功。同监犯将本人或者他人尚未被司法机关掌握的犯罪事实告知被告人，由被告人检举揭发的，如经查证属实，虽可认定被告人立功，但是否从宽处罚、从宽幅度大小，应与通常的立功有所区别。通过非法手段或者非法途径获取他人犯罪信息，如从国家工作人员处贿买他人犯罪信息，通过律师、看守人员等非法途径获取他人犯罪信息，由被告人检举揭发的，不能认定为立功，也不能作为酌情从轻处罚情节。

八、毒品再犯问题

根据刑法第三百五十六条规定，只要因走私、贩卖、运输、制造、非法持有毒品罪被判过刑，不论是在刑罚执行完毕后，还是在缓刑、假释或者暂予监外执行期间，又犯刑法分则第六章第七节规定的犯罪的，都是毒品再犯，应当从重处罚。

因走私、贩卖、运输、制造、非法持有毒品罪被判刑的犯罪分子，在缓刑、假释或者暂予监外执行期间又犯刑法分则第六章第七节规定的犯罪的，应当在对其所犯新的毒品犯罪适用刑法第三百五十六条从重处罚的规定确定刑罚后，再依法数罪并罚。

对同时构成累犯和毒品再犯的被告人，应当同时引用刑法关于累犯和毒品再犯的条款从重处罚。

九、毒品案件的共同犯罪问题

毒品犯罪中，部分共同犯罪人未到案，如现有证据能够认定已到案被告人为共同犯罪，或者能够认定为主犯或者从犯的，应当依法认定。没有实施毒品犯罪的共同故意，仅在客观上为相互关联的毒品犯罪上下家，不构成共同犯罪，但为了诉讼便利可并案审理。审理毒品共同犯罪案件应当注意以下几个方面的问题：

一是要正确区分主犯和从犯。区分主犯和从犯，应当以各共同犯罪人在毒品共同犯罪中的地位和作用为根据。要从犯意提起、具体行为分工、出资和实际分得毒赃多少以及共犯之间相互关系等方面，比较各个共同犯罪人在共同犯罪中的地位和作用。在毒品共同犯罪中，为主出资者、毒品所有者或者起意、策划、纠集、组织、雇佣、指使他人参与犯罪以及其他起主要作用的是主犯；起次要或者辅助作用的是从犯。受雇佣、受指使实施毒品犯罪的，应根据其在犯罪中实际发挥的作用具体认定为主犯或者从犯。对于确有证据证明在共同犯罪中起次要或者辅助作用的，不能因为其他共同犯罪人未到案而不认定为从犯，甚至将其认定为主犯或者按主犯处罚。只要认定为从犯，无论主犯是否到案，均应依照刑法关于从犯的规定从轻、减轻或者免除处罚。

二是要正确认定共同犯罪案件中主犯和从犯的毒品犯罪数量。对于毒品犯罪集团的首要分子，应按集团毒品犯罪的总数量处罚；对一般共同犯罪的主犯，应按其所参与的或者组织、指挥的毒品犯罪数量处罚；对于从犯，应当按照其所参与的毒品犯罪的数量处罚。

三是要根据行为人在共同犯罪中的作用和罪责大小确定刑罚。不同案件不能简单类比，一个案件的从犯参与犯罪的毒品数量可能比另一案件的主犯参与犯罪的毒品数量大，但对这一案件从犯的处罚不是必然重于另一案件的主犯。共同犯罪中能分清主从犯的，不能因为涉案的毒品数量特别巨大，就不分主从犯而一律将被告人认定为主犯或者实际上都按主犯处罚，一律判处重刑甚至死刑。对于共同犯罪中有多个主犯或者共同犯罪人的，处罚上也应做到区别对待。应当全面考察各主犯或者共同犯罪人在共同犯罪中实际发挥作用的差别，主观恶性和人身危险性方面的差异，对罪责或者人身危险性更大的主犯或者共同犯罪人依法判处更重的刑罚。

十、主观明知的认定问题

毒品犯罪中，判断被告人对涉案毒品是否明知，不能仅凭被告人供述，而应当依据被告人实施毒品犯罪行为的过程、方式、毒品被查获时的情形等证据，结合被告人的年龄、阅历、智力等情况，进行综合分析判断。

具有下列情形之一，被告人不能做出合理解释的，可以认定其“明知”是毒品，但有证据证明确属被蒙骗的除外：（1）执法人员在口岸、机场、车站、港口和其他检查站点检查时，要求行为人申报为他人携带的物品和其他疑似毒品物，并告知其法律责任，而行为人未如实申报，在其携带的物品中查获毒品的；（2）以伪报、藏匿、伪装等蒙蔽手段，逃避海关、边防等检查，在其携带、运输、邮寄的物品中查获毒品的；（3）执法人员检查时，有逃跑、丢弃携带物品或者逃避、抗拒检查等行为，在其携带或者丢弃的物品中查获毒品的；（4）体内或者贴身隐秘处藏匿毒品的；（5）为获取不同寻常的高额、不等值报酬为他人携带、运输物品，从中查获毒品的；（6）采用高度隐蔽的方式携带、运输物品，从中查获毒品的；（7）采用高度隐蔽的方式交接物品，明显违背合法物品惯常交接方式，从中查获毒品的；（8）行程路线故意绕开检查站点，在其携带、运输的物品中查获毒品的；（9）以虚假身份或者地址办理托运手续，在其托运的物品中查获毒品的；（10）有其他证据足以认定行为人应当知道的。

十一、毒品案件的管辖问题

毒品犯罪的地域管辖，应当依照刑事诉讼法的有关规定，实行以犯罪地管辖为主、被告人居住地管辖为辅的原则。考虑到毒品犯罪的特殊性和毒品犯罪侦查体制，“犯罪地”不仅可以包括犯罪预谋地、毒资筹集地、交易进行地、运输途经地以及毒品生产地，也包括毒资、毒赃和毒品藏匿地、转移地、走私或者贩运毒品目的地等。“被告人居住地”，不仅包括被告人常住地和户籍所在地，也包括其临时居住地。

对于已进入审判程序的案件，被告人及其辩护人提出管辖异议，经审查异议成立的，或者受案法院发现没有管辖权，而案件由本院管辖更适宜的，受案法院应当报请与有管辖权的法院共同的上级法院依法指定本院管辖。

十二、特定人员参与毒品犯罪问题

近年来，一些毒品犯罪分子为了逃避打击，雇佣孕妇、哺乳期妇女、急性传染病人、残疾人或者未成年人等特定人员进行毒品犯罪活动，成为影响我国禁毒工作成效的突出问题。对利用、教唆特定人员进行毒品犯罪活动的组织、策划、指挥和教唆者，要依法严厉打击，该判处重刑直至死刑的，坚决依法判处重刑直至死刑。对于被利用、被诱骗参与毒品犯罪的特定人员，可以从宽处理。

要积极与检察机关、公安机关沟通协调，妥善解决涉及特定人员的案件管辖、强制措施、刑罚执行等问题。对因特殊情况依法不予羁押的，可以依法采取取保候审、监视居住等强制措施，并根据被告人具体情况和案情变化及时变更强制措施；对于被判处有期徒刑或者拘役的罪犯，符合刑事诉讼法第二百一十四条规定情形的，可以暂予监外执行。

十三、毒品案件财产刑的适用和执行问题

刑法对毒品犯罪规定了并处罚金或者没收财产刑，司法实践中应当依法充分适用。不仅要依法追缴被告人的违法所得及其收益，还要严格依法判处被告人罚金刑或者没收财产刑，不能因为被告人没有财产，或者其财产难以查清、难以分割或者难以执行，就不依法判处财产刑。

要采取有力措施，加大财产刑执行力度。要加强与公安机关、检察机关的协作，对毒品犯罪分子来源不明的巨额财产，依法及时采取查封、扣押、冻结等措施，防止犯罪分子及其亲属转移、隐匿、变卖或者洗钱，逃避依法追缴。要加强不同地区法院之间的相互协作配合。毒品犯罪分子的财产在异地的，第一审人民法院可以委托财产所在地人民法院代为执行。要落实和运用有关国际禁毒公约规定，充分利用国际刑警组织等渠道，最大限度地做好境外追赃工作。

需要特别提到的是该《会议纪要》对毒品犯罪案件特情引诱犯罪问题指导意见如下：“运用特情侦破毒品案件，是依法打击毒品犯罪的有效手段。对特情介入侦破的毒品案件，要区别不同情形予以分别处理。对已持有毒品待售或者有证据证明已准备实施大宗毒品犯罪者，采取特情贴靠、接洽而破获的案件，不存在犯罪引诱，应当依法处理。行为人本没有实施毒品犯罪的主观意图，而是在特情诱惑和促成下形成犯意，进而实施毒品犯罪的，属于‘犯意引诱’。对因‘犯意引诱’实施毒品犯罪的被告人，根据罪刑相适应原则，应当依法从轻处罚，无论涉案毒品数量多大，都不应判处死刑立即执行。行为人在特情既为其安排上线，又提供下线的双重引诱，即‘双套引诱’下实施毒品犯罪的，处刑时可予以更大幅度的从宽处罚或者依法免予刑事处罚。行为人本来只有实施数量较小的毒品犯罪的故意，在特情引诱下实施了数量较大甚至达到实际掌握的死刑数量标准的毒品犯罪的，属于‘数量引诱’。对因‘数量引诱’实施毒品犯罪的被告人，应当依法从轻处罚，即使毒品数量超过实际掌握的死刑数量标准，一般也不判处死刑立即执行。对不能排除‘犯意引诱’和‘数量引诱’的案件，在考虑是否对被告人判处死刑立即执行时，要留有余地。对被告人受特情间接引诱实施毒品犯罪的，参照上述原则依法处理。”

就《会议纪要》所提及的“机会引诱”、“犯意引诱”、“双套引诱”和“数量引诱”等类型，笔者简要阐释如下：

一是“机会引诱”。对已持有毒品待售或者有证据证明已准备实施大宗毒品犯罪者，采取秘密力量贴靠、接洽的方式破案的，属于“机会引诱”。

二是“犯意引诱”。行为人本没有实施毒品犯罪的主观意图，而是在秘密力量引诱和促成下形成犯意，进而实施毒品犯罪的，属于“犯意引诱”。

三是“双套引诱”。行为人在秘密力量既为其安排上线，又提供下线的双重引诱，即“双套引诱”。

四是“数量引诱”。行为人本来只有实施数量较小的毒品犯罪的故意，在秘密力量引诱下实施了数量较大甚至达到实际掌握的死刑数量标准的毒品犯罪的，属于“数量引诱”。

上述四种类型诱惑侦查方式，除了“犯意引诱”属典型的“犯意诱发型”诱惑侦查，因而应当认定为违法诱惑侦查行为外，“机会引诱”、“双套引诱”、“数量引诱”其实也涉嫌或部分涉嫌违法诱惑侦查行为：

其一，对于“双套引诱”而言，这种同时设置犯罪上线和下线的双重引诱方式极大地简化了犯罪过程、降低了犯罪难度，极易强化行为人的犯罪决意，属于一种“高于一般社会正常情形的诱因或机会”，因而笔者认为，“双套引诱”应当认定为违法的诱惑侦查行为，即“警察圈套”。

其二，对于“数量引诱”而言，行为人本来只有实施数量较小的毒品犯罪的故意，但在秘密力量引诱下实施了数量较大的毒品犯罪，至少就超出的数量部分而言，完全是侦查机关“造意”的结果，这部分数量的犯罪显然属于国家“制造”的犯罪，应当认定为违法的诱惑侦查行为，即“警察圈套”。

其三，对于“机会引诱”而言，必须区别两种情形分别评价：对于“已持有毒品待售”的行为人，犯意已经很明显，且犯罪行为已经着手，即使没有侦查机关的秘密力量贴靠、接洽，该犯罪迟早也会发生，因而该诱惑侦查并不违法；对于“有证据证明已准备实施大宗毒品犯罪者”，虽已有犯意流露，但仍属犯罪预备阶段，此时若侦查机关采取过度、不当的方式引诱，则可能因为强化了行为人的犯罪决意而促使其实施犯罪，如行为人虽准备实施大宗毒品交易，但一直因为顾虑重重而未下决心，此时行为人虽有犯意但犯罪决意并不强，这种情形下如果侦查人员介入并“苦口婆心”反复劝诱其实施犯罪，或者侦查人员向其提供了远超行情的犯罪所得利润劝诱行为人实施犯罪，这种“机会引诱”显然因为引诱手段过度、不当而应当认定为违法的诱惑侦查行为，即“警察圈套”。

《会议纪要》对处理诱惑侦查的案件的意见和观点存在问题颇多，《会议纪要》的态度表明，即使对“犯意诱发型”的违法诱惑侦查行为，法院也应予以认可，只是在量刑上从轻处罚，并不区分违法的诱惑侦查行为与合法的诱惑侦查行为，虽然根据侦查中的办案习惯将诱惑侦查也分为“机会引诱”、“犯意引诱”、“双套引诱”和“数量引诱”等类型，但将各种类型的诱惑侦查一概视为合法侦查，进而完全认可其所获证据的证据能力。① 这种对违法诱惑侦查行为宽容的姿态，很容易造成冤假错案的产生，我国法院的这种做法是有待商榷的。法院以《会议纪要》这种“软性”实体规则的形式封杀了个案中法官的自由判断权，使他们不能对个案中的诱惑侦查行为表达自己的司法立场，因此司法控制侦查的途径被堵塞了。

例如，2003 年 4 月 2 日，浙江省台州市中级人民法院对一起 11 名被告人涉嫌伪造货币案件进行了开庭审理。在法庭辩护阶段，辩护人作了无罪辩护，理由是公安机关对被告人的伪造行为存在严重的犯意引诱和数量引诱。公安机关聘用的秘密力量对被告人实施了明显的犯意引诱和数量引诱行为，这种引诱已经超出单纯的机会引诱形态，而属于典型的“犯意引诱”。公安机关这种侦查手段的使用与法定的正当程序相悖，由此取得的非法证据应当认定无效。然而，台州市中级人民法院仍然当庭判决被告人有罪。②

二、云南省公安厅出台的《关于侦查预备贩毒案件暂行规定》（以下简称《暂行规定》）

针对云南省是境外毒品渗透到我国的主要途径，毒品犯罪猖獗，危害日益严重的状况，1995 年云南省公安厅出台了《暂行规定》，《暂行规定》针对预备贩毒案件如何开展侦查作出了较明确的程序上的说明。《暂行规定》提出了启动诱惑侦查的前提条件、诱惑侦查的方法以及审批程序等有益于规

① 虽然根据我国司法实务中的惯例和共识，秘密侦查措施因为之前刑事诉讼法并无明文授权，因而通过秘密侦查措施获取的证据并不能直接作为证据使用，而必须经过“转化”，但诱惑侦查似乎是个例外，除了因为《会议纪要》这一“准司法解释”有明确规定可作为依据外，还与诱惑侦查取证方式的独特性有关。例如，侦查机关在毒品犯罪中实施犯意引诱，行为人因引诱而实施贩毒行为，在交易现场被人赃俱获。虽然整体侦查方式因为犯意引诱而涉嫌违法侦查，但该案中具体查获相关物证以及人证的侦查取证手段却可能在程序上是完全合法的，如毒品系通过合法扣押手续查获，证人证言也是依法定程序收集的。因而，实践中，通过诱惑侦查获取的证据并不需要像通过其他秘密侦查手段获取的证据一样经过转化方能使用，而是可以直接作为证据在刑事诉讼中使用。

② 艾明著：《秘密侦查制度研究》，中国检察出版社 2006 年版，第 292 页。

范诱惑侦查行为的规定。

第一，启动诱惑侦查的前提条件是犯罪嫌疑人已经具备犯罪预备行为。《暂行规定》规定，预备贩毒案件指贩毒分子明确表露贩毒犯罪意图，主观上具有毒品犯罪故意，客观上实施了毒品犯罪行为，具体表现为筹集或携带巨资，在云南省内主动寻找毒品卖主，预付购毒定金；或准备运输毒品工具、藏匿物品，纠集参与人员；或与卖主商谈毒品价格、种类、质量，约定交货时间、地点，且预谋购买鸦片在1000克、海洛因50克以上，需要立案侦查的案件。

第二，实施诱惑侦查的方法可以使用“假卖”。《暂行规定》规定，为了制止人民币外流，防止毒品流入境内造成危害，挽救一批毒品犯罪分子，在侦查预备贩毒案件中，可使用库存毒品或以假充真，实施“假卖”成交，但务必确保毒品安全，做到人赃俱获。

第三，规定了诱惑侦查的审批程序。《暂行规定》规定，开展诱惑侦查的机关为县级以上（包括县级）公安缉毒侦查部门，由立案地所在市地州级公检法三长协商同意后报省公安厅批准后才可实施。

在云南省，由于公检法机关对这一规定达成了一致意见，遂成为十余年来云南禁毒战线开展诱惑侦查的基本依据，也是我国关于诱惑侦查较早的规范性文件。

需要指出的是，《暂行规定》规定在诱惑侦查伊始就由“三长协商解决”，乍看起来好像是审批程序严格，细分析其实该条规定严重违反了法院是中立机构的原则，法院在侦查开始就先入为主，帮助侦查机关出主意、想办法去如何打击犯罪嫌疑人，可想而知被告人的命运如何，法院的中立性如何体现不得而知，这是《暂行规定》的一大缺憾。

三、四川司法部门的《关于贩卖毒品案件有关犯罪预备问题的意见》（以下简称《意见》）

近年来，四川省毒品犯罪问题日益严峻，实践中禁毒侦查部门都在普遍运用诱惑侦查手段破获毒品案件，相应地也出现了诸多问题，如何强化侦查取证，规范诱惑侦查行为，最大限度地防止侵犯人权，成为司法部门面临的一大突出问题。为了规范诱惑侦查行为，统一执法标准，四川省公检法三机关于2001年联合制定颁发了《意见》。该意见可算是目前相对成熟的规范性文件。总结《意见》的规定有以下四点：

第一，确认对毒品犯罪案件可以使用诱惑侦查，使用诱惑侦查的前提是犯罪嫌疑人有犯罪预备行为。《意见》规定，可以对贩卖毒品犯罪预备行为开展侦查。贩卖毒品犯罪预备行为指为贩卖毒品准备工具、制造条件的行为。以下四种情形应认定为贩卖毒品犯罪预备行为，依法追究刑事责任：一是为贩卖毒品携带毒资在四川境内主动寻找毒品卖主；二是携带毒品样品在四川境内主动寻找买主；三是为贩卖毒品，有商谈毒品种类、价格、数量、质量，交付时间、地点、方式，出示毒品样品，预付、收取定金，准备运输工具等情形；四是其他为贩卖毒品准备工具、制造条件的行为。

第二，诱惑侦查方法不但允许采取“假卖”的方式，而且还可以使用“假买”的方式。《意见》规定，属携带毒资联系购买毒品的贩卖毒品案件，须报省公安厅批准，由市州以上公安机关组织立案侦查。

第三，确定诱惑侦查行为合法性标准。《意见》规定，在办理毒品案件中，严禁诱人犯罪。

第四，诱惑侦查由公安机关自行审批，无须三长协商同意。

应当看到，上述两省对诱惑侦查规制的探索具有一定的积极意义，既说明基层实务部门迫切要求出台诱惑侦查的相关立法，也代表了目前实务部门关于诱惑侦查的一些倾向性意见，在我国诱惑侦查法制化道路上增加一些探索性的经验，也是一个长足的进步。但是，仅以地方实务部门的文件规范诱惑侦查措施，其合法性、权威性、正当性是可想而知的。另外，两省文件仅就毒品案件诱惑侦查提出了些许意见，只是杯水车薪，对于解决诱惑侦查的实质性问题涉及太少，不能认为是对诱惑侦查措施的全面解读。要想系统规制我国诱惑侦查措施，最终还是要完善诱惑侦查的立法，实现诱惑侦查的法制化。

四、对修改后的刑事诉讼法第50条的解读

我国研究诱惑侦查的理论界，有部分学者认为诱惑侦查手段并不合法，因为诱惑侦查行为是一种引诱行为，以引诱行为获得的证据直接违背了修改后的刑事诉讼法第50条的规定，属于以引诱、欺骗方法收集证据，[①] 需要排除诱惑侦查所获得的证据，那么就应该肯定诱惑侦查手段并不合法。笔者并不这样认为，在此作一下简单的解读。

我国修改后的刑事诉讼法第50条规定：“审判人员、检察人员、侦查人员必须依照法定程序，收集能够证实犯罪嫌疑人、被告人有罪或者无罪、犯

---

① 马滔：《诱惑侦查之合法性分析》，载《中国刑事法杂志》2000年第5期。

罪情节轻重的各种证据。严禁刑讯逼供和以威胁、引诱、欺骗以及其他非法方法收集证据，不得强迫任何人证实自己有罪。……”

在该法条中只是笼统地规定将通过引诱、欺骗方法收集的证据排除，并没有具体提出怎样算是引诱的方法和引诱方法收集的什么样的证据应被排除。且不说“引诱”和“诱惑”是有区别的，只要对比一下以下两个司法解释就可以看出修改后的刑事诉讼法第50条规定的以引诱、欺骗方法收集的证据应当是特指各种言词证据，而并不能包括诱惑侦查行为产生的证据。这两个司法解释分别为：

最高人民法院《关于执行〈中华人民共和国刑事诉讼法〉若干问题的解释》第61条规定：“严禁以非法的方法收集证据。凡经查证确实属于采用刑讯逼供或者威胁、引诱、欺骗等非法的方法取得的证人证言、被害人陈述、被告人供述，不能作为定案的根据。”

《人民检察院刑事诉讼规则》第265条规定：“严禁以非法的方法收集证据。以刑讯逼供或者威胁、引诱、欺骗等非法的方法收集的犯罪嫌疑人供述、被害人陈述、证人证言，不能作为指控犯罪的根据。”

由此可见，两个司法解释对修改后的刑事诉讼法第50条规定的通过引诱、欺骗所获的证据解读为言词证据，那么很明显，采取引诱的方法获得言词证据肯定是不涵盖本书所指的通过诱惑侦查措施所获得的证据，因为使用诱惑侦查措施时，正是在侦查进行中，犯罪嫌疑人并未处于侦查机关的内部控制，当然不存在引诱方法收集犯罪嫌疑人的供述材料。因此，想以修改后的刑事诉讼法第50条的规定来构筑对诱惑侦查措施所获证据的排除规则，从而否定诱惑侦查措施的合法性是违背立法原意的。

第三节 诱惑侦查实践现状

英、美、德、日等法治先进国家在强调公民人权不可侵犯以及正当程序的理念下，诱惑侦查出现不久，为了保障公民的合法权益，确保司法公正的纯洁性，这些国家很快采取相应的立法及司法方面的措施对其进行规制。而在我国，侦查机关早已将诱惑侦查手段大量运用于各类案件中，侵犯人权时有发生，甚至引起冤假错案也并不少见，随着新修改的刑事诉讼法第151条第1款的出台，诱惑侦查措施才刚刚被纳入法制轨道上来，而其真正施行要到2013年1月1日，现有的法律条款无法变相构筑对诱惑侦查的规制，只有三个“内部规范性文件”，[①] 这足可以说明我国以前对诱惑侦查的法律规制是缺失的。一种侦查手段的实施，却无法律的规定，显然就为其侵权或过度使用留有余地，所以在侦查实践中，诱惑侦查手段运用得相当广泛，虽然该侦查手段在打击犯罪方面发挥了独特的功效，但是法律上的缺失，侦查行为的不规范，其整体上处于“失范、无序”状态，存在问题颇多，具体表现如下[②]：

第一，诱惑侦查启动程序不够严格，致使诱惑侦查适用案件、适用对象粗放。

我国各侦查机关对诱惑侦查的启动并没有特殊的限制，虽然我国刑事诉讼法规定了立案启动侦查的制度，但是随着犯罪形式的多样化，越来越多的无被害人和隐蔽性强的犯罪形式的出现，使侦查机关出台了初查和“立线”侦查以方便启动部分侦查措施来对抗严峻的犯罪态势。但是，这就更方便了诱惑侦查手段的启动，诱惑侦查是有一定危险性的侦查手段，只有在传统的侦查措施难以奏效时，才能考虑使用诱惑侦查手段，然而侦查机关对诱惑侦查的启动并没有必要的限制，同时也没有足够的重视，这就导致诱惑侦查可以不经论证直接适用于任何案件。在实践中，有些侦查人员为快速破案，对于一些本来可以利用传统侦查手段侦破的案件，往往也不计成本，不顾风险，开展诱惑侦查。更有甚者，还把诱惑侦查行为引入行政执法中。例如，湖南省平江县某派出所与“三陪女”合作，设圈套抓“嫖客”的荒唐例子；另据媒体报道上海闵行区交通执法大队在过去 2 年中，“罚没款达到 5000 多万元”，很多系设诱饵查黑车所得。“钓头”和执法大队关系密切，“钓钩”每“钓”到一位私家车司机，便可获得 300 元人民币。一位老司机爆料称，“钓鱼”很正常，整个上海市至少有上千个。[③] 这种在行政执法中使用诱惑侦查行为的做法，不但有违侦查措施使用的前提是针对刑事犯罪案件，实施主体

---

① 2008 年 12 月 22 日最高人民法院印发的《全国部分法院审理毒品犯罪案件工作座谈会纪要》是我国目前司法部门承认诱惑侦查的合法性，以及指导实务部门把握诱惑侦查的合法和量刑标准的最高依据，虽然该会议纪要既不是法律，也非司法解释，但是它对于诱惑侦查的合法化，以及诱惑侦查案件的审判具有很大影响，成为实务部门的主要依据；1995 年云南省公安厅出台的《关于侦查预备贩毒案件暂行规定》提出了启动诱惑侦查的前提条件、诱惑侦查的方法以及审批程序等有益于规范诱惑侦查行为的规定，也是我国关于诱惑侦查较早的规范性文件；四川省公、检、法三机关于 2001 年联合制定颁发了《关于贩卖毒品案件有关犯罪预备问题的意见》可算是目前相对成熟的规范性文件。

② 何雷：《诱惑侦查引发错案之反思——兼论诱惑侦查法律规制之建构》，载郝宏奎主编：《侦查论坛》（第十卷），中国人民公安大学出版社 2011 年版。

③ 周凯莉：《“钓鱼案”背后的食物链》，载《中国青年报》2009 年 10 月 16 日。

是侦查机关，而且直接违背了侦查的任务、目的、意义，其实质是违法行为，而且还直接破坏了人与人之间的信任感，造成了社会信任危机，其后果是加重了政府与公民之间的矛盾，严重破坏了和谐社会的建设，所以必须严禁在行政执法中引入诱惑侦查行为。但是，我国现有法律中并没有规定诱惑侦查行为是一种侦查措施，所以现有法律似乎无法控制行政执法中使用诱惑侦查行为，从此处也可以看出立法授权诱惑侦查措施的重要性和迫切性。

同样，诱惑侦查适用对象本应是有合理根据表明正在实施犯罪或者有重大犯罪倾向的人，而实践中，一些侦查人员往往不分侦查对象是否有犯罪倾向，就随意启动诱惑侦查。例如，有的侦查机关以罚款为目的，采取“假卖”毒品的方式为诱饵，随意“钓”购买毒品的人，诱人购买后将其抓获，没收“毒资”，而后对“犯罪嫌疑人”取保候审，由于多种人为因素，最后很少能够有案件被移送审查起诉，绝大多数不了了之。如此看来，对没有证据证明其有犯罪倾向的人随意地使用犯罪参与型诱惑侦查手段，不仅容易侵权，还使刑事司法行为丧失了社会示范作用，如果侦查机关实施诱惑侦查目的不纯，那么就不仅损害了公民权利，败坏了国家形象，损害了社会的善良风俗，从长远角度来说会损害刑事司法价值目标，因此应限定诱惑侦查的启动条件，从而控制其合理的适用范围和适用对象，使诱惑侦查可能产生的危险最小化。

第二，诱惑侦查实施不规范，导致诱人犯罪时有发生。主要体现在三个方面：

一是对诱惑侦查中秘密力量的使用控制不严格。在侦查隐蔽性强的犯罪案件中，侦查机关普遍都在使用秘密力量，且有较高的依赖性，既依靠秘密力量提供案件线索，又依靠秘密力量协助开展侦查。但是，秘密力量通常都具有前科劣迹或是“灰色人物”，如果不严格控制秘密力量的行为，其很可能出于立功、贪利的目的，教唆或诱使本无犯罪意图的人去实施犯罪行为，或者仅有违法想法的人去实施犯罪行为，或者有较轻犯意的人去实施重罪犯罪行为。而一些侦查人员对于使用秘密力量的这些弊端要么责任心不强疏于审查，要么出于绩效的考虑而听之任之。如以下的案例：2003 年 4 月 2 日，浙江省台州市中级人民法院对一起 11 名被告人涉嫌伪造货币案件进行了开庭审理。在法庭辩护阶段，辩护人作了无罪辩护，理由是公安机关对被告人的伪造行为存在严重的犯意引诱和数量引诱。公安机关聘用的秘密力量对被告人实施了明显的犯意引用和数量引诱行为，这种引诱已经超出单纯的机会引诱形态，而属于典型的“犯意引诱”。再如，2001 年浙江省高级人民法院对司秋菊运输、贩卖毒品案的终审判决中，杭州市人民检察院在抗诉书中认为中级人民法院判决司秋菊死刑量刑畸重的原因之一，就是该案贩卖、运输“摇头丸”2513粒是在秘密力量“数量引诱”的情况下发生的。[①] 像这样的例子还有很多。但是，值得一提的是，上述我国最高人民法院的《会议纪要》其实是变相承认了秘密力量引诱犯意的合法性，这也是导致侦查人员不严格控制秘密力量的原因之一。

二是对诱惑侦查实施过程控制不严密。没有相应的机制来控制实施诱惑侦查的过程，加之侦查指挥员和侦查员缺乏风险意识，使得诱惑侦查实施过程中各种各样的风险都转化为现实危害，有的甚至造成无可挽回的损失。例如，2001年11月北京市延庆县刑警队想通过诱惑侦查假意购买赃车，以发现盗抢车辆的犯罪线索，遂向5个年轻人高价购买没有手续的桑塔纳轿车，其实这几人手中并没有车，从而直接引发了5个年轻人为卖赃车而抢车杀人，导致桑塔纳车主谢某被杀害的严重后果。[②] 这就是因为侦查机关对诱惑侦查实施过程控制不严密而造成的。

三是诱惑侦查实施过程中无合法性标准。由于我国长期存在“重实体、轻程序”的观念，侦查人员缺乏依合法程序发现案件真相的职业自律，加之对于诱惑侦查法律没有规定，所以实践中侦查员实施诱惑侦查没有合法性标准，也不讲求合法性，随意性很大，有些侦查人员为了迅速破案，在侦破案件的过程中采用各种高强度的诱惑性手段，误导普通公民实施犯罪行为，侵犯公民的合法权利。这种状况容易使个人在法治状态下应当享有的私生活安定以及人格自律等基本人权受到诱惑侦查的不当使用甚至恶意滥用的威胁。例如，1998年8月13日晚，某地公安局便衣侦查员张某在搭乘摩托车的时候，以1500元一支仿真枪的价钱叫司机杨某帮助联系卖主。杨某连续2天通过6人联系买枪事宜，其间侦查员张某还给其200元作为路费。15日晚，为买枪奔忙的杨某等人再次同另一个便衣侦查员谢某见了面，并商定每支枪提高到4000元，而且先交定金3000元。16日，杨某等人租车在外地向石某以1200元买了一支仿六四式手枪，回来交枪时被当场抓获。[③] 杨某本身并无贩卖枪支的犯罪意图，侦查人员采取各种强度的诱惑行为，包括预先交付路费、预付定金，以明显超高的利益进行引诱等方法，致使杨某铤而走险，想方设

① 赵秉志主编：《中国疑难刑事名案法理研究》，北京大学出版社2008年版，第445页。

② 杨昌平：《警察的圈套诱发了命案》，载《北京晚报》2009年8月17日。

③ 杭正亚：《“警察圈套”：律师进行合法辩护的新思路》，载《中国律师》2001年第6期。

法才购买到枪支，这是典型“犯意引诱型”的违法诱惑侦查行为，然而由于我国对诱惑侦查的实施没有合法性标准，在不同的地方，不同的部门就会有不同的理解。

第三，对诱惑侦查的监督乏力导致无法发现违法的诱惑侦查。

对于诱惑侦查既缺乏外部监督，又无有效的内部监督，同时也没有事前、事中、事后的监督机制，当然监督机制的乏力不只是对诱惑侦查，对其他侦查措施同样存在缺失的现象。但是，对于诱惑侦查这种极容易侵犯人权的侦查手段，缺乏有效的监督机制，不仅会造成诱惑侦查手段的泛滥和乱用，还会带来许多负面影响，如司法廉洁性、公正性、示范性等遭到质疑。

例如，2001 年 8 月，甘肃省临洮县公安局原副局长张文卓、缉毒队原队长边伟宏指挥秘密力量马进孝对本无犯意的出租车司机荆爱国实施诱惑侦查，以支付高额运费为诱饵，引诱荆爱国运输毒品。直至在定西地区中级人民法院庭审时，公安机关也没将诱惑侦查的事实上报法院，致使一审判处荆爱国死刑。2002 年 1 月，为确保案件审理质量，甘肃省公安厅决定对 2001 年全省公安机关破获的数额较大的毒品案件逐案进行复核。在复核到临洮县“8 · 11”特大贩毒案时，工作人员发现此案存在不少疑点。甘肃省公安厅决定派专人赴临洮县调查此案。面对调查，临洮县公安局原副局长张文卓和缉毒队原队长边伟宏先是说在路查时截获的，没有使用秘密力量，后来又说有一个叫马学龙的人，是东乡县果园乡农民。但是，当调查组按照他们所说的地址找到东乡县果园乡时，得到的结果却是该乡没有“马学龙”这个人。直到最后马进孝贩毒被兰州市公安局抓获时，才真相大白，并纠正了这起错案。① 在这起案件中，公安机关使用诱惑侦查手段没有上报任何部门，即使上级部门发现疑点来调查，还坚持瞒报没有使用诱惑侦查手段，足可以看出监督乏力，同时检察院没有严格监督案件办理过程，法院没有发现疑点，监督机制严重缺失，如果没有后来全省性的案件复查，差一点就枉送了无辜公民的性命。荆爱国案虽然最终被纠错了，但并不是因为我国有很好的诉讼程序，有监督机制，而只是一个偶然事件，只是由于甘肃省公安厅当年临时决定对 2001 年全省公安机关破获的数额较大的毒品案件逐案进行复核，才发现了问题，可以想象，如果荆爱国案发生在其他年份，秘密力量没犯罪或没被抓获，那么荆爱国或许早已成为冤魂了。

---

① 崔敏、陈存仪：《毒品犯罪证据运用典型案例评析》，中国人民公安大学出版社 2004 年版，第 401 页。

由于我国目前的立法中诱惑侦查各个环节都没有建立有效的监督机制，致使诱惑侦查在实际运用中存在较大的随意性，诱人犯罪时有发生，这既侵犯了公民的合法权益，又浪费了司法资源，还破坏了司法机关在公众中的形象。这种侵权风险性极高的侦查手段的确需要有效的监督机制来保障其合法运行。

第四，对诱惑侦查中的被告人缺乏必要的权利救济程序。

我国刑事诉讼法中对被告人权利救济程序是欠缺的，诱惑侦查中的被告人更是如此，就连仅可以用的非法证据排除规则也被上述最高人民法院的《会议纪要》给封杀了。按照法治国家的基本理念“犯意诱发型”诱惑侦查行为是违法的诱惑侦查行为，属于“警察圈套”，所取得的证据是非法证据，必须被排除，或者依办案程序违法实行程序性制裁措施。而最高人民法院的《会议纪要》的态度表明，即使对“犯意诱发型”的违法诱惑侦查行为法院也应予以认可，只是在量刑上从轻处罚，这就是变相承认一切诱惑侦查行为均属合法，这种对违法诱惑侦查行为宽容的姿态很容易造成冤假错案的产生，我国法院的这种做法是明显不合理的。实践中，如上述荆爱国被引诱运输毒品案，因秘密力量犯罪被抓后，交代出陷害荆爱国的过程，以及受到媒体广泛曝光、引起各方重视，从而才被上级机关作为错案予以纠正，这是极个别的案件。绝大多数“犯意诱发型”的违法诱惑侦查行为也可以诉讼成功。例如，上述2003年的浙江省台州市中级人民法院对一起11名被告人涉嫌伪造货币案件进行了开庭审理。在法庭辩护阶段，辩护人作了无罪辩护，理由是公安机关对被告人的伪造行为存在严重的犯意引诱和数量引诱。公安机关聘用的秘密力量对被告人实施了明显的犯意引诱和数量引诱行为，这种引诱已经超出单纯的机会引诱形态，而属于典型的“犯意引诱”。公安机关这种侦查手段的使用与法定的正当程序相悖，由此取得的非法证据应当认定无效。然而，台州市中级人民法院仍然当庭判决被告人有罪，《会议纪要》就是该判决的合理根据，《会议纪要》限制了诱惑侦查中对被告人的权利救济程序。由此可见，在现行法制条件下，即使当事人遇到违法的诱惑侦查行为，在法律上可谓没有任何有效的救济途径，这显然不利于当事人权利的保护，是当前我国诱惑侦查存在的一个突出问题。

第五，我国传统意义上的保密规则限制了诱惑侦查措施的对外交流与发展。

我国对诱惑侦查等秘密侦查措施缺乏与国外的必要交流与合作，而是将其纳入绝对保密的状态中，这不利于诱惑侦查措施的发展，是没有现代化的思维和理念所致的强制性内容。

第四节 实施现状深层分析

一、危险侦查行为之教训

（一）国内一起真实案件的报道

警察的圈套诱发了命案？①

对延庆县53岁的谢女士来说，生活的意义就在于如何为弟弟的死亡讨回个说法。8年前，谢女士的弟弟被一伙劫匪杀死，她始终认为，劫匪本无劫车意图，只是警察不恰当地实施了“诱惑”手段，才引发此案，因此延庆警方应负赔偿责任。

谢女士所称的警察诱惑始于西方，近年来我国警方在侦破毒品等案件中也使用过。谢女士的律师表示，因警察的诱惑行为引发第三人死亡，在全国还是首例，时至今日，此案还未能在法院立案。

缘起：“秘密力量称有人卖黑车，警察扮买主欲破案”

2001年11月24日，延庆县的侯某找到其好朋友，在公安局当侦查员的吴某。侯某说，有个叫池老四的人要卖一辆刚开了两三年的桑塔纳，只要2万块钱，他怀疑是黑车。警方决定由吴某化装成买车人与池老四接头，并由吴某携带存折一张（内有2.5万元），和侯某一起去。见面后，卖车人看完存折，定于当日19时许在延庆县拦河闸桥头交易。据此情况，刑警队探长带队到交易地点预先设伏，准备抓捕。

对于和“买主”接触的细节，案犯张甲是如此供述的。他说，买主一方一开始来了两个人谈价钱，其中一人说：“不管你是怎么弄来的车，是你的也好，别人的车也好，桑塔纳一辆3万元。”后来，买主又把价钱压低到2万元。张甲说，买主没有问过车的来路，但应当知道来路不正，因为这么便宜的车不是偷的就是抢的。

案发：“为筹钱做生意，五案犯劫车杀人”

其实，在和买主谈车价时，张甲等人手里根本没有车。他们既没有做过二手车买卖，也没有偷车或抢车的前科。没有车为什么还要和买主谈呢？案犯之一张乙供述说，当时他就想不管用什么办法，要赚点钱，今后好做点正

① 杨昌平：《警察的圈套诱发了命案》，载《北京晚报》2009年8月17日。

经生意，所以就决定实在不行，抢辆车卖给他们。

2001年11月25日，双方约好晚7时一手交车，一手交钱。在交车前一小时，张乙等5人开始行动了。在张乙的指挥下，由张甲、潘某携带绳子、塑料带等作案工具，骗乘跑黑车的谢某（谢女士的弟弟）驾驶的桑塔纳轿车，在和曹某、张丙会合后，张丙借故要求停车，然后趁谢某不备，张甲按住谢的双手、潘某用绳子猛勒谢的颈部，张丙用塑料袋封堵谢的口鼻，致谢某机械性窒息死亡。

抢到车后，张乙等人到了交易地点，到刑警队员开的面的前往车里看了一眼，发觉情形不对，就上车离去，警察并未抓捕。到了晚8时，警方认为交易失败，要等下一时机，于是撤回。

第二天，警方接到报案，得知在交易现场出现的红色桑塔纳轿车被弃在路边，车主谢某下落不明。经过侦查，警方抓获了张乙、张丙等人。

争议："警方是否有责？国家是否该赔?"

2004年年底，北京市高级人民法院终审以抢劫罪判处张甲、潘某死刑，张丙、张乙死缓，曹某有期徒刑15年。

凶犯得到惩罚，但谢女士一家用家破人亡来形容毫不为过。案发前，谢女士开着一家干洗店，案发后，她卖了干洗店专为弟弟讨公道，如今家里已一贫如洗。谢女士的母亲也因此一病不起，不久就与世长辞。在该案终审判决后，谢女士开始找公安局，她认为是警方的诱惑行为最终导致了其弟弟的死。

为谢女士提供法律帮助的北京市盈科律师事务所的闫律师认为，谢某的死亡是由张乙等人实施抢劫杀人的犯罪行为造成的，而该5人抢劫杀人的犯罪意念则是由警察诱惑行为引发的。

闫律师说："这几个案犯并无犯罪前科，他们是在闲聊中谈及做生意的事情，有人提出倒卖'黑车'能够赚钱，张乙说能联系到'黑车'，于是被人告密。警察的错误在于诱惑行为导致案犯去抢劫杀人，而且警察在实施诱惑行为后，只是在交易地点坐等案犯上钩，却未预见到诱惑行为可能导致被诱惑者使用暴力作案，也未采取跟踪等其他侦查手段，从而导致谢某的死亡，警方应该承担赔偿责任。"

警方："案犯早有犯意，警察并不违法"

2005年年底，延庆县公安局对谢女士出具了盖着公章的信访答复。内容主要有三点：一是在办理谢某被害一案中，存在有关领导和民警工作不认真，执法行为不规范，违反有关办案程序规定的情况，对负有责任的领导和民警给予相应的纪律处分。二是关于当事人认为民警在办案过程中涉嫌违法犯罪的问题，经调查未发现有此问题。三是关于当事人提出的经济赔偿问题，缺乏法律依据，依据国家赔偿法的规定，请当事人到法院提起赔偿诉讼。

谢某的父亲、妻子和儿子向延庆县公安局申请国家赔偿，并提出高达130余万元的各种赔偿要求。2007年7月，延庆县公安局出具确认书表示，经调查，卖车人提出卖车在先，早已产生犯意，警方的行为属刑事侦查手段，不存在违法犯罪问题，关于赔偿请求人提出的经济赔偿问题，因缺乏法律依据，不属于行政赔偿范围。

律师："警方存在重大过错，呼吁人大个案监督"

申请国家赔偿被拒绝后，谢某的家人向法院提起诉讼。其家人认为，警方作为国家司法机关，应当制止犯罪，而不应制造犯罪。但警方实施不正当的警察诱惑行为，直接引发犯罪分子的犯罪故意，导致谢某被杀，警方存在重大过错和严重违法，应承担行政赔偿责任。

但是，已经过去两年了，法院并未受理。闫律师向全国人大寄出报告，要求进行个案监督。他在报告中说，谢某家人在法定期限内提出起诉，法院应对其提交的行政起诉状和附带的证据材料全面、认真审查，在法定的期间内给予立案受理。法院倘若认为不符合起诉条件，应当自收到行政起诉状之日起7日内作出不予受理的裁定。可是，法院接到起诉材料后，在法定期间内既不立案，又不作出不予受理的裁定，无形当中剥夺了原告的诉权。为此，特向国家最高权力机关报告，以引起关注和高度重视，督促此案早日进入正常的法制轨道。

谢女士告诉记者，法院还未受理此案，她仍要想办法讨个说法。

专家："'警察圈套'实践中常用，但学术界仍然存争议"

目前，世界各国的警方在实践中多有采取诱惑侦查的手段，但在学术界，对此手段仍存在分歧。

中国青年政治学院副教授周泽表示，警察法规定警察的首要职责是预防、制止和侦查违法犯罪活动，所以在知道有人有了犯罪意图后，应该去及时地制止和教育，进行预防工作，而不是实施诱惑行为，使其把犯罪意图转化为犯罪行为。此案中，如果没有警察的诱惑，案犯可能不会把犯罪意图转化为犯罪行为，更不可能转化成抢劫并杀害谢某的具体犯罪行为，何况警察在实施诱惑行为后，并未采取措施预防案犯采用暴力方式抢劫车辆。所以说此案中警察的行为有过错。关于赔偿问题，不能简单地套用国家赔偿法的规定，损害赔偿的基本法理精神是有损害就要赔偿，有过错就要承担责任，民事的赔偿不是取决于警察是否违法，而是取决于是否有过错。

中国政法大学刑法学教授马登民在接受记者采访时则表示，诱惑侦查是刑事案件中的一种特殊侦查手段，通常又称为“警察圈套”。区分“警察圈套”是否诱发犯罪的界限，就在于当事人是否早有犯罪意图。如果有，警察借用其犯罪意图来破案，就是正当的。马登民认为，此案中，警察在得知张乙等人有贩卖黑车的意图后，扮做买主去买车的意图是破案。张乙等人早已有了贩卖黑车的意图，他们的犯罪意图是自己产生的，警方的行为不存在诱发犯罪一说。至于张乙等人把贩卖黑车的意图转化成抢劫杀人，和警方买车没有任何关系，谢某的死亡是张乙等人的抢劫行为造成的，不能单独拿出来说是“警察圈套”造成的。

分析上述报道，不难看出张乙等人是有销售赃车的故意，并已经开始积极寻找买主，处于犯罪预备阶段，比较特殊的是张乙等人当时手中并没有赃车，但这一点警方并不知晓，警方经过分析可以实施诱惑侦查措施，按照现有法律规定，警方实施的诱惑侦查行为并不违法。但是，正如笔者在第二章诱惑侦查正当性分析中所论，该诱惑侦查行为是不当的，警方实施诱惑侦查方法出现了重大失误，以致引发张乙等人抢劫杀人案。

侦查人员为张乙等人提供的是“销赃”机会，是在预料张乙等人有赃车要出手的情况下设的局。警方应当想到（但可能没有想到）这种为销赃提供机会的诱惑侦查背后可能隐藏着另一个构成销赃前提的恶性犯罪：杀人劫车。在“交易”过程中，侦查人员并未发现张乙等人并无赃车在手，得知其并无赃车是在“事后”（按报道内容理解，这里的“事后”是指张乙等人被抓获后）。如果在一手交钱，一手交货之前即已得知对方并无赃车在手，侦查机关起码有两种选择，一是中断“交易”，使警方部署的“销赃渠道”堵塞，从而制止张乙等人为获得赃车而实施犯罪；二是继续“交易”，但对张乙等人进行监控，在其为获取赃车而实施犯罪时即时抓捕，制止其对被害人造成损害。本案侦查机关的责任在于，与张乙等人交易时，想当然地以为张乙等人赃车已经在手，即没有及时了解到张乙等人并无赃车待售而需要劫车杀人，更没有对张乙等人进行监控。实际上，侦查机关应当想到张乙等人为销赃而存在几种可能性：一是有赃车在手，赃车为盗、抢或诈骗所得；二是有赃车在手，销赃人为买赃后转卖；三是无赃车在手，销赃人需要先买赃后转卖；四是无赃车在手，销赃人需要先盗、抢或诈骗到车。

对于最后一种盗、抢可能性，侦查机关应当对销赃人进行监控，保护好广大群众的生命、健康和财产安全，不能守株待兔，待销赃人盗、抢到车后再实施抓捕。可惜侦查机关应当想到却没有想到，这一疏忽为案犯获得赃车而实施犯罪开了绿灯，最终造成谢某死亡的严重后果。警察的过错在于没有对诱惑侦查进行周密的部署，同时没有控制诱惑侦查实施的过程，只是在交易地点坐等鱼儿上钩，却未预见到诱惑行为可能导致被诱惑者使用暴力作案，也未采取跟踪等其他侦查手段，从而导致更为严重的抢劫杀人案的发生，无疑这是侦查机关疏忽带来的严重后果，是其无法推卸的责任。

本案谢某之死确如其家属所言，与警察买车"下套"存在因果联系，这是一个常识判断。张乙等人手上本无赃车，因警方派人与其接洽"买车"并对其一伙不加以严密监视造成抢车杀人，如果无此"销赃渠道"，或者该诱惑侦查实施过程控制严密，那么谢某就不会死亡，张乙等人劫车杀人也具有一定的随机性，没有此番诱惑侦查，犯罪人即使仍有犯意，谢某也未必会死，几个年轻人也不会被判处死刑和重刑，这种以多人生命代价换来的教训是惨痛的，不能不以此为戒。死者长已矣，这个案件留给我们的一个沉重思考是：谢某怎样才能不算白死？侦查人员不但要有责任心，还亟待迅速提高业务能力，规范诱惑侦查行为，警钟长鸣，坚决不应该再有此类事件发生。

（二）美国网上诱惑侦查过限行为

在美国2000年有一起典型案例，[①] 就是联邦调查局在实施主动型诱惑侦查的网上聊天中采取了过于积极主动的诱惑行为，使侦查对象改变了初衷，从而着手开始实施现实中的犯罪行为。在该案中，被告人波尔曼是一名空军退役的老兵，波尔曼的妻子无法忍受其喜欢穿着女性服装的怪癖，而与波尔曼离婚。离婚后，波尔曼孤独寂寞，开始上网聊天，欲通过网上聊天室寻找到可以接受其怪异行为的女子为伴侣。但是每次在波尔曼坦言他有此怪癖时，就会被对方拒绝，没有人接受他的怪癖。终于有一天，波尔曼在网上结识了自称莎伦的人，并得到了莎伦的赞同和接受，其实莎伦是联邦调查局的"线人"，联邦调查局人员发现波尔曼在网上经常自称有此怪癖，认为波尔曼是在寻找某种机会犯罪，波尔曼所称的怪癖是有所暗示，或是暗语、黑话，遂决定对波尔曼实施主动型网上诱惑侦查。莎伦自称为离婚的女人，养育着三个女儿，想找个离了婚的男人，并特意引诱说希望波尔曼知道她们家有"特殊需求"。但是波尔曼并没有懂得莎伦的意思，在回复莎伦的邮件中称他也是一个有"特殊需求"的人，希望能与莎伦结婚。莎伦开始再次引诱，说她也在寻找一个能够理解她的男人，并且"不会用社会上的眼光来看待她们"，

---

① United States v. Poehlman , 217 F3d 692.

希望波尔曼能对三个女儿进行“特殊教育”，因为这些事情她没有能力教她们。波尔曼继续解释道他具有强烈的责任感和家庭观念，他将会把莎伦的女儿当做自己的孩子一样对待，显然波尔曼并不明白“特殊教育”的含义，莎伦继续实施第三次诱惑，力图清晰地表明她想为她的三个女儿找一个“特殊的男性教师”。对此，波尔曼回复道：“说实话，我实在不知道，除了教给你三个女儿正确的道德观念，并在她们需要的时候给予支持之外，我还能怎么特殊教育你的女儿？我寻找的是和你的爱情，我的兴趣在于你。”莎伦在回复中拒绝了波尔曼对她的求爱，并实施更为明确的诱惑行为，莎伦说希望波尔曼不要认为她怪异，她喜欢“观看”波尔曼对她女儿的特殊教学过程，希望波尔曼描述一下对她三个女儿的教学计划，并煽动波尔曼无论怎么样说她都不会生气。波尔曼终于明白了莎伦的意思，在之后的回复中，波尔曼表示同意对莎伦的女儿进行“特殊教育”，并描述了教学计划。没过多久，莎伦让其一个“女儿”给波尔曼打电话和写信。在半年的电子邮件和电话交往中，波尔曼几次向莎伦求婚，但都遭到拒绝。联邦调查局认为波尔曼的犯罪动机已经成熟，最终开始将虚拟转为现实，并实施抓捕行动。莎伦几次邀请波尔曼离开家，到加利福尼亚与之见面。波尔曼最终同意并在加利福尼亚的一个小旅店与莎伦见面，莎伦让波尔曼看儿童色情画报和她女儿的照片，并告诉波尔曼她的女儿就在隔壁房间等待波尔曼的第一堂课，她将在旁边观看波尔曼的教学过程。当波尔曼走进隔壁房间时，等待他的是联邦调查局的特工，波尔曼随即遭到逮捕。波尔曼被判处一年监禁，罪名是试图引诱未成年少女发生性行为。在波尔曼上诉后，美国第九巡回法院认为联邦调查局对波尔曼的网上诱惑侦查行为构成“警察圈套”，波尔曼律师主张的圈套抗辩成立，其原因是联邦调查局的“线人”莎伦的引诱行为过于主动、持续，使原本没有犯罪意图的波尔曼被迫接受尝试犯罪，波尔曼本来是想找到可以接受他喜欢穿女性服装怪癖的人为妻子，波尔曼所称的怪癖并不是暗示喜欢和未成年少女发生性关系，而莎伦以波尔曼不和其女儿发生性关系就拒绝和波尔曼结婚为条件来诱惑波尔曼犯罪。法庭同时指出，波尔曼给莎伦发的性爱电子邮件不可以作为其有犯罪倾向性的证据，因为电子邮件的内容是在莎伦强烈引诱下形成的，并不是波尔曼的初衷。第九巡回法院的科津斯基法官表示：“我对执法机关对一名孤独寂寞的人实施这种网上诱惑行为深感失望，在人们生活的现实社会中，有许许多多真正发生的犯罪行为，而警察先生们舍得花上半年时间去做毫无意义的事情，引诱一个经过失败婚姻而孤独、寂寞、痛苦的人去实施犯罪行为，这简直就是舍本逐末。”①

网上诱惑侦查行为的限度以采取被动接受侦查对象的犯罪邀请和犯罪思想为宜，不应当主动煽动、邀请侦查对象犯罪和宣传犯罪思想，除非如果通过现实验证犯罪嫌疑人已经犯罪，才可以转化为以抓捕犯罪嫌疑人为目的的被动型网上诱惑侦查行为。这样做的目的有两个，一是可以避免滥用侦查权，将网上诱惑侦查手段沦为对公众的道德品格验证的工具；二是可以防止侵犯人权，通过网上诱惑侦查行为使得本来没有真正犯罪动机的公民去实施犯罪行为，触犯法律，受到惩罚。

二、我国诱惑侦查实施现状的危害性

由上述诱惑侦查在我国的实施现状不难看出，在我国诱惑侦查的实施出现了诸多问题，如启动无限制、实施程序不规范、没有合法性标准、监督乏力以及司法资源浪费等。所有这些问题使得诱惑侦查失控，极容易成为违法的诱惑侦查行为，侵犯公民的权利，甚至造成冤假错案，同时引发一系列更为深层次的危害：

第一，违法的诱惑侦查行为可能产生“犯意诱发”，使原本没有犯罪意图的人实施犯罪行为，最终被判刑入狱，从而严重地影响司法的纯洁性。

第二，违法的诱惑侦查行为可能使本来有轻罪犯意的犯罪嫌疑人实施重罪行为，并被判以重刑，损害其合法权益，从而影响司法的公正性。

第三，违法的诱惑侦查行为可能被追求名利或别有用心的侦查人员利用，故意陷害无辜，这样不仅损害了公民的合法权益，同时也影响了司法的廉洁性。

第四，违法的诱惑侦查行为可能妨碍采用正当、合法的措施收集证据的效率。

第五，违法的诱惑侦查行为可能使公众对侦查机关和侦查人员的道德底线有所怀疑，使得司法人员陷入道德困境，严重影响司法人员在公众心目中的形象。

以上只是主要的几点危害性，违法诱惑侦查行为的危害还不止这些，所以我国必须对诱惑侦查加以法律规制，将其负面效应减小到最低限度，并充分发挥其打击犯罪、侦破疑难案件的积极作用。

---

① United States V. Poehlman , 217 F3d 692. 705 (9th Cir. 2000).

三、深层次分析

在我国，诱惑侦查实施现状的混乱除了由于没有法律规制等表面原因外，笔者认为更深层次的原因应当是我国缺乏司法权对诱惑侦查行为的控制，才进一步加剧了导致诱惑侦查行为在实践运用中的混乱状况。具体而言，缺乏司法权对诱惑侦查行为实施状态的控制主要表现在如下三个方面：

第一，我国法院拒绝或排斥运用裁判权的方式对诱惑侦查行为本身表明态度，不仅如此，还通过类似立法的实体规则——2008 年 12 月最高人民法院印发的《全国部分法院审理毒品犯罪案件工作座谈会纪要》来认定任何形式的诱惑侦查行为都是合法的行为，拒绝承认诱惑侦查行为可能的违法形态，即使对诱惑侦查行为可能的违法形态法院也予以认可，只是在量刑上从轻处罚。这种对诱惑侦查行为宽容的姿态好比否认刑讯逼供是讯问行为的违法形态，对经由刑讯逼供所获得的证据一体采纳，而只是在量刑上从轻。可见，我国法院的这种做法是明显不合理的，实践中会出现被相似行为诱惑的当事人在法治国家无罪，而在我国却被认定有罪的反差。

例如，良某某、赵某某贩卖毒品一案。贩毒人员陈某被公安机关抓获后，向公安机关检举云南省巍山县的良某某贩毒的线索，要求立功赎罪。公安机关于是便安排秘密力量甲持陈某写给其父的信，找到陈父让其代儿子立功。接信后，陈父就领着甲找到良某某，要求帮买毒品，良同意。一个星期后，公安人员装成“老板”与甲和陈父一同来到良某某家，要求看货。良拿了一件海洛因样品出来后，“老板”即指定良准备 15 件货，3 天后付款提货。3 天后，“老板”和甲来到巍山县，良某某验看了货款后，即打电话叫赵某某把毒品送来，后在交易时二人被当场抓获。此案在审理中，尽管法庭认定甲对良某某有诱人犯罪的情节，而且交易的毒品数量近 5000 克，也是应公安人员要求准备的，但是仍然以贩卖毒品罪“从轻”判处良某某无期徒刑。①

法院以会议纪要这种“软性”实体规则的形式②封杀了个案中法官的自由判断权，使他们不能对个案中的诱惑侦查行为表达自身的司法立场，由此司法控制侦查的途径被堵塞。

第二，我国目前的刑事审判方式本身也无力对诱惑侦查行为进行司法

---

① 郑蜀饶著：《毒品犯罪的法律适用》，人民法院出版社 2001 年版，第 226 页。

② 之所以称这种会议纪要是一种“软性”的实体规则，是因为它对法官的实际判案具有很强的拘束力，并助它还可能超出自身适用的范围，影响法官对诱惑侦查行为的认识。

控制。

我国目前的刑事审判方式由于没有贯彻直接言词原则，没能建立警察出庭作证制度，没有建立交叉询问制度，审判方式仅是一种“案卷笔录中心主义”,[①] 在“案卷笔录中心主义”的作用下，侦查程序通过案卷笔录对法庭审判的绝对影响成为整个刑事诉讼的中心，法庭审判在相当程度上变成对侦查结论的审查和确认过程，而失去了独立自主地审查证据、认定案件事实的能力。中国之所以形成一种以侦查为主导的刑事诉讼模式，并在“公检法三机关”之间形成一种“流水作业”和“接力比赛”式的法律关系，在很大程度上与这种裁判方式存在密切的关系。所以，这种审判方式在对行为实施形态本身就很复杂的诱惑侦查行为进行审查时便无法发挥作用。

司法实务中就出现过这样的案例，一审时，被告人曾提出秘密力量引诱问题，称没有归案的交易上手为警方的秘密力量，其是在引诱下购买毒品，要求以犯意引诱为由从轻处罚。但一审法院通过阅卷查明，此案的破获得益于群众举报，有案件的破案报告及举报材料为证，至于交易上手没有归案是因为当时的警力不够。于是一审法院并没有采纳被告人的辩护意见。被告人不服，并继续以此为由提出上诉。后二审法院到侦查机关调查发现，没有归案的交易上手确为警方的秘密力量，而卷宗中的破案报告则系伪造，原来案件并非起因于群众举报，一切均在警方的控制之中。二审法院遂以存在秘密力量引诱嫌疑为由将此案发回重审。此案就反映了这样一个矛盾，即侦查机关使用秘密力量引诱的行为如何能得到法院的有效审查和认定。

在奉行正当程序至上的美国，被告人有知悉公诉方控诉证据的权利，如果所有的“线人”身份都不公开且不出庭参加诉讼，显然剥夺了被告人的公正审判权。为了协调被告人的公正审判权与保密“线人”身份之间的价值冲突，美国联邦法院在合众国诉克米诺（Unites States v. Cimino）判例中对“线人”是否出庭参加诉讼作了如下的例外规定：

如果被告人要求“线人”出庭接受交叉询问，被告人必须举证证明以下内容中的任何一项：第一，“线人”拥有相关的、客观的、真实的证明被告人无罪的证据；第二，“线人”显然提供了伪证，因为他根本不可能接近和

---

① 案卷笔录中心主义是一个能揭示中国目前法庭审判流于形式的重要原因。“案卷笔录中心主义”是对一种审判方式的理论概括，它有以下几个变量：（1）法庭审判直接宣读笔录，没有证明力的审查，尤其是没有对控方证据证明力的审查；（2）法庭上没有对证据能力的审查；（3）法庭上没有证明活动，而完全被法官发现真相、庭外的调查核实给淹没了。详细资料参见陈瑞华著：《刑事诉讼的中国模式》，法律出版社2008年版，第107～155页。

了解被告人的情况；第三，“线人”自己才是犯罪活动中的积极分子；第四，检察官之所以不公开“线人”身份，是因为“线人”的证言根本经不起庭审过程中的交叉询问。如果此时公诉方仍然不能通过“线人”出庭参加诉讼，那么公诉方出具的“线人”证言就有可能授人以柄，成为辩护律师反驳控诉方的理由。同时，由于公诉方同“线人”之间本质上是一种雇主与雇工的关系，因此如果在这种情形下，“线人”仍然不能出庭参加诉讼，就会在陪审员的心目中造成这样一种印象——“雇主和雇工合谋损害另一方的利益”。[①]

因此，如欲对诱惑侦查行为进行司法控制，还须转变刑事审判方式。但是，在“法庭审理流于形式”问题仍然没有得到解决的情况下，任何旨在推进法庭审理程序“现代化”的立法努力，对于解决中国刑事审判制度的问题注定是不会有实质意义的。正如陈瑞华教授所述，未来的中国刑事诉讼法纵然全面确立了无罪推定、审判公开、直接、言词和辩论原则，确立了传闻证据规则，建立起证人、鉴定人、被害人甚至侦查人员出庭作证的制度，吸收了来自英美法之中的交叉询问、意见证据、品格证据、作证特权等一系列与证人证言有关的证据规则，但只要法院仍然坚持“以案卷笔录为中心”的裁判方式，仍然将侦查人员制作的案卷笔录视为具有天然证据能力的证据和具有优势证明力的裁判证据，那么中国刑事审判的基本面目就不可能发生重大的改观。毕竟，一种无法通过法庭审理过程以形成裁判结论的审判制度，立法者对法庭审理的顺序、范围、方式所做的任何“改革”都是无关痛痒，甚至是南辕北辙的。归根结底，中国未来的司法改革既要关注刑事审判方式的改革，又要着眼于“重建审判制度”的问题。

第三，中国的法院没有足够的权威来审查侦查行为的合法性，是司法权无力对诱惑侦查行为的实施状态进行控制的主要原因。表面看来，我国是由于缺乏相应的非法证据排除规则，才使得违法的诱惑侦查行为取得的证据合法化，但是深入分析应当是法院究竟有无足够的权威来审查侦查行为的合法性问题。

第五节 诱惑侦查规制路径

一、实现诱惑侦查法律规制的意义

虽然诱惑侦查存在侵犯人权的危险，但是它就像一柄“双刃剑”，在打

① 张泽涛：《线人的运用及其规范》，载《法学》2005年第3期。

击特殊形态的犯罪时又是不可或缺的重要侦查手段，的确有必要实施，如何妥善处理二者的矛盾？既控制诱惑侦查的危害，将其负面效应减小到最低限度，又能保证诱惑侦查充分发挥其打击犯罪、侦破疑难案件的积极作用，各个法治国家都对其进行了法律规制，就我国而言，虽然新修改的刑事诉讼法已经将其纳入法制轨道，但是并没有对诱惑侦查措施进行更进一步的法律规制，当前我国立法和司法机关亟须探索出诱惑侦查的规制路径及其必要的法律规制。实现诱惑侦查的法律规制是确保该侦查措施能够合法高效实施的一条必由之路，其意义有三个方面：

第一，实现诱惑侦查的法律规制可以合法有效地利用诱惑侦查手段打击犯罪。

首先，实现诱惑侦查的法律规制既是限权，又是授权，具有双重意义。立法直接、明确地授权侦查机关可以使用诱惑侦查，使诱惑侦查取得了合法地位，有利于侦查机关有依据、按程序侦破组织化程度高、隐蔽性很强的特殊类型的犯罪。当前在我国诱惑侦查法制尚不健全的情况下，侦查机关实施诱惑侦查时，自己也觉得底气不足，所以在谈及诱惑侦查的使用时也是讳莫如深，遮遮掩掩，同时在具体实施诱惑侦查的操作上也无所适从，形成不统一、不规范，凭经验办案的局面。通过法律明确授权，可以为诱惑侦查提供正当化的制度保障，使其得以光明正大、合理合法地使用。可见，实现诱惑侦查的法律规制不但不会削弱国家惩治犯罪的力度，反而更有利于打击犯罪。

其次，实现诱惑侦查的法律规制还可以赢得群众的信任和支持，使依靠群众的刑事侦查工作方针不动摇。引诱性极强的诱惑侦查长时间使用会使大量没有犯意的无辜群众被引诱犯罪并受到处罚，也会使广大群众人人自危，怕落进“警察圈套”，不信任警察，严重影响警察在群众心目中的形象，这样公安机关就丧失了群众的支持，依靠群众的刑事侦查工作方针就有可能动摇。群众路线是具有中国特色的刑事侦查工作最本质的特征，是刑事侦查工作实现工作目标的基础和关键。① 失去群众的信任和支持将会造成无可挽回的损失。通过立法，使诱惑侦查具备合法性、正当性，无疑可获得更多群众道义上的支持。

再次，诱惑侦查的法律规制符合程序正义的需要，有利于被打击的犯罪分子口服心服，认罪服法。美国有三位教授在 20 世纪 70 年代进行了一项有关程序正义的心理学研究，调查了不同文化背景、社会地位的人群对程序正

① 孟宪文主编：《刑事侦查学》，中国人民公安大学出版社 2004 年版，第 18 页。

义的接受程度，最后发现了几个规律：不管来自何种文化背景和社会阶层，在剥夺利益的场合，人们对程序正义的要求要远远大于授予利益的场合；而且被剥夺的利益越大，对程序正义的要求就越大。[①] 所以，依照法定程序实施诱惑侦查也是被剥夺利益者即被告人的需要，这可以使被告人真正从内心信服，并自觉服从法律制裁，法律的权威也因此而得到提升。

最后，诱惑侦查的法律规制可以使有限的司法资源得到高效的利用。对诱惑侦查进行规制并不是限制其合理使用，而是防止和制止国家权力的滥用。如果不规制诱惑侦查，那么“犯意诱发型”的违法诱惑侦查行为将造成侦查部门制造本可以不发生的犯罪，这不仅浪费了侦查资源，而且还浪费了检察院和法院的司法资源。任何一个国家的刑事司法资源都是有限的，让有限的司法资源用在打击真正的犯罪案件上，这也是规制诱惑侦查的意义之所在。所以，诱惑侦查的法律规制不仅可以有效地遏制政府权力的滥用，而且可以使侦查机关集中精力去打击真正对社会有危害的犯罪，有利于提高打击犯罪的精度和效率。

第二，实现诱惑侦查的法律规制可以使公民的人权得到有力的保障。

首先，通过确定诱惑侦查的合法性标准，可以区分合法的诱惑侦查行为与非法的诱惑侦查行为，从而有力地保障无辜的公民不被引诱犯罪。执法者就可以依据合法性界限，区分什么样的诱惑侦查是合法的，可以实施，哪些诱惑侦查应当被禁止实施，同时法官对判定诱惑侦查行为合法与否也有标准，从而可以有效扭转当前实践中对合法标准认识不统一、处理结果五花八门的混乱局面，出现同样的诱惑侦查中的被告人，在不同地方会有多种审判结果。司法的不公正和执法者对诱惑侦查的滥用直接侵犯了公民的人权，无法保证公民在一个稳定、安宁的环境中生活。

其次，对合法诱惑侦查进行严格的程序规定，使犯罪嫌疑人不因诱惑侦查而受到不公平的待遇。不加控制的侦查权即使是合法的，也会侵犯公民的权利，诱惑侦查即使合法，但是诱惑过于强烈，使得本来只有轻罪犯意的人实施了重罪犯罪行为，结果按照重罪判处，那么对于被告人来说是不公平的待遇，侵犯了他的人权。所以，严格的程序规定可以保障犯罪嫌疑人的权利不受侵犯。

最后，对诱惑侦查行为制定救济措施，可以使公民有权通过法定程序提出合理诉求。任何权力都有扩张的本性，国家的公权力同样如此，对于诱惑

---

① 陈瑞华著：《论法学研究方法》，北京大学出版社 2009 年版，第 31 页。

侦查这种侵犯人权危险性极强的侦查手段，在审判阶段应当有必要的救济措施，如非法证据排除后要终止诉讼或者采取程序性制裁措施等，这样即使有了非法的诱惑侦查行为或者不当的诱惑侦查行为，在最后的审判阶段都能通过救济程序使公民的合理诉求得以实现，以限制国家公权力的滥用，确保公民的合法权利不受侵害。通过上述对诱惑侦查的法律规制，不但能够预防和限制违法的诱惑侦查行为，而且可以将诱惑侦查纳入法制轨道，使其合法、正当，在法律可控的范围内运行，防止诱人犯罪，侵犯公民的合法权利。

第三，实现诱惑侦查的法律规制是法治国家的基本要求。

在法治国家中，刑事诉讼承担的双重任务就是既打击犯罪又保护人权，二者不可偏废。然而，打击犯罪与保障人权二者在实践中时常发生冲突，国家不得不在二者之间进行平衡协调，这成为刑事诉讼中永恒的话题。现代法治中刑事诉讼程序基本原则要求，凡是实施对公民基本权利进行限制或剥夺的措施，都要有法律的授权，并且要按照法定的程序行使，以保证社会公正的实现和法律权威的确立。诱惑侦查很容易侵犯公民的隐私权和人格自律权，只有通过法律规制才能保障其合法、规范地实施，才能保障公民的权利不被随意侵犯。对政府的权力进行控制，主要方式就是法律规制，这是法治国家的一个基本经验。同样，对侦查措施的法律规制是一个法治国家的基本要求。在某个历史时期无论是重打击，还是重保障人权的国家，只要是法治国家，在这个意义上，就应当对诱惑侦查进行法律规制，这是一个国家法治文明的标志。在积极推进依法治国的今天，实现诱惑侦查的法律规制将成为我国当前法制建设的一个重要课题。

二、诱惑侦查规制路径的总体构思

综上对我国当前诱惑侦查实施现状的分析，可以发现存在的问题颇多，而且现行的“内部规范性文件”与我国即将实施的新修改的刑事诉讼法第151条第1款的立法精神相背离，亟须司法实务部门作出相应的调整，出台相关规定，规制诱惑侦查措施。当前我国立法上已经对诱惑侦查作出限制性授权，那么如何对该侦查措施进一步规制呢？笔者认为，随着刑事司法制度的改革，在时机成熟时，通过立法或者司法解释的方式对诱惑侦查进行应然性的规制，即通过司法控制违法的诱惑侦查行为，对“警察圈套”实施程序性制裁，这样是最为理想的规制路径，但是刑事司法制度的改革是个漫长探索的过程，当前只有选择符合我国现有法制特点的规制路径，笔者认为可以通过以下三个方面来实现对诱惑侦查的综合规制。

第一，在部门法规中增加对诱惑侦查措施的规制细则，形成对诱惑侦查措施更进一步的法律规制。例如，公安机关可以在《公安机关办理刑事案件程序规定》，检察机关可以在《人民检察院刑事诉讼规则》等法规中，结合诱惑侦查实施中的实际问题，增添有关诱惑侦查的适用细则，由于我国法制自身的特点，上述各侦查机关也可以结合自身管辖的案件规定诱惑侦查措施适合打击的犯罪类型，这样对诱惑侦查措施进行的法规规制也具有对本部门进行规范的作用，同时各法规规制中应规定实施诱惑侦查的基本原则，以及诱惑侦查的启动程序和必要的监督程序，应针对“警察圈套”建立惩罚机制，以便严格限制诱惑侦查的滥用，这是符合我国国情的方案。

在我国，大多数学者在论及诱惑侦查法律规制时都综合所有发达国家的思想和方法，得出应然性的法律规制，建议构建诱惑侦查行为适用对象、适用范围、适用条件、适用程序、适用原则、合法标准、违法后果等一系列规则体系，笔者认为不妥。诚然，这些法律规制对限制和规范诱惑侦查行为的使用确实具有重要的作用。然而我们应当负责任地考虑一下，把所有西方关于诱惑侦查的法制思想全都移植过来是否符合我国国情，在我国当前的法制状况下是否可行，这些愿望和努力是否合理、是否能够奏效。笔者认为，这些应然性的法律规制仍值得商榷，我们应当结合我国国情进行分析，并结合诱惑侦查的特点来商讨解决办法，不可以试图做“毕其功于一役”的解决，这种急功近利的法律规制注定将很难取得成功，其原因正如陈瑞华教授分析的那样：“对于一些表层现象和问题，我们只根据一些肤浅的价值理念和原则就准备作出‘解决问题’的尝试，而不关心造成这些现象和问题的深层原因。结果，不仅那些已经暴露出来的问题没有得到真正的解决，甚至还催生出了一系列新的问题，使得那些深层问题的彻底解决被耽搁和拖延，从而酿成了更为严重的后果。……法律学者以西方法律为蓝本所提出的各种立法建议，在中国刑事司法制度中经常会遭遇到强烈的阻碍；立法者经过各种折中妥协所选择的方法方案也经常被一系列行之有效的‘潜规则’所架空。”① 笔者认为，在诱惑侦查措施的部门法规规制中不适宜对诱惑侦查行为进行全方位的规制，其原因是诱惑侦查行为本身非常复杂，不同于其他侦查行为，这使得客观上无法用详尽的法条描述对其进行全面的法律规制。

第二，排除利用“警察圈套”收集的证据，形成对侦查机关实施诱惑侦查行为的动态规制。人民法院利用非法证据排除规则，排除利用“警察圈

① 陈瑞华著：《论法学研究方法》，北京大学出版社 2009 年版，第 45 页。

套”收集的全案证据，从而形成无罪判决，以此对侦查机关实施诱惑侦查的行为形成动态规制，并引导侦查实践中侦查人员合法使用诱惑侦查措施。当前无论是在英美法系国家，还是大陆法系国家都没有对诱惑侦查行为进行如我国学者提出的全方位的法律规制，而普遍采取司法控制，① 即法官在个案审查的基础上，首先表明对诱惑侦查行为的态度，提出区分诱惑侦查行为合法与违法状态的标准，并以程序性制裁②的方式反作用于警察的执法行为，引导警察在侦查实践中合理地运用诱惑侦查行为。但是，在我国当前要想通过司法权对诱惑侦查行为进行控制，还需要进行很多相关刑事司法制度的改革，这个过程还很漫长，那么同样对诱惑侦查的法制化也不可能一蹴而就。鉴于诱惑侦查行为的复杂性和我国现有的法制特点，笔者建议可以结合我国新修改的刑事诉讼法第 54 条③和第 152 条④规定对利用“警察圈套”获取的证据从程序上予以非法证据排除，以达到间接除罪化的目的。这是因为新修改的刑事诉讼法第 152 条规定了侦查机关采用诱惑侦查措施所收集的材料可以直接作为证据使用，具有证据效力，那么相对应的侦查机关利用“警察圈套”获取的证据就属于非法取得的证据，不具有证据效力，所以其不得在刑事诉讼中作为证据使用。利用新修改的刑事诉讼法第 54 条——“非法证据排

---

① 即使以立法周详著称的德国，其刑事诉讼法典也只是规定了派遣秘密侦查人员所应具备的实质要件和程序要件，而对秘密侦查人员如何具体从事侦查行为（包括诱惑侦查行为）则较少涉及，对由此引发的问题都是德国联邦最高法院通过判例的形式，表明自身的态度，进而引导警察在侦查实践中合理地运用诱惑侦查行为。

② “程序性制裁是通过对那些违反法律程序的侦查、公诉和审判行为宣告为无效，使其不再产生所预期的法律后果的方式来惩罚和遏制程序性违法行为的。程序性制裁制度所要惩罚的并不是违反法律程序的警察、检察官和法官个人，而是通过宣告其诉讼行为的违法性，使得那些受到程序性违法之直接影响的证据、公诉、裁判以及其他诉讼行为失去法律效果。从积极的角度来说，要遏制警察、检察官和法官的程序性违法行为，只能主要依靠那种宣告其行为无效的程序性制裁措施；而从消极的角度来说，如果一种制度容许警察的违法侦查行为产生侦查破案的效应……那么，这种纵容警察、检察官和法官违反法律程序的制度将导致刑事诉讼程序遭到普遍的践踏，刑事诉讼法也将根本无法得到实施。”陈瑞华著：《程序性制裁理论》，中国法制出版社 2005 年版，第 535 ~ 536 页。

③ 新修改的刑事诉讼法第 54 条规定：“采用刑讯逼供等非法方法收集的犯罪嫌疑人、被告人供述和采用暴力、威胁等非法方法收集的证人证言、被害人陈述，应当予以排除。收集物证、书证不符合法定程序，可能严重影响司法公正的，应当予以补正或者作出合理解释；不能补正或者作出合理解释的，对该证据应当予以排除。在侦查、审查起诉、审判时发现有应当排除的证据的，应当依法予以排除，不得作为起诉意见、起诉决定和判决的依据。”

④ 新修改的刑事诉讼法第 152 条规定：“依照本节规定采取侦查措施收集的材料在刑事诉讼中可以作为证据使用。如果使用该证据可能危及有关人员的人身安全，或者可能产生其他严重后果的，应当采取不暴露有关人员身份、技术方法等保护措施，必要的时候，可以由审判人员在庭外对证据进行核实。”

除规则”，对通过该种违法侦查行为获取的证据从程序上予以排除，这从证据学的角度上讲是合理的，由于“警察圈套”是侦查机关在诱使他人犯罪，国家在“制造”犯罪，陷害他人，这已经超越了道德底线，让公众无法容忍，严重影响司法公正①，利用“警察圈套”获得的案件所有证据都应当被视为非法证据而予以排除，而排除了案件的所有证据，法院必然会由于证据不足、指控罪名不能成立，而对被告人作出无罪判决，从而达到与程序性制裁方式相似的效果。

第三，不断规范侦查机关实施诱惑侦查的策略方法，增加实施过程的录音录像，形成对诱惑侦查过程的实时规制。侦查实务部门在具体实施诱惑侦查时的策略方法不规范，特别是实施诱惑侦查的决策层缺乏风险意识和证据固定意识，当然这也是长期以来诱惑侦查作为秘密侦查手段，其获得的证据需要转换，而并不能直接使用的缘故。新修改的刑事诉讼法出台后，诱惑侦查措施获得的证据应当直接使用，这就要求侦查机关应当规范实施诱惑侦查的策略方法，在成功和失败案例中总结方法，学习国外侦查部门获取证据的先进方法，特别是在诱惑侦查实施过程中如何收集证据。例如，可以对实施过程进行录音录像，获取网上诱惑侦查电子数据等。各级侦查机关应当根据需要，不断制定相对应的内部技战法和规章制度，对诱惑侦查实施过程进行实时规制，这样可以对诱惑侦查的实施人员不断给予必要的规范操作，培养一批实施诱惑侦查专业化的队伍，从源头上杜绝“警察圈套”。

第六节 应然性法律规制构建

综观各国对诱惑侦查的法律规制，侧重点都有所不同，美英侧重于通过审判程序来进行约束；德国注重从诱惑侦查实施前的审批程序来控制。虽然各国的立法形式和规定不尽相同，但是在立法中都对诱惑侦查的司法授权、违法后果作了详尽的规定，这些做法值得我们在刑事司法改革成熟时予以参考和借鉴，通过刑事证据的立法，再次修订刑事诉讼法，或者增加司法解释，实时修改对诱惑侦查措施的法律规制，以期达到最为理想的规制路径。随着我国未来刑事司法改革的大致走势，笔者试图构建出以下对于诱惑侦查措施的应然性法律规制。

---

① 对严重影响司法公正的证据新修改的刑事诉讼法第 54 条规定：“……可能严重影响司法公正的，应当予以补正或者作出合理解释；不能补正或者作出合理解释的，对该证据应当予以排除。……”

一、诱惑侦查启动程序

在法律规制中制定诱惑侦查启动程序，对符合诱惑侦查启动条件的案件进行审批备案，从入口把握诱惑侦查行为不违法，是一种事前监督行为，由于我国法制状况的特殊性，强调事前监督有其现实意义：一是我国对侦查机关的侦查行为进行事中监督和事后监督很难实现，所以事前监督就显得极其重要；二是可以防止滥用诱惑侦查措施；三是有利于维护侦查对象的合法权利。

（一）对诱惑侦查启动程序法条的探讨

由陈光中、卞建林教授主编的《中华人民共和国刑事证据法专家拟制稿（条文、释义与论证）》阐述了刑事侦查中诱惑侦查措施的启动程序。其第124条规定："对于危害国家安全犯罪，走私犯罪，伪造货币或者其他有价证券犯罪，走私、贩卖、运输、制造毒品犯罪，组织、领导、参加黑社会性质组织犯罪，组织、领导、参加恐怖组织犯罪及其他严重危害公共安全和社会治安的犯罪，在使用其他方法难以取得证据时，经侦查机关负责人批准，可以派遣秘密侦查员或者采取诱惑侦查。"① 这一观点列举了目前人们普遍认同的严重犯罪，同时又留有余地，便于随着犯罪形势的变化作出新的解释，对新出现的严重危害公共安全和社会治安的犯罪实施诱惑侦查，同时规定了诱惑侦查的最后手段原则，即要求使用其他方法难以取得证据时才可以使用诱惑侦查措施，也规定了诱惑侦查措施需要经审批程序才可实施。

笔者赞同这些观点，但是笔者认为对诱惑侦查规定的启动程序不仅是一种授权行为，更为重要的是一种事前监督，我国和西方国家的国情不同。在我国，法院的救济措施和司法权控制侦查行为都很难实行，即使是通过立法解决，也有被规避的可能，同时有关侦查行为的事中监督和事后监督也很难实现，所以更显启动程序的重要性。笔者认为，对于这样复杂而有潜在风险的诱惑侦查措施应当斟酌其启动程序，启动程序的设计既要方便易行，又应实用合理。不"方便易行"容易被侦查机关规避，不"实用合理"容易使诱惑侦查被滥用。笔者结合《中华人民共和国刑事证据法专家拟制稿（条文、释义与论证）》中诱惑侦查措施的启动程序条文设计出以下条款，以供探讨：

"侦查机关对（某人的）犯罪行为，或者（某地可能出现的）犯罪活动，

---

① 陈光中、卞建林主编：《中华人民共和国刑事证据法专家拟制稿（条文、释义与论证）》，中国法制出版社2004年版，第412～425页。

已经有合理怀疑，不使用诱惑侦查将影响侦破严重刑事案件，经县以上（包括县级）侦查机关负责人批准，并报同级人民检察院备案，可以使用诱惑侦查。不允许无端启动诱惑侦查，也不允许未经批准使用诱惑侦查。”

（二）诱惑侦查启动的条件

1. 对诱惑侦查适用范围的探讨

我国有学者提出应当限制诱惑侦查的适用范围，即只能限于侦破“隐蔽且无直接被害人的严重刑事案件”。笔者认为这种观点值得商榷，其原因有两个：

第一，考察各国对诱惑侦查的法律规制，很少有限制诱惑侦查适用案件范围的。一直以来，有学者误认为德国是限制诱惑侦查适用范围的，但是据笔者考察，正如上一章所述，德国对一般的诱惑性侦查是不限制的，而对侵犯人权危险性极高的卧底侦查中使用的诱惑和欺骗手段才加以授权和限制。目前，在我国犯罪形势日益严峻，犯罪类型多样化的情况下，限定诱惑侦查的适用范围不利于打击犯罪。诚然，犯罪参与型诱惑侦查主要适用于所谓“无直接被害人”犯罪，诸如制贩假币、制贩毒品、非法武器交易等，但非犯罪参与型诱惑侦查主要还是针对“有被害人”的犯罪，如系列性的盗窃、抢劫、强奸等查获犯罪嫌疑人较为困难的案件，这些系列案件只要运用诱惑侦查得当，在查获犯罪嫌疑人方面会收到事半功倍的效果。各种侦查策略本来运用之妙，存乎一心，用到诱惑侦查手段的可能性也不能完全排除。如果将这种侦查谋略拘泥于少数几种案件，其他案件绝对不能应用，恐怕不能适应灵活多变的侦查实践需要，反而有“郑人买履”之感。

第二，有的“隐蔽且无直接被害人”的案件在适用诱惑侦查方面也要慎重考虑，还要看适用诱惑侦查的收益与其负面效果相比孰轻孰重，如果负面影响太大则不应允许适用诱惑侦查。例如，职务犯罪适用诱惑侦查的问题。在美国，诱惑侦查可以适用于贿赂犯罪。美国《联邦调查局秘密侦查基准》规定，一般的秘密侦查可以由联邦调查局的特别负责机构进行审批，但是如果秘密侦查包含敏感情形，[①] 则必须由联邦调查局总部进行审批。由此看来，在美国是利用提高审批层次来控制针对官员腐败行为而开展的秘密侦查（包括诱惑侦查）的。当前职务犯罪形势严峻，危害严重，并呈现出高智能性、高隐蔽性，取证极其困难。反腐倡廉是民心所向，所以对部分职务犯罪实施

① 对联邦、州、地方公共官员进行的任何牵涉政府活动的组织性的腐败的调查即属于这种敏感情形。

诱惑侦查有实践的合理性。但是，同时也要考虑到诱惑侦查可能使得官员人人自危，损害政权形象和稳定性，危及国家政治机能，所以应当坚持从严掌握，慎重使用，具体案件具体分析。笔者认为，可以通过检察机关出台单行法规严加限制职务犯罪适用诱惑侦查的条件，通过提高审批层次来控制诱惑侦查适用职务犯罪。

考虑到立法的前瞻性、盖然性，以上条款笔者没有限制诱惑侦查的适用范围，而是与《中华人民共和国刑事证据法专家拟制稿（条文、释义与论证)》中诱惑侦查措施的启动程序条文采取相同的观点，认为诱惑侦查应当用于严重刑事案件。

2. 对于启动条件之一——合理怀疑原则的理解

鉴于诱惑侦查蕴含的潜在风险性极高，对启动程序如不进行必要的控制，就可能放任侦查机关滥用诱惑侦查手段，直接危害公民合法权利。所以，笔者对于上述条文没有运用适用案件范围来控制诱惑侦查的启动，而是建议在启动之前提出一定证据上的要求以便从入口来控制这种侦查手段的使用，即要有“合理怀疑”的证据，“警察不能任意选择犯罪调查的目标，这一点似乎是基本公正固有的要求”。但是，如果在启动之前就对提出的证据要求过高，既不符合认识规律，也有悖于刑事侦查的任务，即“收集证据，查明犯罪事实和查获犯罪嫌疑人，为打击和预防犯罪，保证诉讼的顺利进行提供可靠的依据”。[①] 侦查的过程其实是一个对犯罪事实渐进的认识过程，那么在诱惑侦查启动之初应当确立怎样的证据标准，就值得我们去研究和探讨了。参考上述各国关于诱惑侦查的法律规制，结合我国现实情况中有关初查、“立线”侦查、立案的证据标准以及学者们的学说。笔者认为，可以将“合理怀疑”（reasonble suspicion）作为诱惑侦查启动程序中的证据标准。对此可以从三个方面来把握。

第一，国外合理怀疑原则的内容。

关于“合理怀疑”的证据标准，美国学者的表述是“有证据表明侦查对象在没有政府率先对其进行诱惑的情况下正在从事某种犯罪或者具有从事某种犯罪活动的可能”，是比“可能理由”更低的证据标准。在“可能理由”标准下，警察至少必须有50%的确定性认为当事人可能从事了犯罪活动；在“合理怀疑”标准下，警察只有25%的确定性认为当事人可能从事了或将要

① 陈光中、徐静村主编：《刑事诉讼法学》，中国政法大学出版社2001年版，第296页。

从事犯罪活动。[①]“合理怀疑”的证据标准一般用于警察实施的短暂停留和简单搜身，而“可能理由”的证据标准用于执行逮捕。在司法实践中，美国的法院对政府实施诱惑侦查并不加限制，但侦查机关由于担心在法院被告人提出圈套抗辩时其会处于不利地位，而在启动诱惑侦查之前就注意收集符合“合理怀疑”的证据。在英国，上议院特别强调“合理怀疑”证据标准的重要性，认为“有怀疑的合理理由（reasonable grounds for suspicion）是确保警察善意行事的一种方式”，对于“合理怀疑”的解释为：“警察怀疑某人将要从事该犯罪或已经参加了该犯罪行为。”由此可以看出，英国的“合理怀疑”证据标准实际上并不是针对已经实施的犯罪，而是对社会构成了潜在威胁的，未来可能的犯罪和正在进行的犯罪。这种针对未然犯罪而实施的侦查行为实际上就是针对“实施犯罪行为的一种可能性”而实施诱惑侦查。例如，2002年美国司法部制定的《联邦调查局秘密侦查基准》规定，只要“有合理的迹象表明主体正在、已经或将要进行受到提议的非法行动或类似非法行动”，就可以发动诱惑侦查。澳大利亚1996年《刑事法修正案（控制下行动）》第15M条之（b）项规定，可以批准进行控制下行动的事实根据是，“不论是否采取控制下行动，行动涉及的目标人物都很可能会触犯1901年海关法第233B规定或者关联犯罪”。[②]

“合理怀疑”的证据标准不仅仅只是考察犯罪嫌疑人是否有犯罪动机，还要考察其是否有犯罪能力。也就是说，在启动诱惑侦查之初，要证明犯罪嫌疑人在没有政府介入的情况下也可以完成整个犯罪过程。如果没有政府介入，犯罪嫌疑人根本无法完成犯罪。在犯罪嫌疑人只有犯罪意愿而没有犯罪能力的情况下，警方实施诱惑侦查之初就没达到“合理怀疑”的证据标准，就是违法的诱惑侦查行为。美国联邦第七巡回法院在1994年的美利坚合众国诉豪林斯沃特案（Uuited states v. hollingswort）判决中表明了此观点，“要进入国际洗钱业务，需要具备黑社会方面的关系，敏锐的金融触角、大资本，以及有接近外国的银行家或银行的机会，或者有其他的资产。但是被告人却不具备以上任何一个条件……即使他们在与政府代理人接触以前就想进行洗钱犯罪，他们能够成功的可能性也极小。因此，在客观上，这些被告人是无害的”。被告人没有政府介入，根本无能力进行洗钱犯罪，法庭因此认为圈套抗辩成立。

---

① 马跃著：《美国刑事司法制度》，中国政法大学出版社2004年版，第205页。

② 杨志刚著：《诱惑侦查研究》，中国法制出版社2008年版，第195页。

“合理怀疑”原则不仅可以针对人，还可以针对地点、场所。例如，在某地区连续发生性质相似的系列抢劫犯罪，尽管侦查机关并不知道犯罪嫌疑人的真实身份，但是通过被害人对犯罪嫌疑人的描述，确定是一伙犯罪分子实施的抢劫，可以并案，同时分析这伙犯罪分子还会在该地区再度作案，出于消除潜在社会危害性的考虑，可以在该地区实施诱惑侦查，该案并不是针对特定人的合理怀疑，而是针对特定空间可能出现犯罪的“合理怀疑”。对这种情况下的“合理怀疑”证据标准，许多国家及地区都是认可的。英国上议院指出：“对特定个人有怀疑的理由并非总是必要的，有时怀疑可能是针对某个特定地点，比如一所特定的公共场所的房子”；我国台湾地区学者黄朝义指出，“对特定场所具有可能存在着发生犯罪行为之合理性的嫌疑”；加拿大最高法院对在一个毒品犯罪盛行的地区开展诱惑侦查也予以认可。①

第二，对于我国“合理怀疑”证据标准的正确理解。

上述《中华人民共和国刑事证据法专家拟制稿（条文、释义与论证）》中诱惑侦查措施的启动程序条文没有采取设立相应的证据标准，笔者认为，是因为作者考虑到我国有统一的立案标准，按照我国刑事诉讼法规定，无立案则无侦查，那么启动诱惑侦查措施，自然应当按照立案的证据标准了，所以无须多谈。但是据笔者对立案程序的考察，在我国现阶段，由于犯罪多样化的出现以及犯罪形式严峻，侦查机关为了快速有效打击犯罪，已经突破了现行法律规定，而降低了启动侦查的证据标准，出现了在初查阶段就使用侦查措施。近些年来，有的地方省公安厅也出台了“立线”侦查制度，无论是在刑事案件侦查过程中，还是经济案件侦查、毒品案件侦查中，其都日益发挥着举足轻重的作用。

所谓“立线”侦查，是指对犯罪情报进行核实，使嫌疑人上升为犯罪嫌疑人，获取较明确的案件线索的过程，是对嫌疑人立案侦查，采取相应侦查措施和手段的依据。简言之，“立线”侦查就是由线到案，是通过获取的犯罪线索为起点开展侦查工作，最终破获不特定案件的一种侦查方法。由于在“立线”侦查阶段，公安机关获取的仅仅是犯罪情报，是尚未经过证实的“线”，这就意味着有真亦有假，此时公安机关所采取的行动尚未达到强制侦查的必要程度，而且这也是法律所不允许的。此外，在这一阶段，公安机关对于“线”的查证采取的多是间接的调查方式，因为证据不足，且不想惊动“犯罪嫌疑人”。一般而言，公安机关采取的多是外围调查的方式，这样的调

① 江礼华、杨诚主编：《外国刑事诉讼制度探微》，法律出版社2000年版，第383～384页。

查方式就决定了此阶段应当由控制地运用任意侦查行为。但是，实践中大量的“立线”侦查实例显示，“立线”侦查所采用的侦查措施在一定程度上已经突破了“不限制被查对象人身、财产权利”界限。侦查实践中，侦查人员甚至经常采用某些强制措施，如规定在紧急和必要的情形下可以对现行犯或重大嫌疑人进行拘传或拘留。尽管“立线”侦查在实践中已成为各地公安机关办理特殊性案件的重要机制，而且某些地方公安机关对于“立线”侦查已予以细则规定，但是公安部对此并未作出明确规定。

由上述对“立线”侦查的简要介绍，可以看出，修改后的刑事诉讼法第110条“认为有犯罪事实需要追究刑事责任的时候，应当立案”规定证据标准过高，缺乏随机性，降低了侦查的效率，“立线”侦查使公安机关变被动等待立案为“立线”主动进攻，但是其过低的证据标准又使得侦查措施容易被滥用，同时其还有与立案侦查相冲突的地方，突破了法律的界限。所以，未来必定要在立法上对立案程序重新构建。笔者认为，重新构建的立案程序应当是针对不同的证据标准可以启动不同的侦查措施，以适应既能快速打击犯罪，又可以不滥用侦查措施的需要。笔者认为，现行的立案侦查的证据标准和“立线”侦查的证据标准对于诱惑侦查都不适合，而上述“合理怀疑”的证据标准是介于立案侦查和“立线”侦查之间的证据标准，在立法中应当体现这种证据标准。那么，在规定每种侦查措施时，应当可以用不同的证据标准对其进行限制，以防止侦查措施的滥用。这就是笔者考虑利用“合理怀疑”的证据标准来控制诱惑侦查启动程序的原因。

笔者认为，在我国侦查机关应当取得具有较大可信性的证据材料，如秘密力量或群众的举报、通过其他渠道获得的情报，借助于理论法则和经验法则进行综合判定，表明某起犯罪可能正在发生或将要发生，经过严格的审批程序，即可启动诱惑侦查。对“合理怀疑”的证据标准应当理解为是一种事实状态，即应有一定的证据表明犯罪嫌疑人正在或已经实施了犯罪预备行为或者犯罪行为。对犯罪行为的“合理怀疑”当然可以使用诱惑侦查；犯罪预备行为是开始实施犯罪的准备活动，其是将犯罪目的与犯罪行为结合起来，按照我国刑法学原理，犯罪预备属于犯罪形态的一种，故针对犯罪预备行为开展诱惑侦查也具有适法性。在把握“合理怀疑”证据标准时，要注意以下几点：

一是需要注意不能针对单纯的“犯意表示”就启动诱惑侦查，也不能如上述美国等国家既有“犯意表示”，又有“犯罪能力”就可以启动诱惑侦查，因为这还谈不上刑法意义上的犯罪，其行为本身对社会没有危害性，因此不受刑法的评价。只有犯罪嫌疑人开始实施犯罪行为或者犯罪预备行为，才触犯了刑法，才是犯罪，才可以启动诱惑侦查。

二是仅有“共谋”行为，属于犯意表示还是犯罪预备，在学术上还存在争议。笔者认为，在这种情况下，要全面考察犯罪嫌疑人的犯罪能力和其有可能实施犯罪的现实可能性，如果经过综合分析，判定犯罪嫌疑人具有相当大的实施犯罪的现实可能性，出于防止犯罪危害的目的，也可以采取诱惑侦查，发挥这种主动型侦查方法防患于未然的价值。但是，应当合理运用掌握诱惑侦查的分寸，以被动的方式去验证，不能实施过于强烈的诱惑，在工作中发现侦查对象无意实施犯罪，要立即终止诱惑侦查。

三是注意审查证据的可靠性。在我国侦查实践中，诱惑侦查“合理怀疑”的线索主要来源于同案犯的检举揭发和秘密力量提供的情报，由于这两种人都是“灰色人物”或者是犯罪者，其提供情报的动机和目的都很复杂，应当注意审查证据的可靠性，这对于确立诱惑侦查是否达到“合理怀疑”的证据标准具有十分重要的意义。必要时可以通过其他途径对其反映的情报进行核实印证，一定要防止被秘密力量误导，要确定有较大的可信性后才能与侦查对象进行接触。

四是诱惑侦查只能是针对符合“合理怀疑”证据标准的犯罪嫌疑人，不能针对没有合理怀疑的对象实施，如果针对没有合理怀疑的对象实施诱惑侦查，就是违法的诱惑侦查行为，即为“警察圈套”。这一点在上述法条中已作了特殊的强调，即“不允许无端启动诱惑侦查”。需要注意的是，对于某地“合理怀疑”的证据标准应当是以系列犯罪活动发生为前提，其着眼点在于诱捕潜在的犯罪分子，只不过真实身份尚不明确，对象尚未暴露，但仍然是有犯罪行为在先的。

第三，对“合理怀疑”原则合理性的分析。

一是“合理怀疑”原则较好地兼顾了保障人权与打击犯罪这两大刑事诉讼法的价值目标。一方面，“合理怀疑”原则在诱惑侦查启动之初，从事实根据方面为保障人权设置了一条底线，防止无端启动或仅根据犯意就启动诱惑侦查。“在没有理由相信特定个人已经卷入犯罪过程的情况下，就对犯罪进行刺激，就是检验公民品格，而不是侦查犯罪。”如果在诱惑侦查启动之初不提出“合理怀疑”的要求，而是随机启动诱惑侦查，那么公民是否实施犯罪，并不取决于抵抗诱惑能力的高低，而是取决于自己是否碰巧成为侦查对象。另一方面，“合理怀疑”原则并未对启动诱惑侦查提出过高的证据标准，不需要实质性审查，而只经过程序性审查就可以启动诱惑侦查，应当说是将侦查行为提前于现行的立案标准了，已经可以发挥其灵活性和能动性。这种“提前介入”也是无奈之举，是当前多样性犯罪要求侦查快速反应的结果。

二是“合理怀疑”原则具有经济学上的正当性。有的学者利用经济学中成本收益的分析对诱惑侦查的正当性进行研究。依据经济学的一般原理，设定实施诱惑侦查的预期社会收益和预期社会成本，如果预期社会收益大于预期社会成本，那么这种成本付出在经济学上就具有正当性，反之就是不当的。以下是从警方角度建立的一个关于诱惑侦查的数学经济模型：

预期成本 = ［（1－p）×P］+O+S

预期收益 = ［p×（H+X）］+D

p——诱惑侦查对象为犯罪分子的可能性；

P——诱惑侦查对象本不是犯罪分子，却因诱惑而犯罪导致付出的社会和个人成本；

O——诱惑侦查实施过程中因设诱而付出的成本；

S——实施诱惑侦查行为不当，导致政府形象受损而付出的成本；

H——由于合理使用诱惑侦查，从而防止犯罪产生的社会危害而得到的社会收益；

X——诱惑侦查优于传统侦查而产生的成本节约之收益；

D——由诱惑侦查侦破案件的独到之处所产生的威慑力量所得的收益。

由上述经济模型可以得出，诱惑侦查对象为犯罪分子的可能性 p 越大，预期成本越小，预期收益越大，当 p 为某一定值之上时，那么预期收益就会一直大于预期成本。这个定值的 p 就是本书所研究的“合理怀疑”。p 值高于“合理怀疑”的定值 p，即诱惑侦查对象为犯罪分子的可能性越大，并大于“合理怀疑”证据标准，那么诱惑侦查中可能付出的错误成本也就越低。通过诱惑侦查最终实现确定侦查对象就是犯罪分子，那么预期收益大于预期成本，实现了侦查资源最有效的利用。反之，p 值低于“合理怀疑”的定值 p，那么预期收益小于预期成本，则很有可能造成侦查对象没有警方的诱惑就不会犯罪的情况，那么警方的执法资源被错误地用来“制造犯罪”的机会变大，极易形成“警察圈套”，从经济学角度讲是不正当的。

3. 对于启动条件之二——最后手段原则的理解

笔者在上述内容中提出的“不使用诱惑侦查将影响侦破严重刑事案件”与《中华人民共和国刑事证据法专家拟制稿（条文、释义与论证）》中的“在使用其他方法难以取得证据时”的表达观点有相同之处，就是诱惑侦查应当适用最后手段原则。不同的是笔者考虑到诱惑侦查有时只是为了抓捕犯罪嫌疑人，而主要目的不是取证，如在系列抢劫犯罪多发地区实施诱惑侦查。以最后手段原则来限制诱惑侦查的使用，可以作如下理解：

第一，笔者在第二章诱惑侦查正当性分析中，从道德伦理角度诠释了"最后手段原则"的必要性，即警察机关的执法行为，代表和反映着国家的形象，具有一种社会示范作用，如果警察在执法中不加节制地放任具有欺骗性质的诱惑侦查措施的使用，无疑会损害国民的道德观念，严重的会破坏司法权威，使国民难以对国家的刑事司法制度产生认同感。各国对于诱惑侦查措施的运用都规定了最后手段原则予以限制。例如，德国刑事诉讼法规定必须"是无法以其他方法侦查或用其他方法侦查极其困难时"方得使用秘密侦查人员。日本的学者也认为，可以使用诱惑侦查的要件应当包括两个方面：一是使用这种侦查方法的必要性；二是没有其他有效的侦查方法可以替代。

值得进一步探讨的是，尽管在各国立法中规定了这种最后手段原则，但是由于在侦查实践中，诱惑侦查措施被视为由相互竞争的机会与利益所决定的一种执法选择，加之警察执法工作经常要面对"相互竞争的利益"，因此警察在运用诱惑侦查措施时具有突破最后手段原则的倾向。

首先，这种倾向来源于警察任务的神圣性，这种神圣的警察任务给了警察"目的可以将手段合理化"的最大借口，这种借口进一步诱导他们突破最后手段原则。

其次，与其他刑事司法机关相比，警察机关更受现代绩效考核的约束。这种绩效考核的内容，大到发案总数、破案总数、破案率，小到利用指纹对破案件数、利用秘密力量侦破案件数，方方面面，不一而足。受这种绩效考核的压制，刑事侦查人员更倾向于采用功利主义的计算方式来解决执法中的问题。刑事侦查人员会在欺诈所必须投入之成本以及可能会为被害人与一般社会大众所带来之效益之间进行考量。然而，与一般民权自由主义者不一样的是，民权自由主义者虽然也关心大众利益，但是他们却是以保护所有民众的长期利益之法令规章为标准；而会使用欺诈方式的侦查人员在衡量大众利益时却只考虑惩罚犯罪人所带来的短期效益。

最后，警察工作环境中蕴含的矛盾性也容易诱发执法人员突破最后手段原则。在论及警察工作中所存在的天生矛盾状况时，美国学者曼宁说，警察本身就是一个不理性社会的被害者。警察人员为了维持社会秩序必须与犯罪斗争；为处理私人事务或纠纷必须公开为之；为了预防新的犯罪形态却对之没有任何知识、训练与工具；看起来好像是在服务社会，却又对他们所选择的对象有选择性地使用武力。这些矛盾情境迫使警察创造出一种“法律剧场”来掩饰自己、用意识形态隐藏自己，从而强迫自己撒谎去误导大众。这种矛盾情境在刑事侦查中的表现就是为了发现事实真相，必须通过隐瞒事实真相的手段。史柯克也指出，警察的工作环境基本就是一个在规范标准上经常互相矛盾的环境，这种矛盾的工作环境使警察更倾向于将执法工作看做一项法律游戏，而不是在完成一项理性的司法制度。因此，警察不太可能认真严肃地看待游戏中所规定的各项规则，而比较可能根据自己的规则行事。①

所以，最后手段原则有必要在对诱惑侦查立法中有所体现，并在相关单行法规的制定中进行量化约定，并详细规定突破最后手段原则应当承担的责任和对被告人必要的救济方式。

第二，在论述特定的侦查手段在侦查方法系统中的地位或作用时，国外学者多用“侦查必要性”进行表述。任意侦查和强制侦查都应当符合侦查必要性。侦查必要性，是指有特定的事实或情况的存在，而特定的侦查方法的使用能符合这种事实状态的特点，从而使侦查的结果能满足侦查目的的需要。侦查必要性是侦查实践中的一项普遍性原则，对强制侦查而言，一般又称为比例原则，即要求强制侦查方法的选择使用应与可能侵害的侦查对象的利益形成适当的比例，不允许以超过侦查需要的强度和界限实施，从而给侦查对象造成不必要的利益损失。由于诱惑侦查相对于所有任意侦查措施和其他强制侦查措施更具有方法的不当性和侵害性。因此，对诱惑侦查的比例原则的要求应更具严格性。从此意义上而言，诱惑侦查应具有“最后手段”的性质。最后手段原则是比例原则在诱惑侦查方法上的具体化，它的基本含义是：在全部侦查方法系统中，诱惑侦查具有最后的、终极的方法价值，并与侦查对象的利益形成合理的比例。最后手段原则将诱惑侦查的地位限定于整个侦查方法系统中的最末一环，是不得已而采用的可能产生侦查效果的最后方法。

第三，作为最后侦查手段的意义，是指诱惑侦查不属于常规的、可以任意采用的侦查手段，在侦查方法系统中，诱惑侦查使用的前提必须是采用公开的或其他秘密侦查方法产生不了或很可能产生不了理想的侦查结果，而鉴于案件的实际条件，诱惑侦查可能是唯一行之有效的侦查对策。侦查条件的困难性和复杂性是决定诱惑侦查必要性的实质性前提，在侦查实践中主要表现为：犯罪以高度隐蔽化的形式进行，对犯罪预谋、预备和实施过程的侦控通过公开的或普通的秘密侦查手段难以进行；犯罪嫌疑人的行踪通过常规的

① ［美］山姆斯·索耶：《伦理与警察》，载台湾《新知译粹》2004年第15卷第5期。

渠道难以发现。国内有学者把最后手段定义为“穷尽其他有效侦查手段，即在当时情形下，已无其他侦查手段可以使用或难以奏效”。[①] 笔者同意将诱惑侦查的最后手段性质进行层次区分：理论的最后手段和实际的最后手段。所谓理论的最后手段，是指在对某一案件实施诱惑侦查前并没有采用任何侦查措施，从表面上看，诱惑侦查不是“最后”而是“最前”，但从案件的具体复杂性和侦破难度角度看，按过去的侦查经验，即使事先采取了其他侦查措施，也根本无法产生有效的侦查结果，因而可以把诱惑侦查视为观念上的最后手段加以使用。实际的最后手段，是指对某一特定案件和犯罪嫌疑人首先采用其他侦查措施进行侦查，在产生不了有效的侦查结果的时候以诱惑侦查手段加以替代，从侦查措施的实施阶段而言处于“最后”的位置。在侦查实践中，把诱惑侦查作为理论的最后手段和作为实际的最后手段加以使用的情况都广泛存在。它们之前的区别是：理论的最后手段是基于理论上的对诱惑侦查必要性的预断，不需要以其他侦查措施的使用为前提；实际的最后手段是基于侦查措施使用的实际效果，而且存在通过其他侦查措施有效进行的可能，但通过实际侦查的检验显示其成效微乎其微。这种区分不仅具有理论的认识价值，更具有实践的指导意义。从侦查实践的角度看，采用理论的最后手段需要事前对案情的复杂性和侦破难度进行合理分析，以及对各种侦查措施手段的有效性预断及相互比较，因而对侦查人员的法律知识、侦查经验及政策水平有着较高的要求。而采用实际的最后手段则必须存在通过其他侦查措施侦破案件的实际可能，虽然最终没有取得侦查成效，但不是因为现有的侦查水平，而是因为实际侦查中各种偶然的复杂性因素；在实际地穷尽其他一切可能的侦查手段而无法继续推进侦查时，才允许采用诱惑侦查。根据以上分析，作为理论的最后手段的诱惑侦查具有必然性或者规律性，而实际的最后手段的诱惑侦查则仅具有偶然性。在侦查实践中究竟是选择理论的最后手段还是不得已而采用实际的最后手段，取决于侦查线索所反映出的案情的复杂性和由侦查设施与侦查水平所决定的侦查可能性。[②]

（三）对诱惑侦查启动程序的审批备案

对诱惑侦查启动程序的审批备案，是指根据诱惑侦查启动的条件，有关部门领导进行审查批准，并将审批材料备案于相关部门的程序。审查分为行政审查和司法审查两种方式，在德国，一般的诱惑侦查是不需要司法审查的，

---

① 庞仕平著：《国家安全执法论》，长城出版社 1999 年版，第 159 页。

② 王国民著：《诱惑侦查研究》，中国人民公安大学出版社 2003 年版，第 77～78 页。

只有对极其容易侵犯人权的卧底侦查中的诱惑成分才进行司法审查，而在英国、荷兰、澳大利亚等国家均采用行政审批的方式，之所以没有像对待监听等秘密侦查措施那样采取司法审查的方式，应该是考虑到诱惑侦查行为的特殊性，由行政机关审批更有利于保持该侦查措施的能动性，可以更有利于打击严重刑事犯罪，充分体现了各国对待诱惑侦查的务实态度。

笔者上文交代了审批诱惑侦查的最低层次为县级侦查机关负责人，如果某类犯罪案件（如职务犯罪）的诱惑侦查需要提高审批层次，可以由单行法规进行规定。笔者不仅通过审批来控制诱惑侦查的启动，从而对诱惑侦查进行事前监督，还考虑到可以通过向同级人民检察院备案，对诱惑侦查进行事中监督和事后监督。首先，该备案制度可以防止侦查机关弄虚作假（如先诱惑侦查后补批手续），是对侦查机关启动诱惑侦查是否合法的监督；其次，可以加强检察机关对侦查机关实施诱惑侦查的过程进行必要的监督，即事中监督；最后，可以加强事后的司法监督，现实中侦查机关并不主动告诉检察机关和法院其实施了诱惑侦查，通过备案，可以在法院受理之初就及时知道侦查机关诱惑侦查使用的情况。

二、违法诱惑侦查的法律后果

本书在“实施现状深层分析”部分详尽地分析了我国司法权缺乏对诱惑侦查行为实施状态控制的原因。并得出结论：中国未来的司法改革既要关注刑事审判方式的改革，又要着眼于“重建审判制度”的问题。所以，现有的审判制度对控制违法诱惑侦查的法律后果几乎无能为力。本部分内容是在设想我国重建审判制度后，对违法诱惑侦查的法律后果控制的建议。

（一）对两项重要制度的重构

未来司法改革后，有了交叉询问、证人出庭、警察出庭等制度。但是，对于秘密力量如何提供证据，这一问题对于证明诱惑侦查合法性将发挥十分重要的作用，笔者不能不进行论述。另外，诱惑侦查中使用的技术——录音录像如何作为证据使用，也直接关乎如何判断诱惑侦查行为，又是一个需要明确的难点。

第一，结合新修改的刑事诉讼法，重新构建秘密警探及其代理人出庭作证制度。这一点对诱惑侦查至关重要，在侦查实践中，通常都是警探亲自或指挥其代理人（秘密力量）实施诱惑侦查，其具有不可替代的亲历性、见证性，如果能够出庭作证，对于证明诱惑侦查合法性将会发挥其他无可替代的作用。但是公开作证会暴露秘密身份，影响其继续发挥作用和自身安危。笔者建议，结合我国新修改的刑事诉讼法第152条，借鉴英、美、德等国家的做法，在法庭审理中，如果公开作证会危及秘密警探及其代理人生命安全等严重后果，可以采取匿名作证，并在密室内经过变音接受法官调查。总而言之，直接参与诱惑侦查的侦查员或秘密力量不能只由侦查机关出具"情况说明"，而不提供有效的证据。

第二，结合新修改的刑事诉讼法，建议将通过技侦手段取得的视听资料在必要时可以作为证据使用。对于诱惑侦查合法性的证据主要来源于在诱惑侦查实施过程中的录音录像，而绝大多数录音录像为通过技侦手段取得的视听资料，结合新修改的刑事诉讼法第48条，明确通过技侦手段取得的视听资料可以作为证据使用，让其充分发挥证明侦查行为合法性和作为其他重要证据的作用，不必要求通过技侦手段取得的资料必须经过转化才能作为诉讼证据，因为在被告人不愿就视听资料内容作出陈述时，视听资料很难转化为其供述，无法证明诱惑侦查的合法性。

（二）诱惑侦查的证明标准和证明责任

明确了上述内容，就可以进一步研究诱惑侦查的证明标准和证明责任。不同国家的司法体制和判断标准各不相同，所以对诱惑侦查的证明标准和证明责任理应也有所不同。在我国，动用诱惑侦查措施的案件都是严重刑事案件，检察院是控方，相对于被告人无论是诉讼资源，还是诉讼手段，其都占有绝对的优势，因此在制度设计上，应由控方承担更多的义务。对于诱惑侦查的证明责任，笔者主张由控方负责对实施诱惑侦查的合法性进行证明，其证明应是客观的、最终的，而辩方则只负责证明被告人主观上无过错。对于被告人的证明标准，笔者建议可以借鉴加拿大等国家的做法，要求被告人对于政府引诱行为的证明达到"盖然性占优势"的标准即可。所谓"盖然性"，是指有可能而非必然的一种性质，或者说是一种可能的状态。盖然性占优势的证明，是指如果诉讼一方证明其主张的根据与证明另一方主张的根据相比占优势，其主张就可以成立。[①] 另外，由于实施诱惑侦查是否合法直接关系到被告人的定罪量刑问题，所以控方对于合法性的证明标准必须达到排除合理怀疑的程度。

（三）违法诱惑侦查（"警察圈套"）的救济措施——程序性制裁

程序性制裁是通过对那些违反法律程序的侦查、公诉和审判行为宣告为无效，使其不再产生所预期的法律后果的方式来惩罚和遏制程序性违法行为

---

① 何家弘、刘品新著：《证据法学》，法律出版社2004年版，第339页。

的。程序性制裁制度所要惩罚的并不是违反法律程序的警察、检察官和法官个人，而是通过宣告其诉讼行为的违法性，使那些受到程序性违法之直接影响的证据、公诉、裁判以及其他诉讼行为失去法律效果。从积极的角度来说，要遏制警察、检察官和法官的程序性违法行为，只能依靠那种宣告其行为无效的程序性制裁措施；而从消极的角度来说，如果一种制度容许警察的违法侦查行为产生侦查破案的效应，那么这种纵容警察、检察官和法官违反法律程序的制度将导致刑事诉讼程序遭到普遍的践踏，刑事诉讼法也将根本无法得到实施。①

由本书对国外诱惑侦查的法律规制的介绍可知，各国对违法诱惑侦查（“警察圈套”）的制裁方式大致为四种，即实体抗辩、证据排除规则、终止诉讼模式、减刑。笔者认为，我国未来可以借鉴英国程序性制裁的方式来构建违法诱惑侦查（“警察圈套”）的救济措施，这样更为科学。通过考察英国的程序性制裁可知，英国的大法官在决定采用何种制裁方式时也经历了一个漫长的选择过程，其中减刑说、证据排除说以及终止诉讼说先后成为英国法院所采用的制裁模式。在卢斯利案中，大法官再次对各种可能选择的制裁方式一一进行了梳理与批驳，最终确认了将终止诉讼作为最为适当的制裁“警察圈套”的处理模式。

英国法上从未将美国的实体抗辩作为违法诱惑侦查的制裁方式，这是因为根据英国刑法的观点，即使是被引诱而实施的犯罪行为也符合犯罪的构成要件，如具有犯罪意图与相应的犯罪行为，并未受到强迫，即使犯罪的引诱者或者劝说者为警察，也不能改变被引诱人的行为同时具备了犯罪意图与犯罪行为的要件从而构成了法律所禁止的犯罪行为这一事实。如果说被告人的罪责程度因为引诱的存在而区别于普通犯罪的话，那么体现这种罪责变化的因素也只能从量刑上减让，而不应当免除罪责。在诱惑侦查产生的早期，英国法院对“警察圈套”的谴责与制裁是通过减刑或证据排除规则来实现的。这一做法与英国实体刑法上对诱惑侦查的态度是一致的。在这种观念的指导下，1980 年桑格案的判决最终采纳了减刑作为对“警察圈套”的否定性评价方式，同时在桑格案的判决中，上议院也排除了将证据排除规则作为制裁方式的选择。② 但减刑说的处理方法也遭到了强烈的谴责。反对观点认为，减

① 陈瑞华著：《程序性制裁理论》，中国法制出版社 2005 年版，第 535 ~ 536 页。

② 法院在该案的判决意见中明确指出，“除了涉及口供与自白之处，法院并不关心证据是如何取得的”，言外之意是说诱惑侦查的取证行为并不被认为是应被法院作为非法证据排除适用所考虑的范畴。

刑说实际上等同于放弃了司法权对执法行为的监督与司法救济。一方面，从实体法上不能清楚地解释被诱惑犯罪为何能够免除刑事责任；另一方面，又不能对国家制造引诱的犯罪与普通的陷害教唆行为等同视之，如何化解这种矛盾，英国法院将目光转向了程序性制裁措施。在英国法官看来，对诱惑侦查给予司法救济的主要原因在于维护法治原则，将被告人开释不是对其刑事责任的减免，而是对国家违法诱惑侦查行为的谴责，正是由于英国的立论基础是程序的正直性，那么终止诉讼程序性救济方式就自然成为英国对待诱惑侦查问题的最佳选择。①

虽然1984年英国通过了《警察与刑事证据法令》，赋予了法官在审判中将通过影响程序公正的执法行为所获证据予以排除的制定法权力，从而为英国法上将证据排除作为制裁违法诱惑侦查的方式创造了条件，但英国法院最终还是选择了使用终止诉讼（stay proceedings）作为制裁“警察圈套”最为恰当的工具。在2001年的卢斯利案中更是明白无误地将终止诉讼作为最佳的制裁方式。这是因为英国认可对违法诱惑侦查的制裁是程序法的问题，而在程序性救济方式中，终止诉讼与证据排除相比，更具有优越性。证据排除并非恰当的救济方式，虽然通过证据的排除也可以实现审判的公正，但在审判中被引诱人并不是一般性地主张证据的采用可能威胁到对其审判的公正性，而是主张无论是什么证据，其根本就不应被审判。这里的问题不在于对被告人的审判是否公正，而是审判是否应当开始的问题。尽管证据排除规则在很多情形下也会达到与终止诉讼相同的法律效果，如排除诱惑侦查所获的证据，案件的起诉通常也就很难继续进行，但在很多其他案件中，情形也未必如此，特别是在存在实物证据或者其他证人证言的情形下，排除相应诱惑侦查证据并不必然导致案件的终止。因此，从实效性的角度考虑，证据排除规则也不如终止诉讼来得彻底。

英国上议院选择终止诉讼作为对诱惑侦查的救济方式还有一个政策方面的考虑，即为了迎合欧洲人权法院对诱惑侦查的处理态度。在1998年欧洲人权法院判决的卡斯特罗案（Teixeira de Castro）中，欧洲人权法院裁决“由于犯罪是由政府方官员挑唆后引起的，因此被告人从一开始就被剥夺了公正审判的权利”。既然是“从一开始”被告人的公正审判权就被剥夺，因此给予被告人的救济就应当是对整个审判程序的否定，通过终止诉讼的方式是对这

① Andrew Ashworth. Testing Fidelity to Legal Values: Official Involvement and Criminal Justice. Modern Law Review, 2000(7):651-652.

种彻底剥夺被告人公正审判权的侵犯最为恰当的救济方式。在卢斯利案的判决中大法官多次提及为遵循欧洲人权法院对此判决的要旨，需要确定终止诉讼作为救济方式的必要性，这一点在英国通过了《人权法令》从而将《欧洲人权公约》的要求转化为对国内执法机构的依据后，显得更加必要。

尽管英国法院认为终止诉讼是最佳的救济方式，但法院在裁决中也同时认可了在特殊情形下两种程序性救济方式并存的可能性。当法院认为终止诉讼不适宜作为个案的救济手段或者由于种种原因，诱惑侦查案件进入到审判阶段的情形下，法院依然可以选择使用证据排除规则作为相应的制裁措施。当然这种情形下证据排除规则的适用仅仅是作为终止诉讼的补充而存在的。

上述英国的大法官在决定对违法诱惑侦查行为采取何种制裁方式的选择过程，值得我国借鉴，英国一开始的减刑说和我国2008年12月22日最高人民法院印发的《会议纪要》的指导方针有异曲同工之处。笔者赞同英国废除减刑说，而使用终止诉讼说的制裁模式对违法的诱惑侦查进行程序性制裁的法理。同时建议，废除最高人民法院印发的《会议纪要》，在我国构建对“警察圈套”程序性制裁措施中，应当将终止诉讼作为最佳的救济方式，证据排除规则作为必要的补充，即当法院认为终止诉讼不适宜作为个案的救济手段或者由于种种原因，诱惑侦查案件进入到审判阶段的情形下，法院依然可以选择使用证据排除规则作为相应的制裁措施。笔者认为，采取这种程序性制裁的方式是符合我国国情的，原因如下：一是在我国，对“警察圈套”采取终止诉讼的措施，并无罪释放被告人，符合法治国家的基本经验。与法治国家的基本做法保持一致。二是由于多种原因，我国的刑事诉讼的控辩双方力量相差过于悬殊，代表国家权力的公检两家以绝对的优势占据主动权，所以应当在程序法的设计上更有利于保护被告方，有利于防止更加严重的危害后果，为公民的合法权利提供最后的保护屏障。三是这种方式有利于司法权对诱惑侦查行为进行有效控制，有效维护诉讼法制。司法权控制诱惑侦查行为，是指法官在个案审查的基础上，首先表明对诱惑侦查行为的态度，提出区分诱惑侦查行为合法与违法状态的标准，并以程序性制裁的方式反作用于警察的执法行为，引导警察在侦查实践中合理地运用诱惑侦查行为。四是该程序性制裁措施符合经济学分析原理。违法的诱惑侦查行为使预期收益小于预期成本，不具有经济学上的正当性。只有采取终止诉讼、无罪释放被告人，才可以不再继续增加预期成本，最大限度地减少损失。

三、诱惑侦查合法性的基本标准

我国未来司法体制改革后，应当是增强了司法权对诱惑侦查行为的有效控制，那么法官在个案上的态度就可以作为区分诱惑侦查行为合法与违法状态的标准，诱惑侦查的合法性标准自然形成于每个典型案例的审查结论，只有如此来控制这样极其复杂的诱惑侦查措施才最为合理。诱惑侦查行为虽然个案不同，千变万化，极其复杂，但是法官审查其行为合法与否的基本标准至少要遵从两项原则，即因果关系原则和行为适度原则。

（一）因果关系原则

因果关系原则在许多国家的立法中都有所体现。例如，澳大利亚1996年《刑事法修正案》（控制下行动）第15I（2）规定："如果官员的行动包括了有目的地引诱监控下行动目标去犯1901年《海关法》233B规定的罪行或关联罪行，而该人在别的情形下不会有犯该罪或这类罪行的犯罪意图，则不能免除执法官员的法律责任。"荷兰的刑事诉讼法规定："侦查人员在执行命令时不允许导致被侦查的对象从事被侦查的犯罪事实以外的新的犯罪。"可见，各国均反对政府引诱和犯罪具有因果关系，如果政府引诱行为和犯罪具有因果关系，就是政府制造犯罪，因此因果关系原则具有公理性的意义。

因果关系原则的基本要求就是政府的诱惑侦查行为不能诱人犯罪，不可以是导致犯罪的直接原因。具体包括两方面内容，既不得诱使本来没有犯罪意图的人实施犯罪，也不得诱使只有较轻犯罪意图的人去实施重刑罪。从对象犯意变化的角度看，前者属于"犯意诱发型"的违法的诱惑侦查行为，后者属于"犯意强化型"的不当的诱惑侦查行为。因果关系原则不但是侦查机关实施诱惑侦查时必须遵守的原则，也是法庭审查诱惑侦查合法性的基本标准，是判定诱惑侦查行为合法与否的核心。因果关系原则成为核心审查标准具有合理性，其既是公民权利保障的需要，又是国家机关职责的要求。因为与犯罪构成因果关系的诱惑侦查严重危害公民的基本权利；而国家执法机关的职责在于侦查犯罪而非制造犯罪，构成因果关系的诱惑侦查与这一职责不符。同时，因果关系原则对我国侦查实务部门具有三方面的启示：第一，对于本无犯罪意图的公民，禁止实施任何诱惑侦查行为；第二，对于只有较轻犯罪意图的人，不得实施重刑罪的引诱；第三，不得诱使已经失去犯罪意图的人，或者犯意已经开始动摇的人去继续实施犯罪，应当立即终止诱惑侦查行为。

（二）行为适度原则

行为适度原则作为审查诱惑侦查行为合法与否的基本标准，既是学术争论的焦点，也是实务操作的难点。笔者认为，总的说来，诱惑侦查行为应当坚持以法治国家普遍认可的比例原则为指导，以必要性为前提，以合理性为限度。具体内容至少应当是：

第一，禁止过度诱惑侦查对象。具体包括：一是不允许提供特别利益。由于每个人需要的利益各不相同，从人的本性上讲，只要能够提供给某个特定人特别需要的、足够大的利益，那么一大部分人都会被诱惑而实施犯罪行为。例如，有的人由于经济拮据想要实施贩卖毒品的犯罪，但是后来家庭经济状况好转，就不想铤而走险了，放弃了贩卖毒品的想法，但是如果恰恰侦查机关正在对其实施诱惑侦查，在该人已经放弃犯罪的念头时，继续以贩毒能够获得可观的利益进行过度诱惑，使该人改变了放弃贩毒的想法，继续实施了犯罪行为，这种诱惑侦查行为断绝了犯罪人“弃恶从善”，其实质是以程序抽空了实体。特别应当指出的是，特别利益不仅仅指物质利益，也包括精神利益。二是不可以误导侦查对象对犯罪行为及其应受惩罚性的认识，使侦查对象错误地认为其所实施的行为并不是犯罪行为或者只是较轻的犯罪行为（其实为重罪），或者认为犯罪行为肯定不会被发现。因为这些误导行为完全可以影响到侦查对象实施犯罪行为的决心。如果诱惑者误导侦查对象认为其实施的犯罪行为不是犯罪行为，这种诱惑的行为自然是不适度的，是应被禁止的诱惑行为。但是诱惑侦查行为使侦查对象误认为其实施的犯罪行为不会被发现，这种诱惑行为是否适度，笔者认为这也是不适度的诱惑侦查行为，原因是如果没有侦查机关的诱惑行为，侦查对象会考虑其实施犯罪行为会有多大可能受到制裁，如果其付出成本明显过高，他就不会实施犯罪行为。侦查机关实施的诱惑侦查行为有可能是制造一起不会发生的犯罪，这就失去了诱惑侦查的正当性，因此对待这种情况，要考察侦查对象是否有可能是第一次犯某种罪，如果是第一次犯罪，就必须坚决终止这种诱惑侦查行为，如果多种证据指向侦查对象是个惯犯，诱惑侦查只是为了抓捕案犯或者现场取证后为了审讯时扩大战果，可以考虑实施这种诱惑侦查行为，但应当坚持慎用原则，注意合理把握限度。

第二，实施诱惑侦查行为要坚持道德底线。在诱惑侦查中，鉴于侦查的特殊性，适当放宽道德标准的要求是实现侦查效率的必要性条件，但是不能越过人们公认的刑事侦查的道德伦理界限，不得采取有违公序良俗、有伤社会风化的方式开展侦查，不能“损害基本公正，折损大众的正义感”。[①]

综上所述，关于诱惑侦查的行为限度，大致可以归结为三点：第一，一般不得实施过于强烈的诱惑行为，防止引诱本无犯意的人实施犯罪；第二，应当充分考虑侦查对象个体的情况，既保持应变性又注意合理性；第三，应掌握刑事侦查道德伦理界限，不得超越社会普遍认可的道德底线。

第七节　法规规制原则

在构建诱惑侦查的法规规制中，由于公安机关和检察机关办理刑事案件的类型不同，所以应以不同的单行法规来加以规制，各单行法规对诱惑侦查规制的具体内容也肯定各异，但是无论是公安机关还是检察机关都应在办理刑事案件的单行法规中制定诱惑侦查的适用原则，原则的内容应包括以下五项：

一、实施合法性原则

诱惑侦查的实施合法性既包括主体、程序的合法，又包括手段、内容的合法。

首先，诱惑侦查的主体应具有合法性。实施诱惑侦查的主体应仅限于侦查人员及受侦查人员委托协助侦查破案的其他人员。应严格禁止既无侦查权又没有侦查人员委托的人涉足诱惑侦查。诱惑侦查是一种秘密侦查手段，是侦查权的运用形式之一，是国家权力的一种。我国的宪法及刑事诉讼法已严格将侦查权赋予公安机关、检察机关、国家安全机关、军队保卫部门及监狱。因此，应严格禁止包括行政人员、审判人员、律师及新闻工作者等各类无侦查权的人员对诱惑侦查的运用。尤其应防止在行政执法中运用诱惑侦查，这是现代诉讼模式的必然结果，也是建设法治国家的必然要求。[②] 所谓主体合法，应当包括三层含义，即机关合法、人员合法、职权合法。机关合法，是指实施设诱行为的委派机关必须具有实施该行为的委派资格，发布诱惑侦查命令的国家机关必须是法律限定的上述侦查机关。人员合法，是指实施诱惑侦查行为的设诱人必须具有国家侦查机关工作人员的资格，具有合法的侦查人员身份，享有侦查职权。所谓职权合法，就是设诱人合法的侦查职权。侦

---

① United States v. Russell. 411 U. S. 423, 433(1973).

② 周晶：《论诱惑侦查的实施原则》，载《福建公安高等专科学校学报》2002 年第 6 期。

查职权，是指实施诱惑侦查行为的人，除具有侦查人员身份外，还必须依法享有侦查职权。它既包括依照法律规定享有的侦查职权，也包括经侦查机关或侦查机关的首长授予（委托）而享有的侦查职权。因此，只有依照这些法律法规的规定取得法定的职务、法定的资格的人员才能取得合法的侦查人员公职身份，才能实施诱惑侦查行为。不具有这种身份的人员无权实施诱惑侦查行为。

其次，诱惑侦查程序应具有合法性。诱惑侦查程序合法包括：审批程序合法、委托程序合法、终结程序合法。审批程序合法，是指诱惑侦查实施前必须经过有权审批诱惑侦查的上级机关和负责人的审查和批准。由于诱惑侦查是一种特殊的侦查手段，而且含有诸多风险，因此实施前必须经过侦查机关内部规定的，符合法律规定并有权审批设置诱惑侦查的程序。委托程序合法，是指诱惑侦查行为的委托程序和内容必须合法，即国家侦查机关基于实施诱惑侦查行为的需要，依法委托下级侦查机关或侦查人员个人实施诱惑侦查活动。委托合法包括：第一，作出委托的国家侦查机关必须具有合法的委托诱惑侦查权限；第二，作出委托的国家侦查机关只能将自己有权实施的诱惑侦查行为委托设诱人实施；第三，接受委托者必须具备从事设诱活动的能力。[①] 终结程序合法，是指犯罪嫌疑人接受诱惑后，设诱人必须严格遵守规则，包括：其一，尊重犯罪嫌疑人的人权，即严格遵守侦查纪律和有关法律规定，防止侵害犯罪嫌疑人的合法权益；其二，对犯罪嫌疑人刑事责任能力进行及时确认，如果确认为无刑事责任能力者，应当依照法定程序迅速办理释放手续；其三，在对犯罪嫌疑人的询问或讯问中，不得强迫自证其罪或使用刑讯逼供。

最后，诱惑侦查的目的应具有合法性。诱惑侦查只能是侦查主体出于正当动机所进行的合法侦查行为，即诱惑侦查必须是基于保护重大法益、在更大程度上维护法律秩序的动机，其目的是揭露犯罪、证实犯罪并获取对某犯罪嫌疑人提起刑事诉讼的有罪证据。因此，如果纯粹出于“整治、教训甚至报复”某人的目的与动机所进行的所谓诱惑侦查，因其不具有正当动机与合法的侦查目的而应当予以排除。[②]

---

① 王政勋著：《正当行为论》，法律出版社2000年版，第303页。

② 魏东：《教唆犯研究》，中国人民公安大学出版社2002年版，第220页。

二、严格控制原则

严格控制原则，是指侦查机关应当对实施诱惑侦查的过程和结果严格控制。该原则包括以下内容：

第一，诱惑侦查使用的必要性限度。它是指诱惑侦查一定要被限制在绝对必要的范围内，即诱惑侦查手段的使用应当是最后的，即只有在其他的刑事侦查手段都确定无效后，才可以使用诱惑侦查。即使是未来的法律明文规定该犯罪属于诱惑侦查的适用范围，也不宜贸然地采取这种极端的手段，而应先采取较次级的、间接的、侵害较小的刑事侦查手段，诸如跟踪、监控、监听等。侦查人员在诱惑侦查过程中也应遵循适度性原则，诱惑行为只能提供合理的机会、创造合理的客观条件，而不能在犯罪进行中起主导作用，否则就制造了新的犯罪，违背了打击犯罪的初衷。总之，不适度的诱惑侦查行为是不当的诱惑侦查行为，严重不适度的诱惑侦查行为应当定为违法的诱惑侦查行为，即“警察圈套”。

第二，案件类型的限度控制。诱惑侦查一般只能用于特定性质的严重犯罪，具有“侦查权紧急避险”的性质和“不得已性”。从德、日、法等多数国家关于诱惑侦查的规定来看，可以进行诱惑侦查的犯罪在性质上一般具有以下“三维性”：其一，一般情况下它必须是“隐蔽性的无被害人的犯罪”，但在少数情况下它也可以是强奸、抢劫等有被害人的犯罪；其二，它必须是极少数危害特别严重的犯罪；其三，它必须是利用普通侦查措施难以进行侦查的犯罪。一般而言，在性质上符合上述“三维性”的犯罪大致有走私犯罪、毒品犯罪、假币犯罪以及强奸、抢劫等犯罪。可见，诱惑侦查具有“侦查权紧急避险”的性质，只能是在“不得已”的情况下才能实施。

第三，实施对象的限度控制。诱惑侦查只能针对确有犯罪嫌疑的行为人实施，或者只能在确有犯罪事实发生并且能够相对确定行为人的活动范围时实施。例如，针对系列强奸案件的侦破，就可以采取谨慎的诱惑侦查手段。

第四，设诱手段的限度控制。该种限制也可称为“诱饵适当”，即指通过侦查人员的行为所暗示出来的实施某种违法犯罪行为可能得到的利益应是适当的。此种适当性应做到不会使一个没有犯罪心理倾向的普通人产生犯罪意图。对于那些诱惑的利益大、取得容易、所冒风险小、具有一般认识能力和意志能力的人可能难以抵制的诱惑显然不应用于诱惑侦查实践中。当然这应以普通社会大众为标准，而不应以那些品德高尚或素质极差的人的意志能力为标准。这一限定将直接影响受诱惑的犯罪嫌疑人行为的定性，即在不适当的诱惑下进行犯罪的行为不应被定性为犯罪。

第五，受诱阶段的限度控制。在实施诱惑侦查行为过程中，在受诱惑的犯罪嫌疑人实施犯罪时，侦查机关应当尽量控制在其罪行较轻阶段进行抓捕，而不可以故意等到犯罪嫌疑人实施严重罪行后再予以抓获。

三、被动诱惑原则

所谓被动诱惑原则，是指实施诱惑侦查只能采用诱惑强度轻微，且诱惑方式极其被动的诱惑侦查行为，设诱人的设诱行为相对于受诱人而言在主观上是被动的，是迎合或偶合受诱人的心理，为已具有犯罪故意的行为人的受诱提供辅助或接应。该原则包括以下两项内容：

第一，设诱人的设诱行为应当是被动的、引导的行为。这有两层含义：一是要求设诱人在实施诱惑侦查的过程中，仅仅是向具体特定的受诱人提供了一种有利可图的犯罪机会，而不是对受诱主体进行鼓动、诱骗，甚至强迫其进行预定的违法犯罪活动；二是在受诱人被诱饵吸引之后，开始违法犯罪行为之前或在行为进行中，设诱人对受诱主体的行为应仅仅是被动、消极、辅助性的，而不是积极主动地帮助，甚至是带有创造性的怂恿或推进受诱主体实施犯罪行为。例如，当受诱人虽然开始受诱行动，但主观上具有犯罪中止的意图，且在客观上已着手实施中止犯罪之时，设诱人不应再继续积极地诱使受诱人进一步深化犯罪；而在受诱人的行为本来产生的损害程度较小的情况下，设诱人应及时终止受诱人的犯罪行为，而不能是继续积极促使受诱人扩大损害程度。

第二，诱惑侦查只能采用“设诱强度”极其轻微、“设诱方式”极其被动的诱惑侦查行为。严禁使用主动的、带有教唆犯罪内容的诱惑侦查行为。

四、审查备案原则

审批备案原则，是指根据诱惑侦查启动的条件有关部门领导进行审查批准，并将审批材料备案于相关部门的程序。

审查分为行政审查和司法审查两种方式，在德国，一般的诱惑侦查是不需要司法审查的，只有对极其容易侵犯人权的卧底侦查中的诱惑成分才进行司法审查，而在英国、荷兰、澳大利亚等国家均采用行政审批的方式，之所以没有像对待监听等秘密侦查措施那样采取司法审查的方式，应该是考虑到诱惑侦查行为的特殊性，由行政机关审批更有利于保持该侦查措施的能动性，可以更有利于打击严重刑事犯罪，充分体现了各国对待诱惑侦查的务实态度。

单行法规中应明确规定审批诱惑侦查的最低层次为县级侦查机关负责人，如果某类犯罪案件（如职务犯罪）特殊，需要提高审批层次，应当明确规定。同时规定通过向同级人民检察院备案，对诱惑侦查进行事中监督和事后监督。首先，该备案制度可以防止侦查机关弄虚作假（如先诱惑侦查后补批手续），是对侦查机关启动诱惑侦查是否合法的监督；其次，可以加强检察机关对侦查机关实施诱惑侦查的过程进行必要的监督，即事中监督；最后，可以加强事后的司法监督，现实中侦查机关并不主动告诉检察院和法院，其实施了诱惑侦查，通过备案，可以在法院受理之初就及时知道侦查机关诱惑侦查使用的情况。

五、责任追究原则

所谓责任追究原则，是指对实施诱惑侦查过程中的过错行为，导致国家和公民遭受损失的，应对实施诱惑侦查的责任人依法追究责任。实施诱惑侦查的责任人应包括侦查机关的负责人、实施诱惑侦查方法的制定人、设诱人和设诱参与人。该原则主要包括以下内容：

第一，违纪过错的责任追究，主要是指上述实施诱惑侦查的责任人因实施过程中出现的违反纪律行为而应受到的追究。违反的纪律内容包括诱惑侦查的原则、组织纪律、内部条令、条例、规定和上级主管机关、部门和领导的指示等。责任的追究依照党内和行政处分的有关规定进行处理。

第二，一般违法性过错责任追究，是指上述实施诱惑侦查的责任人，因实施过程中出现的违反法律的有关规定而应受到的追究。违反的规定，依照不同的侦查机关，有不同的国家法律的规定，主要包括刑事诉讼法、检察官法、警官法、国家安全法、监狱法等对侦查权所作的单行性法律规定。

第三，刑事违法性过错责任追究，是指上述实施诱惑侦查责任人，因在实施过程中，其行为触犯了刑法的规定已经构成犯罪而应受到刑事责任的追究。

第八节 诱惑侦查实施基本原则

虽然针对不同类型的诱惑侦查所实施的侦查行为会各有不同。但是，可以根据诱惑侦查的特征总结制定出实施诱惑侦查的基本原则，以此“基本原则”来指导诱惑侦查实施的策略方法，换句话说，任何类型诱惑侦查实施方法的制定和实施行为都应当遵守该“基本原则”。实施诱惑侦查的基本原则有四项内容：合法保密，审查监督原则；周密设计，适时终止原则；掌握情势，控制进程原则；即时取证，固定证据原则。①

一、合法保密，审查监督原则

从本质上讲，合法性是指应合乎法律的精神实质，即公平、正当、正义，从形式上讲是符合法律规定并按照法定的程序实施。就诱惑侦查而言，一方面是指该侦查措施必须合法，即侦查机关在制定策略方法和实施诱惑侦查过程中应严格遵照法定的条件和程序，并以符合法律规定的方法正当地实施，以追求客观、合法、有效的侦查结果；另一方面是由于诱惑侦查具有“诱惑性”，对其运用不当极易侵害侦查对象的信赖利益，乃至执法部门的司法威信和整个社会的道德信任基础，但是在诱惑侦查方法的制定中又必然存在诱惑的成分，故在制定和实施诱惑侦查方法时，应严格把握诸如“诱饵”的设定等各种手段运用的合法性。

诱惑侦查属于秘密侦查的范围，而秘密侦查的特殊性就在于以特殊秘密的方式进行，具有保密性，对于诱惑侦查而言，保密性是保障其有效运行不可或缺的外部条件。诱惑侦查的保密性包括事前的保密、过程的保密、方法的保密、结果的保密、对侦查对象的保密、对公众的保密等，是全方位的保密。相对于其他秘密侦查措施，诱惑侦查的保密性更为重要，甚至是至关重要。由于诱惑侦查是侦查人员和被侦查对象的近距离互动行为，所以一旦泄密，不仅会导致侦查工作失败，侦查人员和为我所用人员的人身安全乃至生命都将受到严重威胁。所以，在制定和实施诱惑侦查方法时，要把保密工作放在重要位置，应针对每一个可能泄密的环节制定出有效对策。

诱惑侦查实施形态，一般是侦查人员亲自或者指挥为我所用的人员与侦查对象单线联系，实际运行处于高度封闭的状态，因而很容易发生侦查机关滥用权力和腐败的现象。2002 年，美国司法部《联邦调查局秘密侦查基准》指出：“这些技巧都天生地包含了欺骗因素，并且需要那些动机和行为都可能有疑问的人的合作，因此需要仔细考虑，并加以监督。”② 在我国，有效地接受审查监督，不但可以防止侵犯人权和侦查机关权力的滥用，更有利于诉讼程序的顺利运行。因此，在制定和实施诱惑侦查方法时需要考虑的是，各

---

① 何雷：《论诱惑侦查实施之基本原则》，载《山东警察学院学报》2010 年第 1 期。

② 美国总检察长 Ashcroft 于 2002 年修订了 1989 年指导方针，他认为 1989 年指导方针妨碍了联邦调查局检查互联网、使用秘密数据库以获得信息、关注诸如集会和宗教会议等公共事件。

个环节都要接受审查监督，包括执行严格的审批程序，对实施过程的监督，以及侦查结束后的审查。

二、周密设计，适时终止原则

对诱惑侦查进行周密设计，主要原因有两个：其一是由于诱惑侦查的“诱惑性”需要必要的限制，如果不对侦查的步骤、方案、过程中诱惑的方法、方式进行细致入微的精心设计，则容易导致诱惑过度，产生违法的诱人犯罪行为，侦查机关对此将难辞其咎。为确保侦查行为的合法性，一定要周密设计避免诱惑过度的每一个环节和行为。其二是由于诱惑侦查是近敌互动行为，执行任务的侦查人员和为我所用的人员很容易受到攻击，遭受人身危险的概率很高。所以，要针对各种危险因素周密设计化解对策。

正是由于诱惑侦查的侦查行为的互动性，在诱惑侦查实施过程中必然有各种偶然的因素存在，侦查人员必须在现场根据变化中的情况迅速作出适当调整，但是这种调整限度必须事前有所限制，以诱惑侦查不违法，不诱人犯罪，同时执行任务人员不受到伤害为基准，否则只能选择适时终止行动，这也正是实施诱惑侦查的重要原则。

在诱惑侦查实施过程中，适用周密设计，适时终止原则应从以下三个方面进行把握：

第一，通过对诱惑侦查线索来源的可信度进行分析，从而确定是否可以启动诱惑侦查措施。主要从以下两方面进行分析：一是主要分析检举、控告、自首的真实性，这种分析既要从其内容本身的合理性角度考虑，也要注意信息来源的可靠程度，同时对比内线、外线侦查和通过其他秘密侦查所获得的情报，综合分析线索的可信度。二是通过分析案件性质、内容和犯罪嫌疑人的作案特点，对诱惑侦查的可行性进行分析，只有性质严重的犯罪案件才符合启用诱惑侦查措施的条件。

第二，周密制定侦查方案和应对各种危险的措施。侦查机关必须以诱惑侦查的必要性和可行性条件为基础，并且在设计中对侦查方案的全面性、合理性、有效性进行综合的考虑。制定行动方案时要尽量考虑到各种可能出现的危险因素，采取确保执行任务人员不会受到伤害的一切措施，同时要安排好取证的方法、方式，确保即时取得证据，迅速固定证据。

第三，根据诱惑侦查的实施，调整侦查的策略方法，要结合现实情况，周密设计策略方法，这一点至关重要。在侦查实施中，侦查人员会面临与犯罪嫌疑人的直接接触，而在这种互动关系中，侦查人员会对其产生一定影响，反之犯罪嫌疑人也会潜移默化地影响侦查人员的行动方式和认识内容的变化。而且随着侦查的深化，侦查人员对案件性质、复杂性、侦查对象的特点等的认识也会逐渐理性化，根据认识论的原理，侦查人员必须以实事求是的思想为指引，根据变化了的情况和深化了的认识调整侦查的总体策略或局部方法。而对这种认识和调整的唯一要求是，必须严格控制在法律允许的范围和程度之中。

三、掌握情势，控制进程原则

情势，是指事物显示出来的状况和复杂趋势。案件侦查总是处在具体的时空以及特定的环境之中，同时也与客观现实的其他发展动态相互联系。这一复杂的相互作用体系综合构成了具体的情势。在这一情势中，侦查人员以及其他侦查中的主体相互影响。这一情势就是侦查学中所说的侦查情势。本书所说的“情势”特指侦查情势。

所有的侦查行为都是在侦查情势中进行的。侦查情势是动态发展而不是静止的，它在侦查行为、反侦查行为、自然环境、社会形势等多种因素的作用下不停地发生变化。如果侦查人员能够掌握侦查情势演变的规律，就能够在侦查活动中处于主动地位，也就能更加迅速、准确地查明真相。但是必须注意到，研究侦查情势并不期待通过分析成因，就能提出每种类型的侦查情势的具体应对之策，就能归纳出任何案件都能适用的方法，而旨在强调任何侦查方法对侦查情势的依赖性，强调方法的选用和运行都应当建立在对侦查情势的正确分析之上。①

诱惑侦查情势的复杂性与构成其要素的偶然性，以及要素之间呈现的无序性和错综性等息息相关，大大增加了诱惑侦查过程的变数。所以，如果没有认识到形成诱惑侦查情势因素的复杂性，仅仅用一两个原因来解释诱惑侦查活动中出现的问题，是不可能达到侦查最优化及最终实现诱惑侦查目的的。

侦查情势还是动态发展的，这进一步加剧了其复杂性，使得我们不可能作出详尽的、具体的应对方案。然而，即使侦查情势是这样不可穷尽认识的事物，也并不代表我们在它面前就无能为力。侦查是一种实践性极强的活动，很难受理论的刻板规定和约束。但以侦查活动的变数众多而否认侦查理论的必要性却未免悲观。一种理论越是具有思想的深度和概括性，就越是能够在实践上为人的主观能动性留下充分发挥的余地。虽然不可能认识到侦查情势

---

① 杨宗辉、刘为军著：《侦查方法论》，中国检察出版社2004年版，第60~63页。

的全部，但我们却可以在局部上把握，通过对因素的梳理与扬弃、静态分析与动态分析相结合、在大系统中进行宏观调控等方法，找到其规律。①

诱惑侦查方法的运用和案件的侦破应以侦查情势分析为基础。《孙子兵法》教导我们，“知己知彼，百战不殆”，对侦查情势的分析正是对“彼”和“己”的分析，而且除了“彼”（被诱惑对象、环境、相关人员）和“己”（秘密力量、侦查人员）之外，诱惑侦查情势还包括了“天时”、“地利”、“人和”等更多具有影响力的因素。诱惑侦查的案件，隐蔽性强，案情各异，犯罪分子心理多变、诡秘狡诈。因此，侦查策略方法的运用必须从每一起案件的具体情况出发，做到因情施策。只有根据不同的案情特点，选择不同的策略方法，才能提高破案的效率，只有掌握情势，才能针对案件的客观情况而采取相应的对策。另外，在诱惑侦查实施过程中，根据不断变化的侦查情势进行调整和修正侦查策略方法同样至关重要。

在诱惑侦查中，侦查人员与其“战术伙伴”一直都处于“活力”对抗状态，侦查人员在造势、迷惑对方，被诱惑对象也在时时刻刻地怀疑、试探，对抗双方为实现各自的利益目标，都在千方百计地迫使对方服从自己的意志，按照自己的主观意愿行事，并针对对方的行动、企图来设计自己的方案计划，制定和变换战略战术。正因为如此，“才带来了活力对抗中的一系列的精彩表演”。② 所以，诱惑侦查方法的制定要以能控制住整个侦查的进程为底线，诱惑侦查是敌我近距离斗志斗勇的互动行为，一旦我方不能控制住进程，就有可能将侦查工作引入歧途，使侦查工作陷入僵局。

在这一互动过程中，控制进程要注意做到以下几点：

第一，在侦查的智能对抗中，“谁控制着要害处、枢纽部、关节点，谁就把握住了胜利的机会。谁要赢得对抗，首先需要造势，有利的态势是走向胜利的转折点。谋略表现在战术上多是示形用诈，表现在战略上重在造势、谋势”。从空间上争取主动，就是要造成对己方有利的态势。③

第二，在诱惑侦查中，对立双方都不想让对方知道自己的真实意图，从而绞尽脑汁地制造假象，迷惑对方。对此侦查人员要冷静思索，善于从中识破伪装伎俩，摸清对方虚实，针对其行为、企图来施展计谋加以控制，并诱使其沿着有利于自己的方向行为，做到“你在我术中，我在你术外”，敌变

---

① 杨宗辉、刘为军著：《侦查方法论》，中国检察出版社2004年版，第60～63页。

② 王传道编著：《侦查学原理》，中国政法大学出版社2001年版，第87页。

③ 王传道编著：《侦查学原理》，中国政法大学出版社2001年版，第87页。

我变。

第三，诱惑侦查情势呈现复杂的动态性，发展形势千变万化。侦查人员要立足于现实，善于多向思维，变换思路，预见可能出现的情况，适时引导案件的发展方向，坚信会取得最终的胜利。并要做到处变不惊，使各种突发情况都能转变为侦查格局中可以控制的一部分。

第四，在诱惑侦查中，对抗双方的各种致变因素是相互交织、相互影响的，以致一点变化都有可能产生连锁反应，因而该对抗中有很大的多变性与偶然性，在变化多端的局势中双方智能的碰撞必然会因判断差错造成许多对抗缝隙和空白点，这些缝隙和空白点对一方是厄运，对另一方则可能是机会。因而，一旦发现这样的有利时机，侦查人员就要趁势直追，不给其任何喘息的机会，做到一举击破。同时，侦查人员在决策和计谋中若出现失误，应及时主动纠正，不能因一招失误而处于被动状态，以至于无法控制局势。

综上所述，在诱惑侦查情势这一大系统中，存在着众多随机因素。众多参与人的碰撞使侦查活动更显复杂。尤其是侦查主体与侦查客体的“活力”对抗及其结果，决定了侦查人员必须在一定时空范围内，针对具体人、事、物而不断调整侦查策略方法，以期达到控制进程，实现侦查目的。至于如何制定每一步的侦查策略方法，我们只能从宏观上予以把握，要求必须以能控制侦查进程为底线，提出制定策略方法时应考虑的因素及方向。如果把诱惑侦查比作一个斗智斗勇的较量场，我们不可能规定每一个参与者扮演何种角色，也不可能要求各自以什么方式亮相和表演，更无法左右他人对其演技如何评价。因为人类认识的非至上性及人类活动的复杂性、多样性决定了我们不可能提出万能的公式及其模型。可见，诱惑侦查情势分析对于实施其策略方法的最大意义就在于使侦查人员能够根据具体情势的现状和发展趋势，促使个案侦查策略方法特定化和具体化。从这个意义上来说，掌握诱惑侦查情势也可以视为控制其实施进程和制定侦查策略方法的前提和依据。

四、即时取证，固定证据原则

诱惑侦查取证的成功与否在整个诱惑侦查的实施以及后续的起诉和法庭质证过程中都会起到举足轻重的作用，故早期有学者将诱惑侦查形象地称为“陷阱取证”，之所以这么重要，是因为实施诱惑侦查的案件绝大多数都是非法交易型且无被害人的犯罪案件，犯罪活动隐蔽性强，直接证据极难获得，都是警方和犯罪嫌疑人一对一的指认，且其还有犯意诱发的风险，如果没有充分的证据去证实警方只是提供给犯罪嫌疑人合理的犯罪机会，而并没有诱发犯罪，那么法官就无法坚信犯罪嫌疑人实施犯罪的主动性，从而警方的诱惑侦查就会以失败告终。所以，侦查机关要充分重视诱惑侦查的取证工作，在实施诱惑侦查时，必须制作出即时取证，固定证据的方案。

诱惑侦查取证方式都是秘密录音录像取证，取证过程和犯罪过程同步进行，因为犯罪的时空不可逆转，不可能像拍摄电影似的，拍不好可以重来，犯罪行为是不可能重复的，除非现场录影，即使这样，也不是将其再现，不是将这种危害社会的行为再实施一次，而是将其被录制的影像重放而已。侦查人员不能将其再次实施，不能因为研究犯罪行为而将一犯罪行为再次实施。[①] 所以，要求侦查机关取证和固定证据要及时，不能延误。侦查机关即时取证，固定证据应当做到以下几点：

第一，诱惑侦查的侦查人员要提升证明意识。实践证明，通过诱惑侦查终结的案件未必都能在法院得到有罪判决。虽然法院未判有罪的案件并不一定都说明侦查机关的侦查工作有过错，但确实有相当数量的诱惑侦查失败的案件是因为侦查人员的取证工作中存在失误。“目前我国侦查机关还没有完全从以侦查为中心转变到以审判为中心的观念上来，所以很多侦查人员还没有彻底从查明案件事实转变到证明案件事实的思路上。”[②] 表现在诱惑侦查的取证中就是对取证结果要求的标准低，很多侦查人员只是停留在“查明”层次上，只让自己明白即可，而证明则必须让他人明白，即让检察官、法官、审判组织明白才是真正实现了侦查的职能。提升证明意识是遵循现代司法活动中“以证据为本”原则的必然要求。以证据为本原则符合司法证明的客观规律，司法证明的基本任务是认定案件事实。对于侦破传统案件的侦查人员来说，案件事实一般都是发生在过去的事件。由于时间的一维性，侦查人员在办理案件的时候，无法看见已经发生的事实。他们所能看到和听到的只是各种各样的事后证据，而且大部分都是间接证据，即使是直接证据也大部分是言词证据，还有可信度的问题。但是对于诱惑侦查则不同，侦查人员所取得的证据大部分是“实况录音录像”，是直接证据，又是客观证据，只要能够即时取证和固定好证据，证据的可信度是不容怀疑的。当然还要与取得的其他物证结合使用，从客观存在的证据出发去认定案件事实。在当前的诱惑侦查工作实践中，强调这一原则具有特别重要的意义，因为它可以帮助我们

---

① 王大中著：《犯罪现场新概念及再现》，中国人民公安大学出版社 2003 年版，第 277 页。

② 何家弘：《犯罪侦查观念的转变》，载何家弘主编：《侦查论丛》（第 1 卷），法律出版社 2003 年版，第 99 页。

树立文明、科学的现代司法观念，有效地避免不必要的侦查失误。在这种观念指导下，诱惑侦查案件的侦查人员在办案过程中就应该认真地按照法律的要求和标准去收集并固定能够证明案件事实的证据，把好“确实、充分”关。这样，取证工作的质量才会有所提高，否则其所办案件就有“夹生”的危险。例如，在贩毒案件的诱惑侦查中，没有取得录音录像证据，只有犯罪嫌疑人的供诉和侦查人员或者秘密力量的证言，以及一些毒品的物证，一旦犯罪嫌疑人在法庭上翻供，侦查机关和公诉机关就会很被动，很难让审判人员确信犯罪嫌疑人犯罪的主动性，但是如果有“实况录音录像”，则情形会有所不同，这是不言自明的道理，其足以排除其他可能性，得出的结论是唯一的，确凿无疑的。

第二，利用高科技手段同步取得客观证据，即在实体诱惑侦查中主要是录音录像，在虚拟诱惑侦查中主要是电子证据。

以利用不同侦查资源为标准，可以将诱惑侦查分为实体型诱惑侦查和虚拟型诱惑侦查。顾名思义，利用实体性资源所展开的诱惑侦查是实体型诱惑侦查，利用虚拟资源所展开的诱惑侦查是虚拟型诱惑侦查。这样分类的意义在于，传统的诱惑侦查活动是不具有任何虚拟侦查成分的，是典型的实体侦查，随着信息化时代的到来，侦查机关在网络上使用诱惑侦查的方法越来越多，并且与现实世界诱惑侦查的行为方式区别很大，应当研究的策略方法以及规制也不尽相同，所以要分类研究。①

在实体诱惑侦查中侦查机关要做好取证之前的充分准备工作，如内线工作的或者近距离与犯罪嫌疑人战斗的侦查人员和秘密力量的监听设备与录音设备的安装和携带工作，以及对以上设备的测试工作；外线侦查人员的红外线远程摄像机的数量、安排的位置、发生情况变化时怎样跟踪拍摄等，都要有精细的布置安排。

内线工作人员应该同时配备监听和录音设备，这样不易被发现，尽量不要配备微型摄像机，因为微型摄像机很难隐蔽，并且摄像需要角度，工作人员动作会显得不自然，容易引起对方怀疑。但是如果事前基本确定交易地点，侦查机关可以在交易地点布置微型摄像监视设备。

在虚拟诱惑侦查中重点是取得电子证据，如在和对方上网聊天时要保留聊天记录；在蜜罐取证时，要分析和追踪来访者的数据。当然，在有的虚拟

---

① 何雷：《侦查行为视角下的诱惑侦查分类》，载郝宏奎主编：《侦查论坛》（第八卷），中国人民公安大学出版社 2009 年版，第 150 页。

诱惑侦查中，也要取得视听资料。

第三，重视对录音证据的采集和固定。随着科技的发展，监听设备和录音设备越来越小，携带方便，价格也很便宜，有的专业录音设备待机时间可以达到两三天，可以录制几百小时，特别适合侦查人员取证和固定证据，所以在诱惑侦查中对敌的一线人员每人都应配备录音设备。录音设备是专门用于录音取证的，是固定证据的最好工具，在诱惑侦查中的工作人员应当充分重视对录音证据的采集和固定。

结　论

现代诱惑侦查手段始于西方国家，当今在我国也是侦查机关广为使用的秘密侦查手段之一，它对于加大惩治犯罪的力度，加快侦破案件的速度，及时获取犯罪证据无疑是一个有效的方法。但是，中外诱惑侦查理论的研究表明：该项手段在实施过程中，如果适用不当便会造成伤害无辜、陷人入罪、侵犯人权，甚至导致设置诱惑者为了查获犯罪而犯罪。本书认为，诱惑侦查是一种侦查措施，应当是合法的侦查行为，违法的诱惑侦查行为应定义为“警察圈套”。所谓诱惑侦查，是指侦查机关为了准确有效地直接获取案犯作案的证据或将其拘捕，酌情设计，诱使案犯不知不觉地暴露作案事实或现身某地的特殊侦查措施。在此定义的基础上，本书提出了诱惑侦查的六大特征和八种重要的理论分类，明确了诱惑侦查行为的正当性，并要求应当以正当的标准来实施诱惑侦查行为。本书通过对国外诱惑侦查法律规制的重新梳理，借鉴经验，并结合我国最新修改的刑事诉讼法第151条，即诱惑侦查措施的研究基点，在厘清我国诱惑侦查存在突出问题的基础上，深入分析了我国诱惑侦查实施现状，探索适合我国国情的诱惑侦查规制路径，同时提出了对我国诱惑侦查应然性法律规制的构想和法规规制的适用原则，并设计出诱惑侦查措施的启动程序条文。本书最后探讨了诱惑侦查行为规范，在明确了实施诱惑侦查基本原则的前提下，首创地通过分类型总结规律的方法来研究规范诱惑侦查行为，为侦查实战部门提供决策依据。

总之，诱惑侦查具有一定的使用价值，但是因该侦查措施的实施行为复杂、技术性高，从而要求侦查人员需掌握一定规范的侦查方法，同时也要有法律层面对诱惑侦查措施的授权和限制，以防止侦查职权的滥用。

参考文献

一、图书类

1. ［英］丹宁勋爵著：《法律的正当程序》，李克强等译，法律出版社1990年版。

2. 刘黎明等主编：《侦查思维》，群众出版社2007年版。

3. 公安部政治部编：《警察查缉战例集析》，警官教育出版社1996年版。

4. 龙宗智著：《上帝怎样审判》，中国法制出版社2000年版。

5. 中国社会科学院语言研究所编：《现代汉语词典》，商务印书馆1983年版。

6. 杨志刚著：《诱惑侦查研究》，中国法制出版社2008年版。

7. 储槐植著：《美国刑法》，北京大学出版社1996年版。

8. 熊华、郭世泽、吕慧勤等编著：《网络安全——取证与蜜罐》，人民邮电出版社2003年版。

9. 王国民著：《诱惑侦查研究》，中国人民公安大学出版社2003年版。

10. 国家禁毒委员会办公室、公安部禁毒局编：《禁毒法律法规政策、业务工作规范汇编》，中国人民公安大学出版社2002年版。

11. 陈光中主编：《21世纪域外刑事诉讼立法最新发展》，中国政法大学出版社2004年版。

12. 崔敏、陈存仪主编：《毒品犯罪证据运用典型案例评析》，中国人民公安大学出版社2004年版。

13. 高鸿钧著：《现代法治的出路》，清华大学出版社2003年版。

14. 罗国杰著：《中国伦理学百科全书》，吉林人民出版社1993年版。

15. ［前苏联］伊·谢·康主编：《伦理学辞典》，王荫庭等译，甘肃人民出版社1983年版。

16. 孙国华著:《法的形成与运作原理》,法律出版社 2003 年版。

17. 李连科著:《价值哲学引论》,商务印书馆 1999 年版。

18. 尹伟中著:《侦查策略的正当性研究》,中国人民公安大学出版社 2005 年版。

19. 慈继伟著:《正义的两面》,生活·读书·新知三联书店 2001 年版。

20. [美] 罗尔斯著:《作为公平的正义》,姚大志译,三联书店 2002 年版。

21. [德] 哈贝马斯著:《在事实与规范之间:关于法律与民主法治国的商谈理论》,童世骏译,生活·读书·新知三联书店 2003 年版。

22. [法] 夸克著:《合法性与政治》,佟心平、王远飞译,中央编译出版社 2002 年版。

23. [美] 弗雷德·英博著:《审讯与供述》,何家弘等译,群众出版社 1992 年版。

24. 李海东著:《刑法原理入门(犯罪论基础)》,法律出版社 1998 年版。

25. 李展山著:《行政法导论》,三民书局股份有限公司 1999 年版。

26. 肖建国主编:《民事诉讼程序价值论》,中国人民大学出版社 2000 年版。

27. 顾培东著:《法学与经济学的探索》,中国人民公安大学出版社 1994 年版。

28. 梁世华著:《诱捕侦查之研究——以刑事程序法为中心》,"国立"台北大学出版社 2008 年版。

29. [美] 罗伯特·兰沃西、劳伦斯·特拉维斯著:《什么是警察——美国的经验》,尤小文译,群众出版社 2004 年版。

30. 韩德明著:《侦查原理论》,中国人民公安大学出版社 2003 年版。

31. 程味秋主编:《外国刑事诉讼法概论》,中国政法大学出版社 1994 年版。

32. 程雷著:《秘密侦查比较研究——以美、德、荷、英四国为样本的分析》,中国人民公安大学出版社 2008 年版。

33. 卞建林译:《美国刑事诉讼法》,中国政法大学出版社 2004 年版。

34. [美] 彼得·G. 伦斯特洛姆编:《美国法律辞典》,贺卫方等译,中国政法大学出版社 1999 年版。

35. 宋英辉、吴宏耀著:《刑事审判前程序研究》,中国政法大学出版社

2002 年版。

36. 高春兴、阮国平主编：《侦查对策》，中国人民公安大学出版社 2003 年版。

37. 林维业、许细燕主编：《犯罪侦查学》，中国人民公安大学出版社 2000 年版。

38. 金星著：《诱惑侦查论》，法律出版社 2009 年版。

39. ［德］克劳斯·罗科信著：《刑事诉讼法》，吴丽琪译，法律出版社 2003 年版。

40. 林钰雄著：《刑事诉讼法》（第 4 版），台湾自版 2004 年版。

41. 李昌珂著：《德国刑事诉讼法典》，中国政法大学出版社 1995 年版。

42. 孙长水著：《侦查程序与人权——比较法考察》，中国方正出版社 2000 年版。

43. ［日］田口守一著：《日本刑事诉讼法》，穆津等译，法律出版社 2000 年版。

44. 李立众编著：《刑法一本通：中华人民共和国刑法总成》，法律出版社 2003 年版。

45. 艾明著：《秘密侦查制度研究》，中国检察出版社 2006 年版。

46. 赵秉志主编：《中国疑难刑事名案法理研究》，北京大学出版社 2008 年版。

47. 郑蜀饶著：《毒品犯罪的法律适用》，人民法院出版社 2001 年版。

48. 孟宪文主编：《刑事侦查学》，中国人民公安大学出版社 2004 年版。

49. 陈瑞华著：《论法学研究方法》，北京大学出版社 2009 年版。

50. 陈瑞华著：《程序性制裁理论》，中国法制出版社 2005 年版。

51. 陈光中、卞建林主编：《中华人民共和国刑事证据法专家拟制稿（条文、释义与论证）》，中国法制出版社 2004 年版。

52. 陈光中、徐静村主编：《刑事诉讼法学》，中国政法大学出版社 2001 年版。

53. 马跃著：《美国刑事司法制度》，中国政法大学出版社 2004 年版。

54. 江礼华、杨诚主编：《外国刑事诉讼制度探微》，法律出版社 2000 年版。

55. 庞仕平主编：《国家安全执法论》，长城出版社 1999 年版。

56. ［美］查尔斯·E. 奥哈拉著：《刑事侦察学基础》，谭璟彝等译，群众出版社 1990 年版。

57. 最高人民法院刑事审判第一庭、第二庭编：《刑事审判参考》，法律出版社 2002 年版。

58. 何家弘、刘品新著：《证据法学》，法律出版社 2004 年版。

59. ［英］鲁伯特·克罗斯等著：《英国刑法导论》，赵秉志等译，中国人民大学出版社 1991 年版。

60. 王政勋著：《正当行为论》，法律出版社 2000 年版。

61. 魏东著：《教唆犯研究》，中国人民公安大学出版社 2002 年版。

62. 杨宗辉、刘为军著：《侦查方法论》，中国检察出版社 2004 年版。

63. 王传道编著：《侦查学原理》，中国政法大学出版社 2001 年版。

64. 王大中著：《犯罪现场新概念及再现》，中国人民公安大学出版社 2003 年版。

65. ［意］菲利·恩里科著：《犯罪社会学》，郭建安译，中国人民公安大学出版社 1990 年版。

66. 徐立根主编：《侦查学》，中国人民大学出版社 1991 年版。

67. 杨宗辉主编：《侦查学总论》，中国检察出版社 2009 年版。

68. 林洵著：《犯罪侦查》，台北考用出版社 2001 年版。

69. ［美］鲁德纳著：《社会科学哲学》，曲跃厚、林金诚译，生活·读书·新知三联书店 1983 年版。

70. ［美］约翰·罗尔斯著：《正义论》，何怀宏等译，中国社会科学出版社 1988 年版。

71. ［美］托马斯·库恩著：《科学革命的结构》，金吾伦、胡新和译，北京大学出版社 2003 年版。

72. ［美］李昌钰等：《李昌钰博士犯罪现场勘查手册》，郝宏奎等译，中国人民公安大学出版社 2006 年版。

73. ［美］道格拉斯·G. 拜尔、罗伯特·H. 格特纳著：《法律的博弈分析》，严旭阳译，法律出版社 2004 年版。

74. ［美］H. W. 埃尔曼著：《比较法律文化》，贺卫方、高鸿钧译，清华大学出版社 2002 年版。

75. ［美］杜威著：《艺术即经验》，高建平译，商务印书馆 2005 年版。

76. ［德］黑格尔著：《逻辑学》（上卷），杨一之译，商务印书馆 1996 年版。

77. ［德］恩格斯著：《自然辩证法》（中译本），中央编译局译，人民出版社 1971 年版。

78. ［德］马克斯·韦伯著：《社会科学方法论》，韩水法译，中央编译出版社2002年版。

79. ［德］尤尔根·哈贝马斯著：《交往行为理论：行为合理性与社会合理性》，曹卫东译，上海人民出版社2004年版。

80. ［英］丹宁勋爵著：《法律的正当程序》，刘庸安等译，法律出版社1999年版。

81. ［英］卡尔·波普尔著：《通过知识获得解放》，范景中、李本正译，中国美术学院出版社1996年版。

82. ［英］彼得·斯坦、约翰·香德著：《西方社会的法律价值》，王献平译，中国法制出版社2004年版。

83. ［英］伯特兰·罗索著：《人类的知识》，张金言译，商务印书馆2001年版。

84. ［荷］阿斯姆斯著：《关于证明与反驳的逻辑学说》，藏之权译，生活·读书·新知三联书店1996年版。

85. ［美］希拉里·普特南著：《理性、真理与历史》，童世骏译，上海译文出版社1997年版。

86. ［美］托马斯·谢林著：《冲突的战略》，赵华译，华夏出版社2006年版。

87. ［美］阿纬纳什·K. 迪克西特、巴里·J. 奈尔伯夫著：《策略思维》，王尔山译，中国人民大学出版社2002年版。

88. ［意］戴维·奈尔肯著：《比较刑事司法论》，张明楷等译，清华大学出版社2004年版。

89. ［加］克里希南著：《现代犯罪侦查导论》，媚生译，群众出版社1986年版。

90. ［前苏联］拉·别尔金著：《刑事侦查学随笔》，李瑞勤译，群众出版社1983年版。

二、论文类

1. 马滔：《诱惑侦查之合法性分析》，载《中国刑事法杂志》2000年第5期。

2. 王新环：《法律如何面对“警察圈套”——与三位法学家的对话》，载《新世纪检察》2000年第1期。

3. ［日］河上和雄：《诱惑侦查的发展》，载日本《判例时报》1982年第475期。

4. 朱石炎：《未遂犯与“陷阱”问题》，载《法令月刊》2007年第38期。

5. 林贤宗：《治安机关引诱犯罪下取得证据之容许性》，载《律师通讯》2009年第3期。

6. 吴宏耀：《论我国诱饵侦查制度的立法建构》，载《人民检察》2001年第2期。

7. 何泽宏、余辉胜：《陷害教唆与侦查圈套》，载《中国人民公安大学学报》2003年第3期。

8. 谢志鸿：《陷阱侦查于刑事诉讼上之效力》，载台湾《辅仁法学》2003年第20期。

9. 冯勋胜：《诱惑侦查与律师辩护》，载《律师世界》2001年第5期。

10. 李永红：《对一起贩卖毒品案件适用法律的评析》，载《人民检察》2001年第1期。

11. 黄士元、吴丹红：《诱惑侦查理论初探》，载《德州学院学报》2002年第1期。

12. 谢光永：《国外诱惑侦查探微》，载《人民检察》2001年第18期。

13. 袁春鹃：《论诱惑侦查》，载《政法论丛》2003年第2期。

14. 方全、刘晶：《毒品案件中的诱惑侦查研究》，载《上海市政法管理干部学院学报》2001年第4期。

15. 张思旭：《诱捕策略方法初探》，载《辽宁警专学报》1999年第4期。

16. 马龙虎：《对诱惑侦查法制化的思考》，载《贵州警官学院学报》2002年第3期。

17. 金星：《论诱惑侦查》，吉林大学2004年博士学位论文。

18. 吴丹红、孙孝福：《论诱惑侦查》，载《法商研究》2001年第4期。

19. 戴中祥：《试论对诱惑侦查的法律限制》，载《人民检察》2002年第4期。

20. 龙宗智：《诱惑侦查合法性问题探析》，载《人民司法》2000年第5期。

21. 高庆国：《警察圈套的规范化》，载《中州大学学报》2003年第2期。

22. 马跃：《美、日有关诱惑侦查的法理及论争之概观》，载《法学》

1998 年第 11 期。

23. 陈学权:《程序法视野中的诱惑侦查》, 载《中国刑事法杂志》2004 年第 2 期。

24. 袁经义:《解读诱惑侦查》, 载《河南公安高等专科学校学报》2004 年第 1 期。

25. 李红:《关于诱惑侦查理论问题的思考》, 载《江西社会科学》2003 年第 10 期。

26. 何雷:《诱惑侦查特征研究》, 载《湖北警官学院学报》2009 年第 6 期。

27. 何雷:《侦查行为视角下的诱惑侦查分类》, 载郝宏奎主编:《侦查论坛》(第 8 卷), 中国人民公安大学出版社 2009 年版。

28. 杭正亚:《诱惑侦查的存与废及价值取向浅析》, 载《江西公安专科学校学报》2001 年第 7 期。

29. 吴景钦:《卧底侦查所取得证据之证据能力探讨》, 载何家弘主编:《证据学论坛》(第 10 卷), 中国检察出版社 2005 年版。

30. 赵爱华:《卧底侦查研究》, 四川大学 2004 年硕士学位论文。

31. 郝宏奎、赵爱华:《卧底侦查研究》, 载《中国人民公安大学学报》(社会科学版) 2008 年第 1 期。

32. 何建安、李树峰:《一起"控制下交付"的贩毒案辩护词》, 载《律师与法制》1998 年增刊。

33. 黄朝义:《诱惑侦查之相关法律问题》, 载台湾《台湾本土法学》2000 年第 13 期。

34. 徐昀:《美国诱捕技术探讨》, 载台湾《刑事科学》2009 年第 5 期。

35. [日] 井田良:《毒品犯罪的对策》, 载 [日] 西原春夫主编:《日本刑事法的重要问题》(第 2 卷), 金光旭译, 法律出版社 2000 年版。

36. 邓立军:《秘密侦查法治化研究》, 四川大学法学院 2004 年硕士学位论文。

37. 刘芳、干朝端:《对毒品犯罪案件中诱惑侦查问题的探讨》, 载《人民司法》1999 年第 7 期。

38. 艾明:《论我国诱惑侦查制度的法治化》, 载《湖南公安高等专科学校学报》2003 年第 1 期。

39. 杭正亚:《论诱惑侦查中被诱惑者之罪责》, 载《福建公安高等专科学校学报》2002 年第 1 期。

40. 朱晓莉：《毒品犯罪侦查中的控制下交付与诱惑侦查》，载《山东警察学院学报》2006 年第 6 期。

41. 任克勤、艾明：《论毒品犯罪侦查中的控制下交付手段》，载《政法学刊》2003 年第 2 期。

42. 吴天云：《日本麻药特别法》，载《刑事法杂志》2000 年第 2 期。

43. 谭鑫田：《应加强关于“正当”的研究和教育》，载《黄淮学刊》（哲学社会科学版）1996 年第 1 期。

44. 段忠桥：《论恩格斯的剥削的历史正当性观点》，载《学术界》2001 年第 6 期。

45. 周世中：《论法的正当性》，载《学术论坛》2001 年第 4 期。

46. 刘作翔：《权利冲突的“正当性、合法性”辨析》，载《检察日报》2003 年 5 月 11 日第 13 版。

47. 吴铭：《游动在合法性和正当性之间》，载《21 世纪经济报道》2003 年 5 月 12 日第 5 版。

48. 蒋开复：《侦查策略正当性原理》，西南政法大学法学院 2009 年博士学位论文。

49. 王国民：《试论犯罪侦查中的诚信与欺骗》，载管光承主编：《现代侦查》（第 1 卷），群众出版社 2005 年版。

50. 龙宗智：《试论欺骗与刑事司法行为的道德界限》，载《法学研究》2002 年第 4 期。

51. [英] 西比尔·夏普：《秘密监视和使用耳目》，载 [英] 杰弗里·威尔逊主编：《英国刑事司法程序》，姚永吉译，法律出版社 2003 年版。

52. 陈明传：《警政哲学与警察伦理》，载台湾《警学丛刊》2001 年第 30 期。

53. [美] 山姆斯·索耶：《刑事司法制度中的谎言与欺骗》，载台湾《新知译粹》2002 年第 15 期。

54. 林东茂：《卧底警探的法律问题》，载《台湾刑事法杂志》2002 年第 4 期。

55. 郭纬中：《论诱捕侦查与诱捕抗辩》，台湾中国文化大学 1998 年硕士学位论文。

56. [德] 卡尔·海因里希·福里奥夫：《警察和秩序法的基础》，载《外国法译评》1984 年第 2 期。

57. 马静华：《诱惑侦查价值分析》，载《河北法学》2002 年第 4 期。

58. 许文山、翁佳黎:《诱惑侦查适用新探》,载《福建公安高等专科学校学报》2005 年第 6 期。

59. 陈仟万:《教唆与陷害教唆》,载《警专学报》1994 年第 7 期。

60. 何雷:《网上诱惑侦查方法研究》,载郝宏奎主编:《侦查论坛》(第 9 卷),中国人民公安大学出版社 2010 年版。

61. 何雷:《诱惑侦查引发错案之反思——兼论诱惑侦查法律规制之建构》,载郝宏奎主编:《侦查论坛》(第 10 卷),中国人民公安大学出版社 2011 年版。

62. 何雷、程昉:《网络侦查策略方法研究》,载《公安教育》2011 年第 7 期。

63. 何雷:《论诱惑侦查实施之基本原则》,载《山东警察学院学报》2010 年第 1 期。

64. 刘作凌、刘少坤:《诱惑侦查的法律思考》,载《佳木斯大学社会科学学报》2005 年第 23 期。

65. [德] 托马斯·魏根特:《德国刑事诉讼程序的改革:趋势与冲突领域》,樊文译,载陈光中主编:《21 世纪域外刑事诉讼立法最新发展》,中国政法大学出版社 2004 年版。

66. 杨云骅:《正当的法律程序对侦查行为的控制——以可归责于国家的诱使犯罪为例》,载台湾《月旦法学杂志》2004 年第 111 期。

67. 林钰雄:《国家犯罪挑唆之认定与证明》,载台湾《月旦法学杂志》2004 年第 111 期。

68. 薛培、郑家明:《贩卖毒品案件中的诱惑侦查:默认现实抑或法律规制》,载《中国刑事法杂志》2012 年第 3 期。

69. 林东茂:《卧底警探的法律问题》,载台湾《刑事法杂志》2002 年第 4 期。

70. 陈俊闳:《刑事程序中之诱捕侦查》,"国立"台湾大学 2000 年硕士学位论文。

71. 梁世桦:《诱捕侦查之研究——以刑事程序法为中心》,"国立"台北大学法学系 1999 年硕士学位论文。

72. 吴健:《论我国诱惑侦查的法律规制》,中国政法大学 2006 年硕士学位论文。

73. 杭正亚:《警察圈套:律师进行合法辩护的新思路》,载《中国律师》2001 年第 6 期。

74．张泽涛：《线人的运用及其规范》，载《法学》2005 年第 3 期。

75．周凯莉：《“钓鱼案”背后的食物链》，载《中国青年报》2009 年 10 月 16 日第 4 版。

76．［美］山姆斯·索耶：《伦理与警察》，载台湾《新知译粹》2004 年第 15 卷第 5 期。

77．周晶：《论诱惑侦查的实施原则》，载《福建公安高等专科学校学报》2002 年第 6 期。

78．王国民：《关于诱惑侦查诸问题之探讨》，载王国民主编：《现代侦查研究》，中国人民公安大学出版社 2001 年版。

79．杨昌平：《警察的圈套诱发了命案》，载《北京晚报》2009 年 8 月 17 日第 9 版。

80．何家弘：《犯罪侦查观念的转变》，载何家弘主编：《侦查论丛》（第 1 卷），法律出版社 2003 年版。

81．［日］加藤克佳：《毒品犯罪的侦查》，载西原春夫主编：《日本刑事法的重要问题》（第 2 卷），法律出版社 2000 年版。

82．《甘肃缉毒警官导演贩毒案，追回 3 名无辜生命》，载《南方周末》，http://news.sina.com.cn/c/2004-11-04/09544810485.shtml，2004-11-4。

83．李金龙、王燕：《惊心动魄 50 天——侦破吉林市建国以来最大贩枪案纪实》，载《中国刑事警察》2000 年第 4 期。

84．胡旭光：《缉毒英雄李文华》，载《人民公安报》2001 年 6 月 29 日第 2 版。

85．王群利：《公安部周京平空降重庆“打黑除恶”新角色》，http://www.Legaldaily.com.cn/zfb/content/2010-01/28/content_2040786.htm?node=20669，2010-01-28。

86．毕继红、姜堰夺：《长春破获武装跨省贩毒案抓获 7 人》，http://news.qq.com/a/20091028/000028_1.htm，2009-10-28。

87．周欣：《缉毒英雄》，载《人民公安报》2001 年 6 月 29 日。

88．何家弘、龙宗智：《诱惑侦查与侦查圈套》，载何家弘主编：《证据学论坛》（第 3 卷），中国检察出版社 2001 年版。

89．梁克毅：《“天眼”看出一窝偷车贼》，http://www.ycwb.com/gb/content/2004-05/18/content_692966.htm，2004-05-18。

90．赵文明：《邵阳重大网络贩枪案：收缴枪弹足以“装备一个营”》，http://www.legaldaily.com.cn/shyf/content/2009-09/17/content_1155412.

htm,2009－09－17。

91．郝宏奎：《侦查模式若干问题思考》，载郝宏奎主编：《侦查论坛》（第1卷），中国人民公安大学出版社2002年版。

92．黄朝义：《诱捕侦查与诱陷抗辩理论》，载《台湾警大法学论集》（第1集），台湾警大出版社1988年版。

三、外文文献

1. Jerold H. , Kamsar, Wayne R. Lafave. Criminal Procedure and the Constitution. New York：West Publication,2000.

2. P. D. Cutting, The Technique of Controlled Delivery As A Weapon in Dealing with Illicit Traffic in Narcotic Drugs and Psychotropic Substances. Bulletin on Narcotics,1983(5).

3. Marx G. T. Undercover：Police Surveillance in America. Berkeley：University of California,1998.

4. Marx G. T. Undercover：Police Surveillance in America. Berkeley：University of California,1998.

5. Bryan A. Garner. Black's Law Dictionary. New York：West Group,1999.

6. Malvin Zalman. Criminal Procedure：Constitution and Society. New York：Prentice Hall,2002.

7. Fred Warren Bennett. From Sorrells to Jacobson：Reflections on Six Decades of Entrapment Law, and Related Defense in Federal Court. Wake Forest Law Review,2002(4).

8. Wayne R. LaFave &Jerold H. Lsrael. Criminal procedure. New York：West Publishing,1999.

9. Kenneth M. Lord. Entrapment and Due Process：Moving Toward A Dual System of Defense. Florida State University Law Review,1998(1).

10. Jack B. Harrison. The Government as Pornographer：Governmentsting Operations and Entrapment. University of Cincinnati Law Review,1993(2).

11. J. Gregory Deis. Economics, Causation, and the Entrapment Defense. The University of Illinois University of Illinois Law Review,2001(3).

12. Andrew Ashworth. Re drawing thc Boundaries of Entrapment. Criminal Law Review,2002(2).

13. Clive Harfield, Karen Harfield. Covert Investigation. Oxford：Oxford Univer-

stity Press,2005.

14. Andrew Ashworth. Testing Fidelity to Legal Values: Official Involvement and Criminal Justice. Modern Law Review,2000(7).

后　　记

从事公安工作已十六个春秋，总觉得刑侦工作没有干够，至今和战友们一起风里来雨里去，一起千里追逃，一起蹲坑守候，一起子夜行动，一起驾车围捕，一起连夜审讯，一起义愤填膺，一起豪情满怀，一起开怀畅饮的场景还都历历在目，英年早逝的战友时常还在梦中相见，泪湿衣襟。从干上刑侦工作起，我就热爱上了刑侦，为精通刑侦业务我坚持学习，努力钻研，不断提高自己，从攻读法学学士起直至攻读侦查学博士。虽然最终离开了自己挚爱的刑侦岗位，但是我下定决心，要为警察做学问，做刑侦的学问，能为自己热爱的事业做学问，是人生的一大幸事，我要以这种方式来支持刑侦，坚持这个崇高的事业。

刑事侦查既是勇的较量，更是智的角逐。其要求侦查人员除了具备刑侦科学知识外，还要掌握规范的侦查方法，熟谙侦查谋略。鉴于此，我选定了“域外诱惑侦查理论研究”这个课题进行研究，旨在通过加强理论研究，从而进一步提高刑侦工作的科学化、规范化水平，建立、丰富和发展富有中国特色的完整的侦查理论。回顾该书的写作过程，虽然只有三年，但是历经曲折。其间，经过多少不眠之夜、踌躇犹豫，经过多少迷惑、挫折、艰难跋涉，无数次的修改，终于完稿付梓。但此时心里却没有预想的满足与轻松，或许学术研究永远达不到完美，注定会有缺陷和遗憾，唯有日后努力钻研，推陈出新，方能慰忐忑之心。

理当言表却难以言表的是谢意。该书的顺利完成与我的导师王大中教授的教诲与悉心指导是分不开的，能成为先生的学生是我一生的幸运，是无法用语言来表达感激之情的。从先生那里我不仅收获了知识，更收获了为人为学的真义与根本，先生为人为学的态度必将成为我终生受用无穷的精神滋养。我要衷心感谢北京大学张玉镶教授一直以来对我的关注和厚爱，正是在先生的鼎力推荐和对我的多次督促鞭策下，本书才能得以快速出版，先生能在百忙之中为本书字斟句酌地推敲并特别为本书作序的长者风范亦使本人深受感动。

本书的完成离不开众多良师益友的帮助与支持，中国人民公安大学的崔敏教授、郝宏奎教授、陈刚教授、何泉生教授、毕惜茜教授、马忠红教授、赵贵芬教授，中国人民大学的何家弘教授，中国政法大学的王传道教授，他们在本书的完成过程中都提出过许多中肯的意见和建议，使本书增色不少，在此对众位恩师表示最衷心的感谢。另外，对于倾心帮助和支持过我的同学和朋友，我会常怀感恩之心，永存感激之情，为避免挂一漏万，恕我不一一列举你们的尊姓大名。

感谢我的父母对我教育的极度重视，正是他们的引导与鼓励才开启了我人生最初的航向，使我在求学之路上奋勇前进。父母一生最大的财富也是最引以为荣的就是我和妹妹，正是在他们多年的呵护和培育下，我和妹妹都受到了高等教育，有了人生奋斗的目标，对父母的养育之恩，我无以相报。在最艰难的日子里，妻子袁玉萍始终与我风雨相伴，独自承担起家庭的重担，本书的出版有她一半的功劳，也是献给她最好的礼物。儿子是我奋斗的动力和源泉，他的懂事也使我可以放心地学习和工作。

最后衷心地感谢樊崇义教授对本书出版给予的协力与襄助，在您的支持与帮助下，众多青年才俊辛苦笔耕之作都诞生于此，您的英明豁达，提携后辈的精神时刻感召着众多学子。感谢中国人民公安大学出版社的编辑们，每一本书的出版都凝聚着你们的汗水与智慧。

何　雷

诉讼法学文库书目

Ⅰ 刑事证据法原理与适用

Ⅱ 刑事诉讼法实施问题与对策研究

Ⅲ 刑事程序的法哲学原理

Ⅳ 视听资料研究综述与评价

Ⅴ 刑事司法体制原理

Ⅵ 刑事证人证言论

Ⅶ 刑事一审程序理论与实务

Ⅷ 非法证据排除规则研究

Ⅸ 美国的外国法院判决承认与执行制度研究

Ⅹ 我国未成年人刑事案件诉讼程序研究

Ⅺ 侦查程序原理论

Ⅻ 侦查讯问程序正当性研究

XIII 死刑案件程序问题研究

XIV 刑事上诉程序研究

XV 程序正义与刑事证据法

XVI 司法改革原理研究

XVII 刑事诉讼行为基础理论研究

XVIII 无罪辩护

XIX 刑事诉讼中的禁止双重危险规则论

XX 刑事证据可采性研究

XXI 刑事诉讼模式的演进

XXII 正当程序文献资料选编

XXIII 刑事程序法功能研究

XXIV 论行政诉讼审查标准

XXV 清末刑事司法改革研究

XXVI 民事诉讼标的论

XXVII 现代公诉制度研究

XXVIII 民事司法现代化的探索

XXIX CEPA 框架下的经贸争端解决机制与程序

XXX 证据能力论

XXXI 刑事诉讼主体论

XXXII 刑事程序性裁判研究

XXXIII 案件事实认定论

XXXIV 正当法律程序研究

XXXV 强制执行立法的探索与构建

XXXVI 行政行为的可诉性研究

XXXVII 清末民初刑诉法典化研究

XXXVIII 底限正义论

XXXIX 行政诉讼类型研究

XXXX 公诉权原论

诉讼法学文库 2006

1 刑事正当程序原理
2 自白制度研究
3 警察作证制度研究
4 司法公正的理念与制度研究
5 人本精神与刑事程序
6 刑事诉讼平衡论
7 刑事诉讼关系的社会学分析
8 刑事证明责任分配研究
9 刑事司法权力的配置与运行研究
10 行政诉讼原告论

诉讼法学文库 2007

1 刑事诉讼交叉询问之研究
2 检警关系论
3 鉴定结论论
4 检察职能研究
5 美国死刑程序研究
6 行政诉讼问题研究与制度改革
7 刑事司法民主论
8 被追诉人的宪法权利
9 刑事裁判权研究

诉讼法学文库 2008

1 论证据与事实
2 法院调解制度研究
3 弱势群体的法律救助
4 刑事赔偿制度研究
5 秘密侦查比较研究
6 非法证据排除规则：话语解魅与制度构筑
7 民事当事人证明权保障
8 现代社会中的诉讼功能
9 诉讼认识、证明与真实
10 中国刑事审前程序制度构建

诉讼法学文库 2009

1 检察官证明责任研究
2 刑事诉讼生态化研究
3 对质权制度研究
4 无效刑事诉讼行为研究
5 刑事诉讼中的财产权保障
6 论对抗式刑事审判
7 案件事实认定方法
8 中国区际刑事司法协助研究

诉讼法学文库 2010

1 侦查程序诉讼化研究
2 媒体与司法关系研究
3 刑事诉讼中的公正审判权
4 证明标准研究
5 刑事诉讼客体论
6 审查判断证据
7 民事判决既判力主观范围研究
8 刑事诉讼程序的人性分析
9 检察监督与公诉职能关系论
10 中国检察制度改革与探索
11 证明力判定论
12 侦查学基础理论研究

诉讼法学文库 2011

1 减刑假释程序研究
2 论刑事证据排除
3 刑事被害人作证制度研究
4 渎职罪定罪事实暨证据研究
5 民事既判力扩张问题研究
6 刑事人身检查制度研究
7 刑事法官的证据调查权研究
8 刑事诉权研究
9 民事诉讼证据收集制度的构建

诉讼法学文库 2012

1 法官证据评判研究
2 刑事错案的侦查程序分析与控制路径研究
3 侦查行为视角下的刑事冤案研究
4 域外诱惑侦查理论研究